縄文時代貯蔵穴の研究

The Study of Storage Pits in the Jomon Period of Japan

坂口　隆
Takashi　Sakaguchi

縄文時代貯蔵穴の研究

はじめに

第1章　貯蔵に関する研究の意義と研究動向	3
第1節　貯蔵に関する人類学的研究動向	3
第2節　貯蔵の人類学、歴史学、考古学的研究	5
第3節　貯蔵穴の機能	37
第4節　日本考古学における貯蔵穴に関する研究史	46
第2章　縄文時代の貯蔵穴の変遷	53
第1節　貯蔵穴の分類―北・東日本を中心として―	53
第2節　草創期・早期	56
第3節　前期	60
第4節　中期	68
第5節　後期	81
第6節　晩期	89
第7節　縄文時代の植生史と貯蔵穴の変遷	92
第3章　縄文時代貯蔵穴の形態と容量	101
第1節　北・東日本貯蔵穴底部形態の地域性	101
第2節　貯蔵穴の容量	102
第4章　貯蔵空間からみた縄文時代集落構成の地域性	125

第5章　縄文時代の住居構造と貯蔵構造
　　　　　―西日本縄文時代住居構造の検討から― ………………………………… 135
はじめに ……………………………………………………………………………… 135
第1節　西日本縄文時代住居構造の総合的考察 ………………………………… 135
第2節　西日本縄文時代住居構造の比較社会生態学的考察 …………………… 138

終わりに ……………………………………………………………………… 143

引用・参考文献 ……………………………………………………………… 147

あとがき ……………………………………………………………………… 185

English Summary …………………………………………………………… 187

索引 …………………………………………………………………………… 195

解題　小林達雄 ……………………………………………………………… 203

はじめに

　遺跡で発見される、いわゆるピット類の中で柱穴と推定されるものよりも大形の規模、あるいは特異な形状のものについて袋状土坑、フラスコ状ピット、小竪穴などと呼称されたものが存在する。近年、低地遺跡をはじめとする調査の進展に伴い、堅果類などの植物遺体が出土する例が増加しており、それらには貯蔵施設としての貯蔵穴が含まれていることが判明してきている。しかも多くの調査例により、こうした貯蔵穴のあり方も一様ではなく、地域、時期により多様であることがわかってきた。そして、現在では縄文時代の貯蔵施設の上限は鹿児島県東黒土田遺跡の貯蔵穴、新潟県卯ノ木南遺跡から検出された貯蔵穴の可能性のあるフラスコ状土坑などにより、草創期後半までさかのぼることが明らかになっている。しかし、その数は早期に至るまで散発的である。貯蔵穴の大形化と群集化が顕著となるのは、特に東日本では前期後半以降で、居住の安定（渡辺仁 1966）と密接にかかわるものと考えられる。なぜならば、前期にみられる土器の増加、栽培植物、漆製品、大形住居の出現などは居住の安定を前提とし、相互に連動するものと考えられるからである。また、前期後半以降、居住・貯蔵・墓域・廃棄区域の形成が発達し、中期にはさらに多様化、地域性が生じ、遺跡内における空間利用の分節化も明瞭になるが、これらは縄文時代狩猟採集民の社会的複雑化とかかわると考えられる。

　近年の社会的に複雑な狩猟採集民（complex hunter-gatherers）に関する研究動向は、次章でも論じるように貯蔵がその成立に深く関わることが共通認識になりつつある。それゆえ世界的にも先史の社会的に複雑な狩猟採集民の代表格であるとみなされる縄文時代狩猟採集民の実態解明の上で、貯蔵の果たす役割は極めて重要である。主な貯蔵対象になる資源（特に堅果類など）は季節的に限られるので、その採集のための時間、処理の技術、労働力が必要になる。そのため、狩猟採集民の狩猟採集行動、労働編成、社会組織、生業スケジュールにおいても貯蔵戦略は大きな意味を持ち（Turner 1992:415、Hayden 1992:540）、狩猟採集民の社会的複雑化、定住的狩猟採集民の形成と連動していると考えられる。

　従って、縄文時代の貯蔵施設としての貯蔵穴の検討は縄文時代の生態、社会の解明に直接関わる課題である。また日本列島における更新世から完新世への狩猟採集民の移行、縄文時代狩猟採集民の世界史的位置づけを行っていく上で不可欠な視点である。そこで本論では貯蔵に関する研究の意義と研究動向を近年の狩猟採集民研究、並びに日本考古学における研究史から探り、1980年代以降、著しく増加した縄文時代貯蔵穴のデータをもとに植生史と貯蔵穴の変遷の関係、貯蔵穴の形態の地域性、容量について分析を試みる。また、貯蔵空間という観点から、縄文時代の貯蔵穴と集落構成について検討する。さらに近年、増加している西日本の住居構造

の特徴を北・東日本との比較分析の成果から比較社会生態学的考察を示す。合わせて、貯蔵穴の変遷、集落内配置、容量のデータをふまえ、住居構造と貯蔵構造という観点から縄文時代狩猟採集民の進化について考察を進めていきたい。

第1章　貯蔵に関する研究の意義と研究動向

第1節　貯蔵に関する人類学的研究動向

　人類史における貯蔵の意義がクローズアップされるようになった契機は、特に1980年代以降、欧米の狩猟採集民研究が遊動的な（nomadic）狩猟採集民研究から、定住的(sedentary)な狩猟採集民の成立に論点が移ったことが大きい。一方、日本考古学自体の研究においても縄文時代の定住性とその意義についての関心が注目されるようになっている。

　このような社会的に複雑な狩猟採集民の成立について民族誌の通文化的比較、考古学データに基づき、貯蔵が深く関与することをいち早く体系的に指摘したのがテスタール（Testart 1982、テスタール1995）である。テスタールは貯蔵を行う狩猟－採集経済（storing hunter-gatherer economy）を生態的条件（資源の豊富なことと、季節性）、技術的条件（資源の獲得技術、保存技術）を前提に、その特徴を定住、高い人口密度、社会経済的不平等にあると指摘する。貯蔵と定住、高い人口密度が深い関係にあることは多くの研究者によって指摘されてきたが（Shalk 1977・1981、渡辺仁　1984bなど）、マルクス主義人類学の観点からさらに貯蔵経済が社会経済的不平等に深く関与することを指摘した点にテスタールの独自性があった[1]。

　テスタールと前後する時期にウッドバーン（Woodburn 1982）は直接その場で消費するシステム（Immediate-return system）と消費を遅らせるシステム（Delayed-return system）を対比させて、直接その場で消費するシステムの特徴が平等主義であるのに対し、消費を遅らせるシステムでは平等主義が崩壊しやすいことを指摘していた。ウッドバーンによる直接その場で消費するシステムの特徴とは①グループは柔軟性に富み、集団構成が変化しやすい。②個人は居住、食事、交易・交換、儀礼を選択できる。③基本的な要求のためにある特定の人物に依存しない。④親族、その他の関係にしても共有、相互依存が重視されるが、消費を遅らせるシステムにみられるような拘束はない。直接その場で消費するシステムでは資源へのアクセスが直接的、個人的で、しかも遊動性は管理、備蓄、蓄財を妨げ、共有を旨としている。このようなメカニズムではある特定の人物に依存することなく物資は循環し、平等主義が維持される。一方、消費を遅らせるシステムでは①生産に労働力と収穫が数日、数ヶ月、数年先に見込まれる船、網、簗、柵、罠（pit-traps）などの技術的施設が用いられる。②処理、貯蔵された食物、物資は住居に固定される。③野生の動物は選択され、植物には手が加わり改良、増産される。④婚姻の際に財産権利として贈与される親族女性は男性によって管理される。消費を遅らせるシステムでは①③のため管理、社会組織の発達を促し、リーダーシップをとる人物が必要になってく

る。また④のため所有が発達し、階層化が生じやすい。

　一方、1970年代後半から80年代にかけて北米のノースウエストコースト、カリフォルニア狩猟採集民研究からその社会的階層化が注目されていた。プライスとブラウンら（Price and Brown 1985b）による狩猟採集民の複雑性に関する研究はその後の研究を決定づけた感があるが、同時に社会的に複雑な狩猟採集民は現生狩猟採集民だけでなく、先史時代にも存在していたことが共通認識になり、考古学でも先史時代の社会的に複雑な狩猟採集民の成立が注目されるようになった。中近東では農耕社会が形成される以前にナトゥフー文化のような定住的な狩猟採集民が形成され、農耕の起源・開始に深く関与し（Henry 1985など）、ヨーロッパでは農耕の導入・受容に社会的に複雑な狩猟採集民が重要な役割をになっていた可能性が指摘され始めた（Rowley-Conwy 1983など）。社会的に複雑な狩猟採集民の成立はノースウエストコースト、カリフォルニア狩猟採集民研究から定住を前提とすることが既に明らかにされていた。ではその定住とは何かが問題になる。そこで先史の狩猟採集民の定住度の目安として貯蔵が重視され、どのように行なわれていたかが大きな問題として提起され、考古学的データからの追跡作業が始められた（Soffer 1989）。

　換言すれば、社会的に複雑な狩猟採集民に関する研究は貯蔵と定住という概念を中心に進められてきた観があるが、一方で北米にはビンフォードに代表されるプロセス学派の流れが存在し、貯蔵と定住もセトルメントシステムの一部として捉え、居住形態、移動性（mobility）などとの関連性を視野に入れて総合的に追求されるようになり（Binford 1990、Kelly 1992）、狩猟採集民の定住化も民族考古学の射程に入るようになった。その中でも、特に注目されるのがアフリカの遊動的狩猟採集民バサルワ[2]（Basaruwa）の定住化についての民族考古学、遺跡構造論的観点からの研究である。遊動的バサルワの定住化のプロセスには①食物加工と貯蔵施設の増加、②食物加工と貯蔵施設が居住空間から分離され、区域の形成が発達し、遺跡内における活動空間の分節化が遊動的バサルワに比べ顕著になる。③労働力の強化（スケジュールと組織化）という現象がみられる（Hitchcock 1987、Kent 1989）。定住化に伴い活動空間の分節化が現われ、社会・文化的複雑化と活動空間の分節化が平行現象であるという指摘（Kent 1990）は極めて重要である。縄文時代の集落は前期後半以降、遺跡内活動空間の分節化と地域ごとに集落の空間、景観の形成が進み、これらは縄文時代狩猟採集民の社会・文化的複雑化と密接に結びつき、機能・行動的解釈だけで収まるものではないからである。また、定住化に伴う①の食物加工と貯蔵施設の増加、③の労働力の強化（スケジュールと組織化）という現象は定住と貯蔵、貯蔵と労働力の強化、スケジュール、組織化、並びに社会的複雑化が密接不可分の関係にあることを示唆している。ビンフォードの遺跡構造論的研究は活動域研究（activity area research）に受け継がれているが、ケント（Kent 1990）は活動空間が社会・文化的コンテクストに左右されるこ

とを指摘し、ビンフォードの機能・行動的解釈から社会・文化的解釈を進める方向に転換させている。

さらに近年では生業のリスク（不漁、不作など）への対策としての物理的・社会的貯蔵（physical and social storage）、生産・収穫の強化、生業の多角化、移動性、交換という観点が提示され（Halstead and O'Shea 1989、Sobel and Bettles 2000:284-87など）、貯蔵に関する研究は機能・行動的側面だけでなく、貯蔵と労働形態という社会的側面、活動空間の分節化にみられる社会・文化的コンテクスト、生業のリスクと文化適応というようにより広い研究視野を提供している。

第2節　貯蔵の人類学、歴史学、考古学的研究

（1）北米民族誌にみる貯蔵施設

北半球の狩猟採集民は貯蔵を発達させてきた（Testart 1982、テスタール1995）。その要因としては貯蔵対象となる資源の豊富なことと季節性という生態的条件が整っていること、また渡辺仁（1990:140-41）が指摘するように、北半球では生計上重要な狩猟動物の獲得が不確実なことと冬期の食物獲得が比較的困難なことによる越冬戦略が深くかかわるのであろう。極圏のように食料を動物に依存しているグループはともかく、ヒトが食料として依存できる植物、根茎類などの生産は1年の内の春～秋に限られる。そのためこのような季節的に偏る資源をその時に消費するのでなく、時期をずらして消費する方法、すなわち貯蔵、保存、加工法が発達している。

貯蔵と直接的に関係するわけではないが、加工技術に関連するものとして植物のアク抜き、水さらしなどの技術もこれらに付け加えておく必要があるかもしれない。これらの保存のための処理の後、貯蔵が行われる。あるいは貯蔵するために保存処理を行うといったほうが適当かもしれない。これらの保存方法は貯蔵施設と密接な関係があると考えられる。次に、保存処理した食料を貯蔵する施設について、先住民の民族誌の豊富な北米を検討していくこととする。

ドライバーとマッシー（Driver and Massy 1957）は貯蔵施設について、おおよそ貯蔵穴、洞窟・岩陰、台・棚、日陰、屋内のストアルーム、グラナリー、家形の施設という分類を行い、北米でのそれらの分布を示している（図1～3）。さらに貯蔵の容器としてはバスケット、土器などを付け加えることができる。貯蔵穴は地下に植物食料、動物食料を保存する施設で、北米全体に分布している（図2）。極圏では肉を冷凍して貯蔵穴に収納している（図6）。カリブーハンターのヌナミィウト（Nunamiut）の場合、年間の食料の70%は春・秋のカリブーの移動期間の各15日、計30日間で獲得している。肉の保存方法は季節により異なり、春は気温が高くな

第2節　貯蔵の人類学、歴史学、考古学的研究

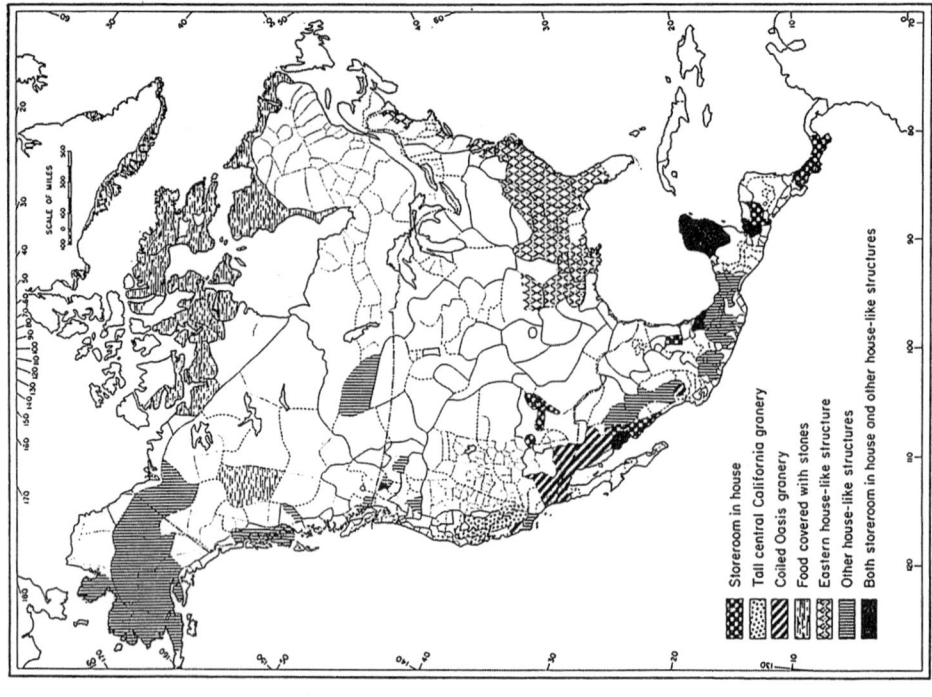

図1　北米の貯蔵施設（1）（Driver and Massy 1957）

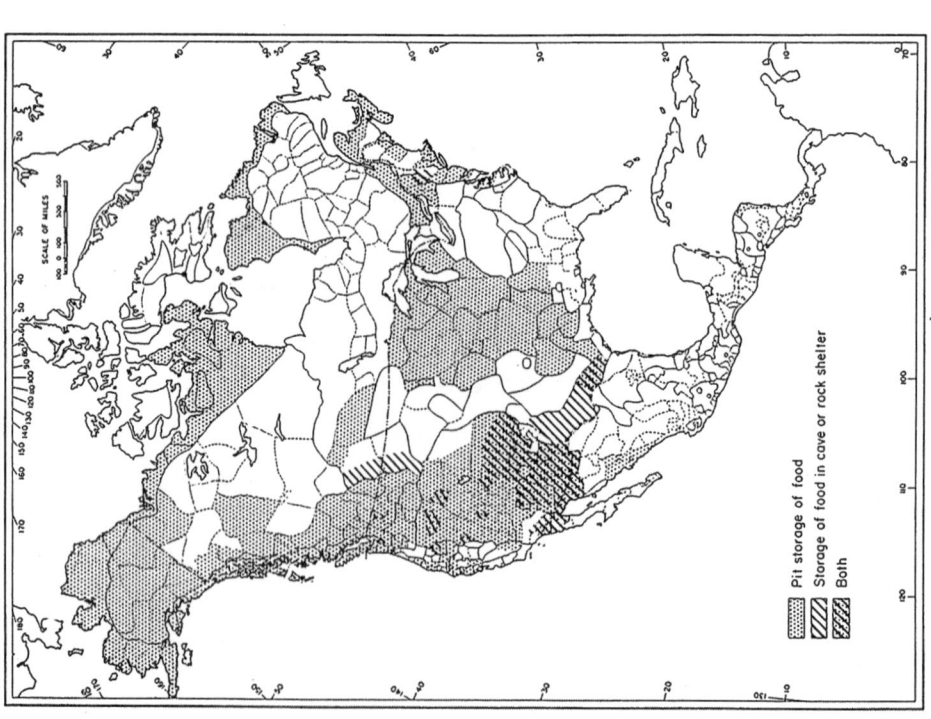

図2　北米の貯蔵施設（2）（Driver and Massy 1957）

第1章 貯蔵に関する研究の意義と研究動向

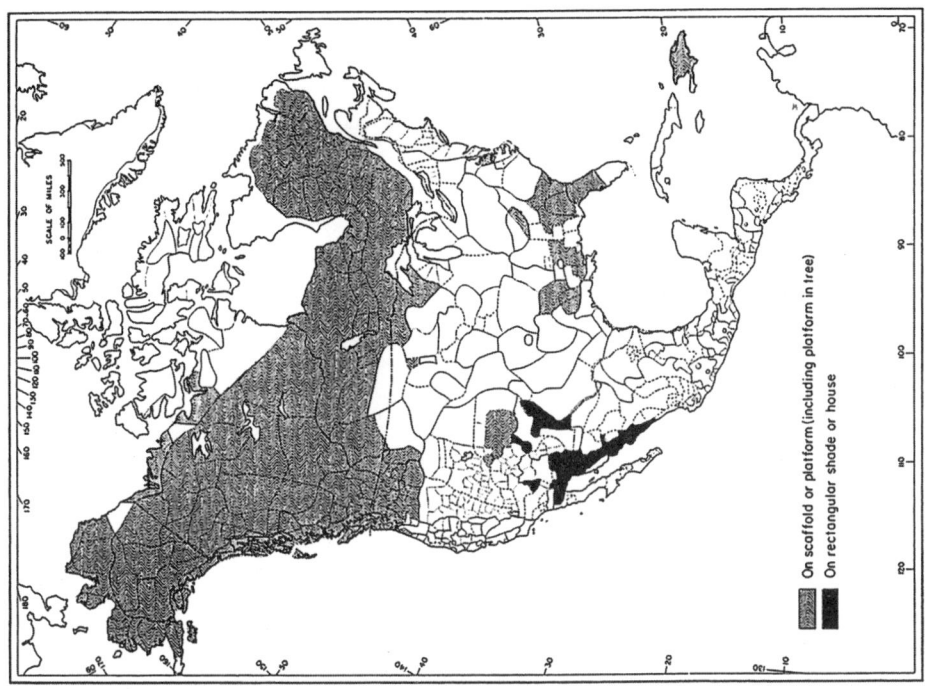

図3 北米の貯蔵施設（3）(Driver and Massy 1957)

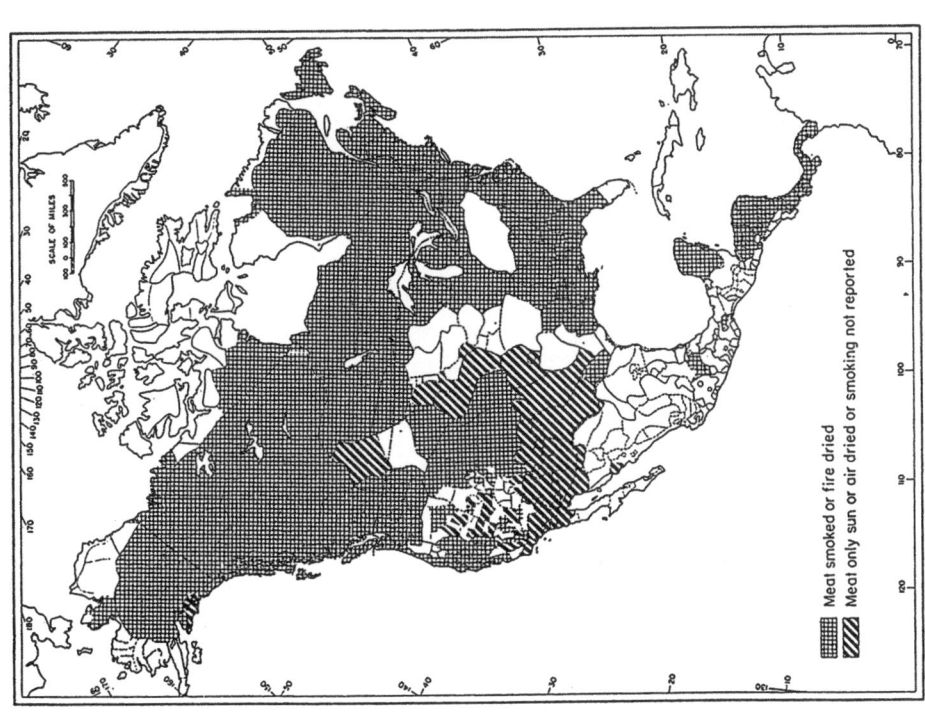

図4 北米の肉類の保存方法 (Driver and Massy 1957)

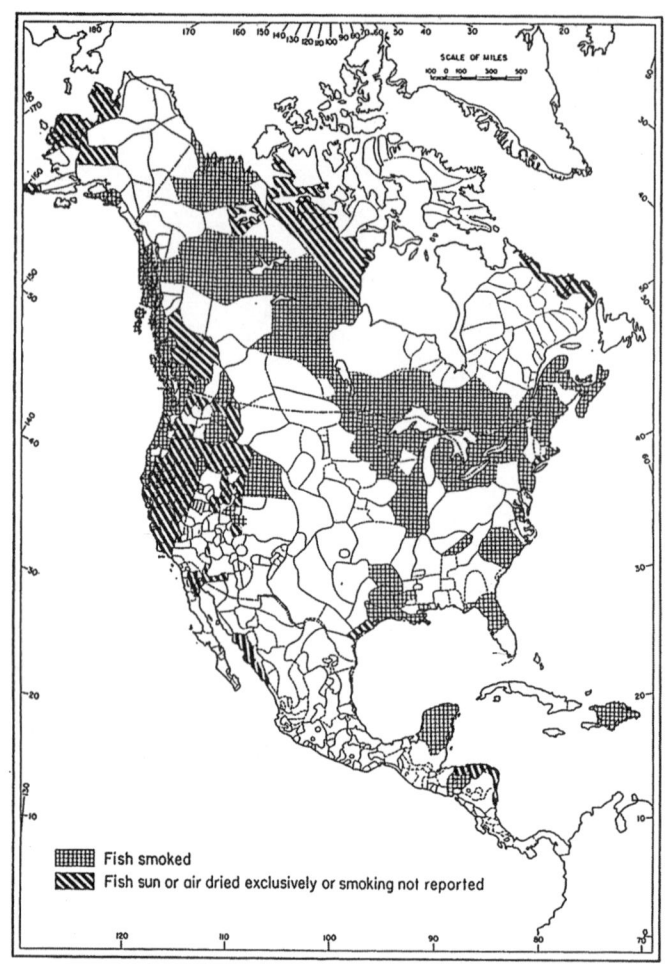

図5　北米の魚類の保存方法（Driver and Massy 1957）

図6　セントローレンスアイランドエスキモーの貯蔵穴（Hughs 1984）

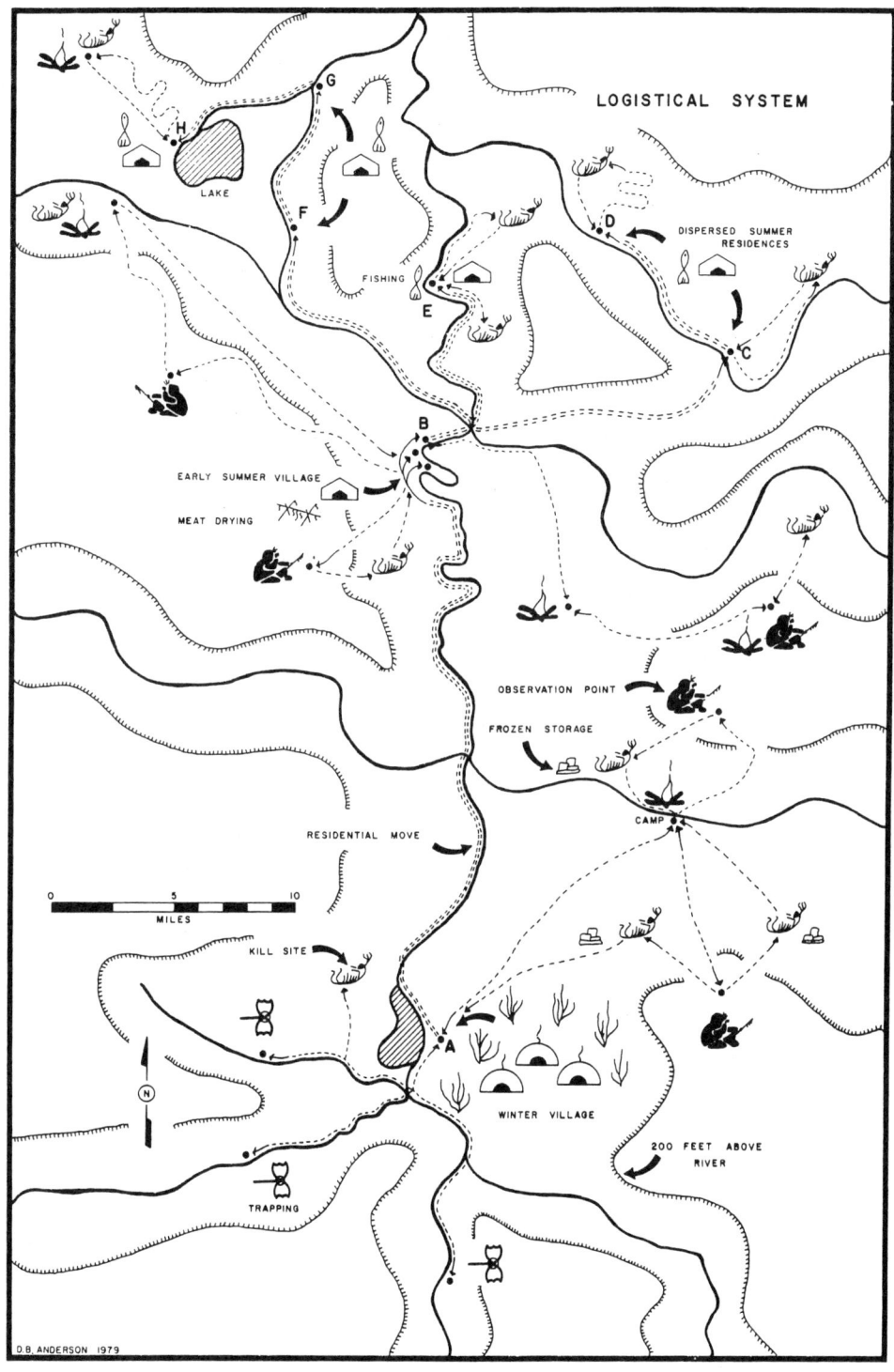

図7　ビンフォード（Binford 1980）のコレクターモデル

第2節 貯蔵の人類学、歴史学、考古学的研究

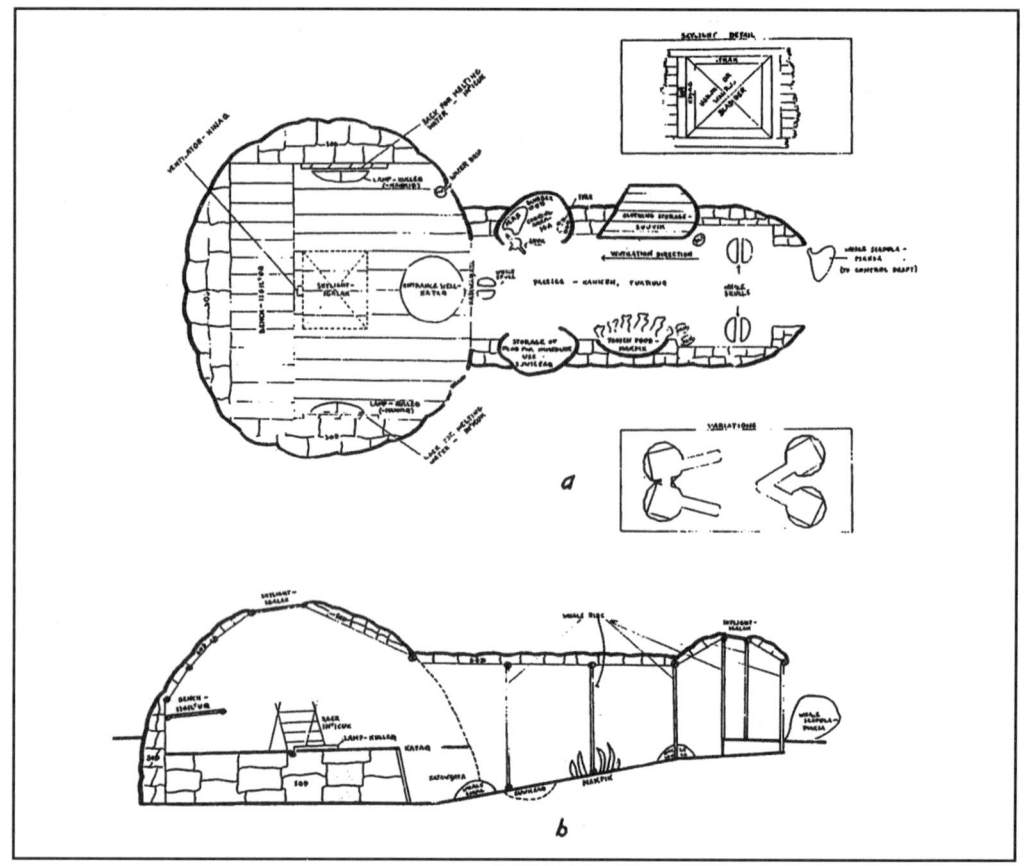

図8 タレウミィウトの住居 (Spencer 1959)

るため後述するように棚などで乾燥して保存しているが、秋には一般的に冷凍保存している。冷凍保存のためのキャシェは殺戮遺跡の近くに設け、目印としてカリブーの角を置いておき、必要な時にキャシェから取り出しムラに持ち運んでいる (Binford 1978:55・94、1979:256)。主な食料は保存・貯蔵したものを用いるため、肉、補足的な食料を獲得するための殺戮遺跡、解体遺跡などの特別な目的の遺跡 (special purpose sites) が存在する (図7)。タレウミィウト (Tareumiut) は貯蔵穴 (ice cellar) のほかに屋内貯蔵と住居の通路にあたる貯蔵施設があり、住居の通路にはクジラ、鰭脚類、カリブー、魚類などがトン単位で収納でき、また海獣の脂肪などを貯蔵している (図8)。屋内貯蔵施設の食糧がきれると男性が食糧を補充する (Spencer 1959:54)。肉・魚類の地下貯蔵は極圏など冬季に冷凍できるような環境の地域に分布している点が注意されよう。

　一方、プレイン、グレートベスンなどでは植物食料のための貯蔵穴が普及している。民族誌で貯蔵穴の記録類が残っているプレインについて検討してみる。ヒダッツア (Hidatsa) はバイ

ソン狩猟に加えてコーン、カボチャなどを栽培しているプレインインディアンである。季節的居住を行い、秋にはコーン、カボチャ、豆類など必要なものを冬家（winter lodge）に馬などで持ち運び、貯蔵穴（cache pit）を設けて貯蔵の準備を行う。貯蔵穴には屋外と屋内のものがあるが、ヒダツァはスー族（Sioux）の略奪に備えて冬家の周りだけでなく、その他にも貯蔵穴を分散させていたようである。屋外の貯蔵穴（図9の1）はいわゆるフラスコ形のピットで口径は約60cm、大きいものになると約80cm、屈曲部は60cm以上ある。内側の壁は草で覆い、木製の釘でとめる（図9の2）。壁に沿って下から束にしたコーンを積んでいく。その中央にカボチャを積み、その周りはまた束ねていないばらのコーンで埋めていく。さらに念を入れて湿気を防ぐため、あるいはカボチャの乾燥を保つため隙間をばらのコーンで埋めている。図9の4は貯蔵の準備ができたところ、5はコーンの束を積んでいるところ、6はばらのコーンで埋めているところである。図9の8～11はそれらの断面図である。コーンは図上（図9の1）のBBの屈曲部まで積み、口の残り60cmの部分はばらのコーンを詰め、雄牛の皮でカバーし、その上に草、割板、草、皮のカバーを交互に敷き蓋をし（図9の3）、土、灰やごみをかぶせて盗まれないように隠している。なお、貯蔵穴を掘るのも貯蔵するのも女性の仕事である（Wilson 1979:87-97）。ヒダッツアは住居内、住居に隣接して貯蔵穴を設け、両者を併用している（図10）。キャシェ1は茹でたコーンの貯蔵用である。深さは女性の背丈ぐらいで、開口部の幅は約75cmある。他の屋外のキャシェと同様に蓋があり、毎日開けるのではなく、数日間分のものを取り出している。キャシェ3は深さ約2.1mあり、コーンと野菜の貯蔵に用いている。キャシェ4は粒を取ったコーン、乾燥させたカボチャを貯蔵している（Wilson 1934:391）。貯蔵穴は冬用だけでなく、夏のためにも用いている[3]。早春に乾燥肉、脂肪を貯蔵し、8月前後まで収納しておく。肉と脂肪の保存は凍っていたかのように良好で、貯蔵穴は毎年用い長期間使っている（Wilson 1979:87-97）。カボチャは十分に乾燥させて保存するが、一部のものは生皮（parfleche bag）に入れて冬家に運ぶか、移動の途中で料理する。残りは夏家の貯蔵穴に春まで保存しておく（Wilson 1979:75）。翌春、夏家に戻ると貯蔵穴を開け、保存の良いものは料理、種は春の種まきに用いる。ただしカボチャの保存は難しく、注意深く貯蔵穴に保存しないと春には多くのものが腐ってしまう（Wilson 1979:81）。季節については不明であるが、貯蔵穴を用いていない時は乾燥させ、きれいにしておき腐っていないコーンの穂軸をつめておくなどして貯蔵穴の維持管理をしていたようである（Wilson 1934:391）。また、図9の12の場合、ピットA B Cは実を取ったコーンを収納し、壁には白コーン（white corn）を積みあげているが、ピットCは鼠が入ったため放棄して埋め、新しくピットDを掘り、コーンを貯蔵し2年間使っているというように鼠の害にあったこともある（Wilson 1979:95）。

　オマハ（Omaha）の場合、冬家の各アースロッジの入口左側には貯蔵穴（cache）が設置され

第2節　貯蔵の人類学、歴史学、考古学的研究

る（図9の13）。この深さは2.4m、底は丸く頸部はちょうど人が入れるくらいの大きさである。内部は干した草束を敷きつめ、開口部は草を詰め土で覆うらしい。貯蔵穴にはコーンの粒がはいった皮のバッグ、切り干し肉を生皮でパックし冬用の食糧を貯蔵する。毛皮、宝物、衣装も装飾した生皮に包み貯蔵穴に保管する（ただし食糧と毛皮、宝物、衣装を同一の貯蔵穴に保管しているのかは不詳である）。夏のバッファロー猟のためにムラを去る時、臼、杵、皮などの家財は貯蔵穴にいれ、開口部は念入りに閉じておく。祭り用の衣装、宝物は夏の部族の祭礼で必要な時に取り出している（Fletcher and La Flesche 1911:98-99）。

　プレインインディアンの間では貯蔵穴が一般的に用いられていたようで[4]、ダコタ（Dakota）の貯蔵穴もヒダツァのものと同様で、口径は45cm、頸部は30cmから60cm、底径、深さは1.5m～1.8mほどの規模である。底と側壁には干した草をつめ、袋に詰めたコーンが収納される。コーンを収納した頸部には干した草をつめ、その上に土を充填する。この状態でコーンは9月から4月までよく保存される（Wallis 1978:12）。

　プラトー地域の場合、トンプソン（Thompson）は貯蔵穴（cellar）と倉庫を併用している。貯蔵穴は円形で径は0.9m～1.8m、深さは1.2m～1.8mあり、上屋が付いている。上屋は貯蔵穴の周りに細い柱をめぐらせ、横木をかけて土で覆う。ベリー、魚類などの保存に用いるが、ベリー、根茎類はバスケットあるいは樺類の樹皮に包んで収納する（Teit 1975a:199）。魚類用のキャシェでは草と松葉でネズミを、ベリーで虫を避けるらしい（Alexander 1992:130）。リルウェット（Lillooet）には根茎類、ベリーなどのように冬は利用しないで、春までとっておくものと、住居に近接して設置し冬に必要に応じて利用するもの、の二つの地下のキャシェがあり、すぐに消費するものと長期保存するものとを使い分けている。シュスワップ（Shuswap）、トンプソン、チルコーティン（Chilcotin）、サハプチン（Sahaptins）もこの点は同様らしい（Teit 1975b:223、Hunn and French 1998:386）。チルコーティンはクレイトニア（spring beauty）などがたくさん取れて一度に冬村に持ち帰れない時は一時的なキャシェピットに貯蔵している。このような一時的なキャシェピットは19世紀後半の馬の導入により、一度に冬村に搬出できるようになると減少していき（Alexander 1992:131）、輸送技術と貯蔵方法が密接な関係を示している。シュスワップも円形の貯蔵穴、高床倉庫があり、円形の貯蔵穴は魚類、その他の食糧に用いるが、他のキャシェよりも新鮮に保存できるようである。貯蔵穴と高床倉庫の立地について、貯蔵穴はプラトーでも南の乾燥した気候、高床の倉庫は森林地帯にむいていることが指摘されている（Teit 1975c:495）。プラトーでは肉をキャシェピットに貯蔵する事例はなく、住居の垂木か高床倉庫に貯蔵している。クラマス（Klamath）の場合、大形の共同貯蔵穴は住居の近くに構築されるが、ウィリアムソンリバー遺跡（Williamson River Sites）の場合は貯蔵穴に取り囲まれ、その大きさは径が4.5m、深さは0.9mあり、近隣のものが集まって掘るが、その後、ホ

第1章 貯蔵に関する研究の意義と研究動向

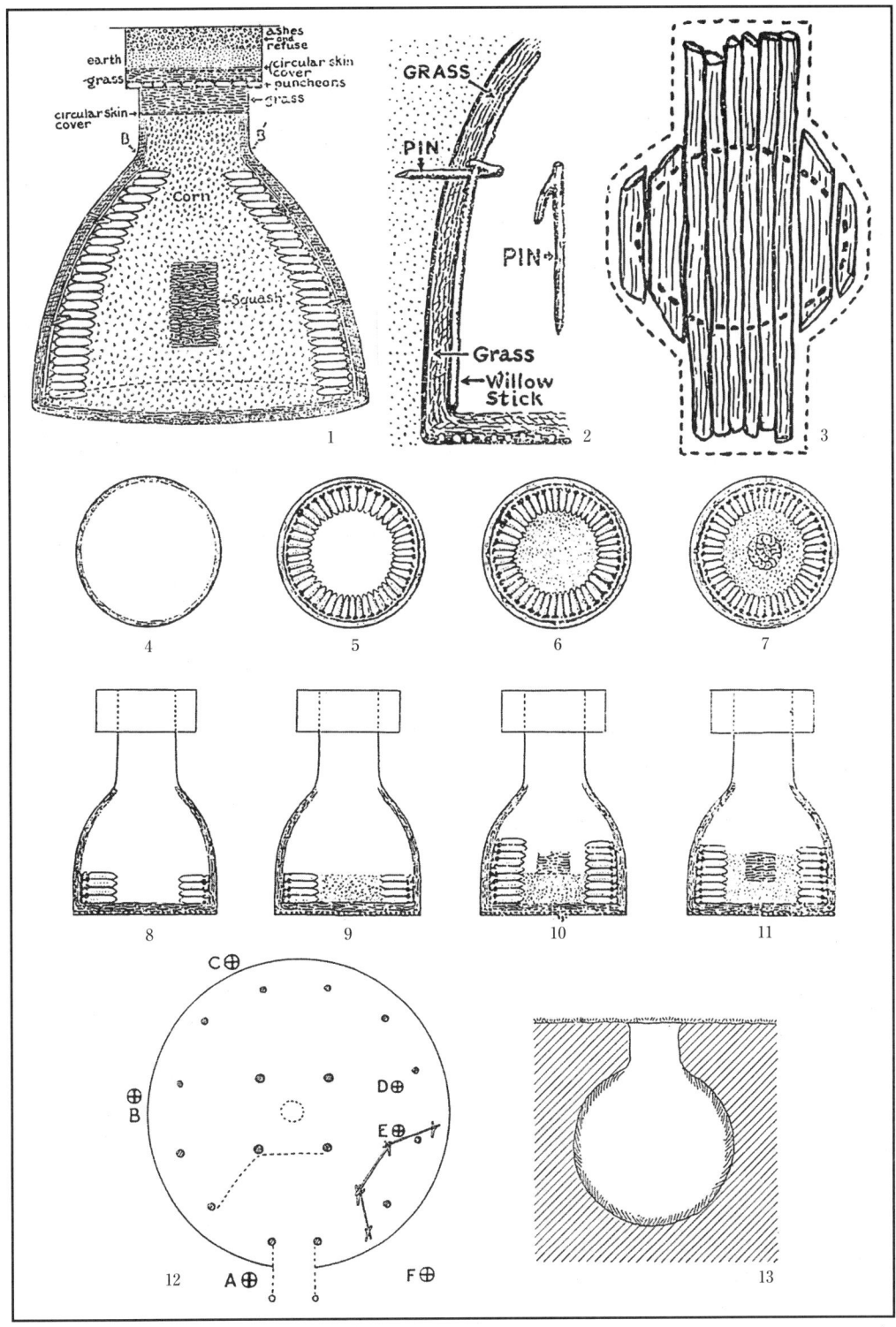

図9 プレインインディアンの貯蔵施設 (1〜12 Wilson 1979、13 Fletcher and Flesche 1911)

― 13 ―

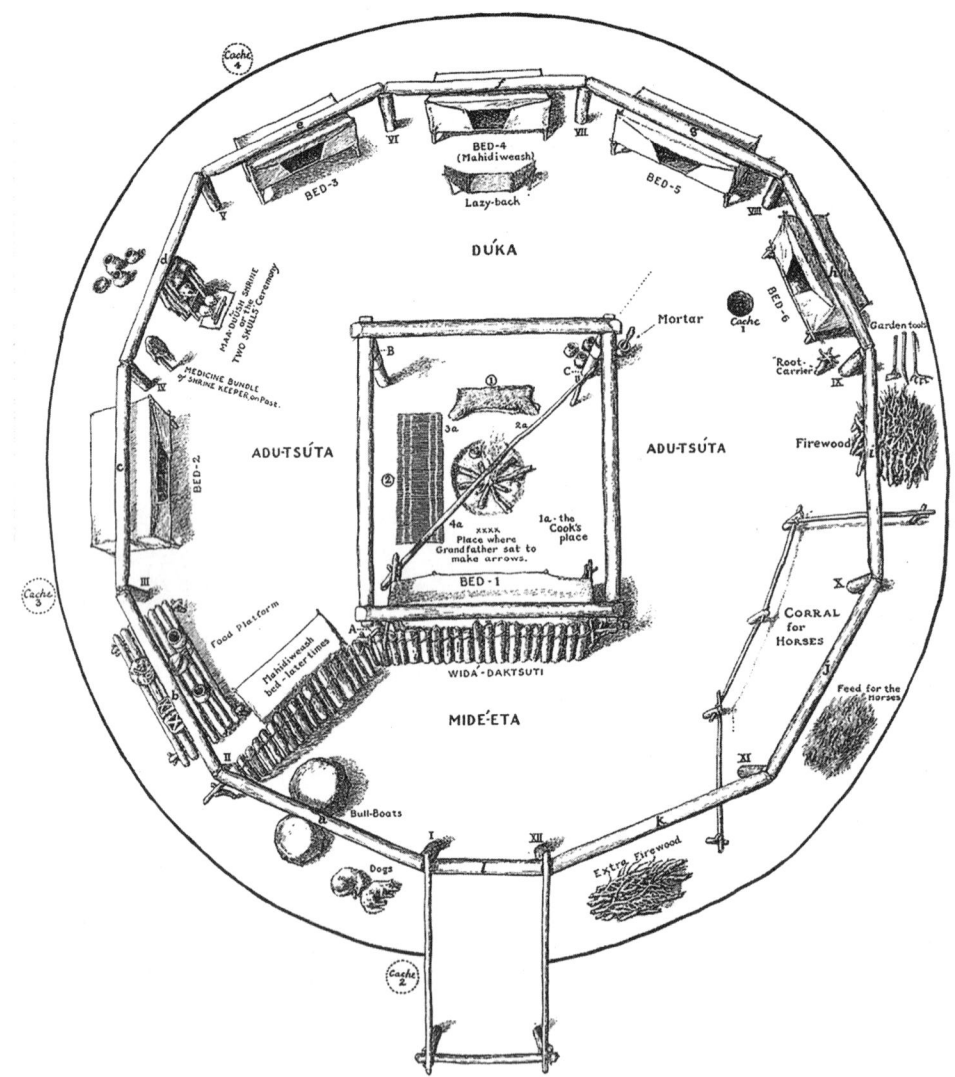

図10 ヒダッツアの住居と貯蔵穴（Wilson 1934）

タルイのマットを敷き土を被せる。魚類は棚（scaffold）に干され、それ以外の食糧も貯蔵される（Spier 1930:167）。クラマス（Spier 1930:168）とモドック（Modoc）は盗難防止のために住居から離れた遠隔地に設置したりする。モドックの場合、ムラから400m前後離れた地下のキャシェに冬用の貯蔵物を隠している（Ray 1963:183）。

　プラトー地域の貯蔵穴の大きさは様々であるが、アレキサンダー（Alexander 1992:132）はキャシェピットの大きさを規定する要因として①土壌、②集団の規模、③食物の種類、④貯蔵期

間が関係すると指摘している。

　その他に貯蔵穴としてカリフォルニア、チュバチュラバル（Tubatulabal）の円形で径1.5m、深さは60cm前後の石で仕切った貯蔵穴（Smith1978:443）、ウィントゥ（Wintu）の樹皮で仕切った貯蔵穴（Du Bois:1935）などがある。ニューメキシコ、チャコキャニオンのバスケットメーカー期のシャビケシー（Shabik'eshchee Village）では径1m～2m前後の円形で、深さは0.5m～1m前後、壁は漆喰を塗り石で仕切った貯蔵穴が住居に近接して発見されているが（Roberts 1929:91-105）、これが類例といえるのかもしれない（図12の1）。

　洞窟・岩陰を用いた貯蔵はサウスウェストを中心に分布しているが、貯蔵穴と併用して用いられ分布も限定されている。洞窟・岩陰はテンポラリーなキャンプ地としても用い、貯蔵施設としての独立性は低いようである。

　台・棚は極圏、亜極圏一帯に広がりをもち、プレイン、サウスウェストなどにも分布する（図11）。それに対応するように肉類、魚類の乾燥・スモークは北米全体に普及している（図4・5）。台・棚は貯蔵施設そのものというよりも貯蔵・保存にかかわる工程の施設としても機能している。図11の1はヌナミィウトがカリブーの肉を干している光景である（Binford 1978）。プラトーのトンプソンでは住居に近接して棚が構築されている（図11の2）。下流のリルウェットはプランクハウス（板造り家屋）内に棚を取り込み（図11の3）、その下で火をたき肉類をスモーク、あるいは乾燥させる（Teit 1975b:214）。サウスウェストのココパ（Cocopa）は台・棚をカボチャなどの乾燥に用いている。ピマ（Pima）は棚の代わりに住居の屋根を用いることもある（Ezell 1983:151）。サウスウェストでは台・棚とともにバスケットを併用して貯蔵している。台・棚は極圏・亜極圏、ノースウェストコーストなどでは肉類・魚類、その他の地域では植物食糧に用いられることが多く、主要食糧資源の異なる北と南では北米でも利用方法が異なっていることが窺える。また台・棚は一般的に住居と組み合わせている場合が多い。

　屋内のストアルームはサウスウェストなどでみられるが、分布は狭いようである。図12の3はツィアプエブロ（Zia Pueblo）の住居の平面図、図12の2は北テペワン（Tepehuan）の住居で片隅に材を組み、ストアルームとしている例である。

　グラナリーは堅果類などを貯蔵する施設で、堅果類が主要な食糧とされるカリフォルニアを中心に分布する。おおよそグラナリーには図13の1のように4本の柱の上に棚を作りその上にバスケットなどの容器をのせるもの（coiled granary）と、図13の2のように数本の柱を円柱状に高く組んで乾燥させ、それに覆いをかけておくもの（tall granary）の2通りのものがあるようである。前者はカフイァ（Cahuilla）、ピマなどカリフォルニアでも南の地域とサウスウェストに分布し（図1）、後者はミウォーク（Miwok）、ポモ（Pomo）などカリフォルニアでも北の地域に分布する傾向がある（Kroeber 1976:828-29）。前者のグラナリーのバスケットの口径は

第2節　貯蔵の人類学、歴史学、考古学的研究

0.6m〜1.8m程度が一般的である（Kroeber 1922:282）。沙漠に住むカフィアはグラナリーにメスキィート（mesquite）を貯蔵するが、その量は1家族6人〜10人の1年分に相当する（Bean and Saubel 1963:60）。山間部のカフィアは堅果類も貯蔵し（Kroeber 1976:699）、屋外のグラナリーだけでなく、大きなバスケットで屋内に貯蔵する場合もある。

またバレット（Barrett 1977:7-8）によれば、ポモの一部の地域には堅果類を貯蔵するためドーム状の屋根がつき、ホタルイでおおった住居とグラナリーが融合したような家形のキャシェも存在する（図14）。ニセナン（Nisenan）はグラナリーに2・3年分の堅果類を採集・貯蔵するが、しばしばこれらの冬の剰余をギャンブルで浪費してしまうこともある（Powers 1976:323）。グラナリーに貯蔵された堅果類は必要な時に取りだし、磨石で砕いて粉にし、殻はブラシなどで取り除き、その後、アク抜きを行い水漏れしないバスケットで料理する（Wilson and Towne 1978:389など）。

グラナリーのほかにカリフォルニアヨクーツ（Yokuts）のウクチュムニ（Wukchumni）にはストアハウスが存在し、住居の近くに構築される。ストアハウスは円錐形の住居を小形にしたもので、バスケット、土器、干肉、干魚、種子、殻をとった堅果類などが貯蔵される（Gayton 1948a:65）。ヨクーツのチュチャンシー（Chukchansi）のストアハウスは住居の近くに構築されるが、基底面の径は大きいもので1.8m、高さは2.1m〜2.4m程度、冬季の間、乾燥させるため風と雨を防ぐように構築されている。床には干草がしかれ、その上に貯蔵した袋が置かれる。サケは柱（cross pole）にかけ、シカの肉は袋に収納されるが、肉、魚類は時々取り出し虫がついていないか、あるいは腐敗していないかチェックする。ストアハウスの食糧は少なくとも1家族が冬を越せる量が貯蔵されるが、各家族はまたグラナリーをもち、その一つの量は2年分ある。グラナリーは日当たりのよい乾燥したところに構築されるが、その高さは2.4m〜3mあり、雨を防ぐため樹皮で覆っている。冬季に雨に濡れた場合は新しいグラナリーを構築し、堅果類を乾燥させ、再び収納する（Gayton 1948b:187）。堅果類はブラックオーク（black oak）は殻を取らないで、樹皮で覆う前にグラナリーの中で乾燥させる。ホワイトオーク（white oak）は殻を取り乾燥させ、貯蔵用の袋に入れ湿気から守るため住居、あるいはストアハウスに貯蔵するが、屋根裏に貯蔵する場合もある（Gayton 1948b:187）。

家形の施設（house like structure）はむしろ倉庫ということができる施設である。図15にはプラトー地域トンプソンの倉庫（storehouse）を示した。倉庫は板材で作られ屋根が付き、入口には梯子がかかっている。高さは地上から1.5m〜2m前後あるものが一般的なようで、リルウェットも同様に倉庫を用いている（Teit 1975b:215）。下流のトンプソンは冬季の間、倉庫に干した魚類を貯蔵するが、残ったものは春に取り出し空気にさらし貯蔵穴に移し、翌春まで保存する。各年のサケの剰余は救荒用に2・3年保存しておく。サケの卵は干草、樹皮で包み発酵する

図11　棚に関連する施設
1　ヌナミィウトの干し肉棚（Binford 1978）、2　トンプソンの住居と棚（Teit 1975a）、
3　リルウェットの住居（Teit 1975b）

寸前まで地下に貯蔵し、取り出し焼くか茹でる（Teit 1975a:234-35）。既述のように、トンプソンは倉庫だけでなく貯蔵穴（cellar）も併用しているが、キャシェピットは本来的には植物食、サケ、高床倉庫は魚類の他の貯蔵に用いられていたらしい。サンポイル（Sanpoil）はサケだけでなく肉、ベリー、根茎類を高床倉庫、ストレージハウスに貯蔵している（Ray 1932:76）。

　北米では高床の倉庫はアラスカ西海岸、プラトー地域など北米でも西北の地域に限られ分布し、倉庫の材料となる木材が入手困難な地域には倉庫が分布していないようである。類似する倉庫は北洋沿岸では北東アジアのオロッコ、ギリヤーク、アイヌの諸民族で発達している。構造は様々であるが、これらの地域では肉・魚類が主要食料で、動物から食料を守るため施設を地上から高くしている。ノースウェストコースのプランクハウスは骨組みも強固で軒下、天井には魚などの食糧を干し（図16の1）、住居としてだけでなく貯蔵・処理施設としても機能してい

第2節　貯蔵の人類学、歴史学、考古学的研究

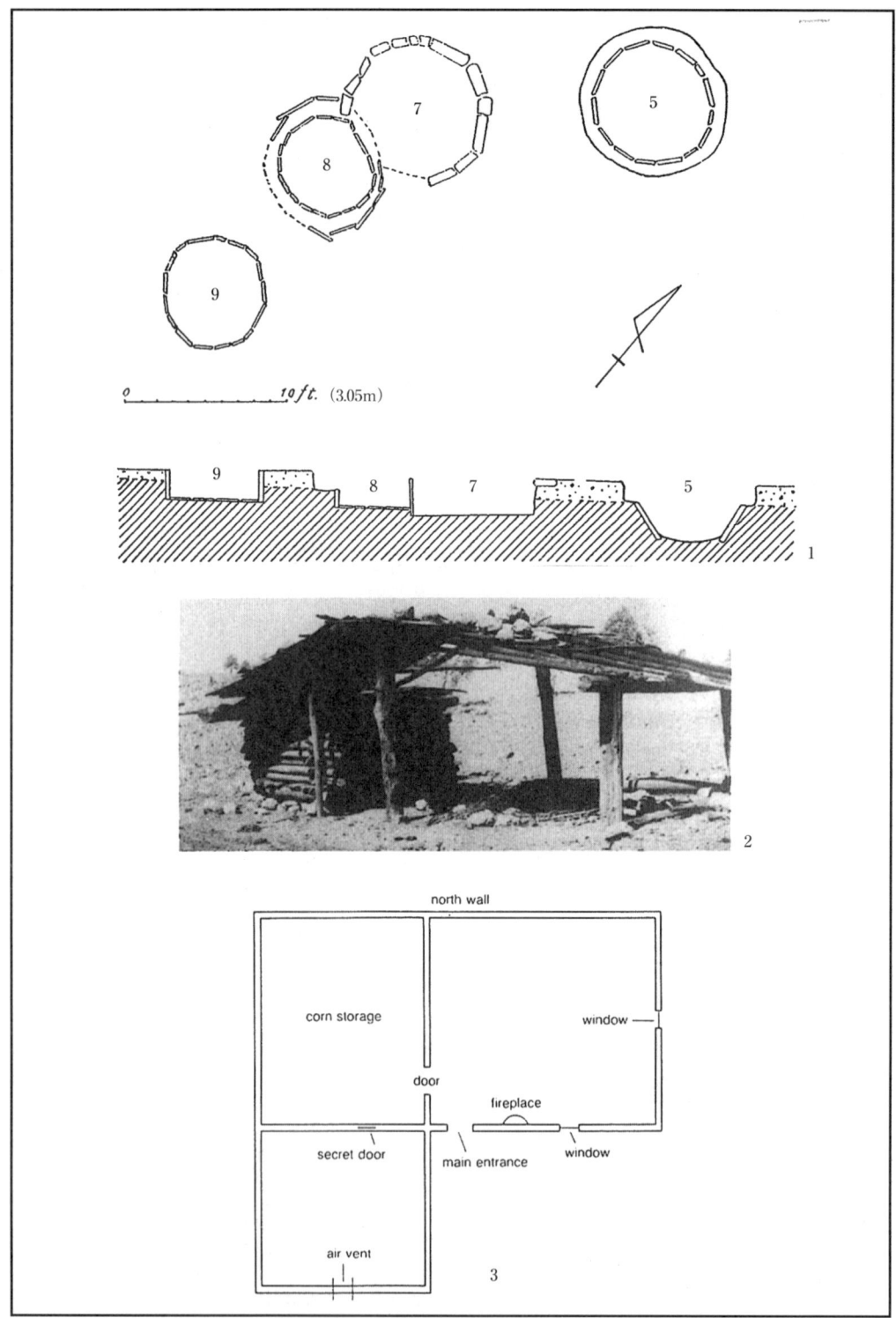

図12　サウスウェストの貯蔵施設（1　Roberts 1929、2　Pennington 1983、3　Hoebel 1979）

第1章 貯蔵に関する研究の意義と研究動向

図13 カリフォルニアの貯蔵施設 （1 Bean 1978、2 Levy 1978）

る（Suttles 1991:216-17）。プランクハウスは天井空間が広いので、そこに新たに貯蔵空間が加わったのであろう。また住居とは別にスモークハウス（図16の2）が構築されることもある。上述した下流のリルウェットではプランクハウス内に棚を取り込み、その下で火をたき肉類をスモーク、乾燥させる方法もある。

　以上、簡略ながら北米の貯蔵施設について検討したが、貯蔵施設は多様で貯蔵穴はその中の一つの施設である。貯蔵穴は食糧資源に応じて植物・動物食糧が保存され、極圏では肉類の冷凍保存、プラトーでベリー、根茎類、魚類、プレインでは穀物、カリフォルニアでは堅果類の保存というように、極圏のように肉類の冷凍保存が可能な地域、あるいはプラトーの魚類の保存を除くと多くの場合、植物質食糧の保存に用いられることが多い。テスタール（1995:175-76）は主な保存の方法について、冷凍、乾燥、燻製、湿式（水中）保存、塩漬（魚・肉類対象）、腐敗・発酵（チーズ、アルコールなど）に分類している。このうち貯蔵穴の保存としては極圏で肉の冷凍、その他の地域では魚類、植物などを対象とした乾燥保存との結びつきが強いといえよう。プラトーの多くの場合、貯蔵穴は住居に近接して設置し、冬に必要に応じてすぐに消費するものと、根茎類、ベリーなどの冬は利用しないで春までとっておき長期保存するものとを使い分けている。またトンプソンのように倉庫と貯蔵穴、ヌナミィウトのように貯蔵穴と棚を目的と遺跡の機能に応じて併用している場合も存在し、貯蔵施設はあるものを単独で用いるだけでなく、複合的に利用し貯蔵施設の性格により使い分け、合わせて長・短期による貯蔵戦略を用意している。また後述するように、貯蔵施設をどこに設けるかは輸送技術、搬出コスト、移動性、生業戦略と関連し、セトルメントシステムに埋め込まれていたと推測される。

　一方、貯蔵施設は考古学的遺構として認識できるのは貯蔵穴ぐらいに限られ、地上の貯蔵施設である倉庫、棚・台などは掘建柱跡として残る可能性が高く、遺構からその機能を特定するのは極めて困難であろう。以上、民族誌で検討した貯蔵施設は縄文時代の貯蔵施設・方法を検討する上で参考になる事例といえる。

（2）貯蔵とセトルメントパターン

　北半球では四季が存在し、春から秋にかけては食糧になる植物、動物が豊富であるが、冬期には特に植物の食物獲得が困難になる。そのため季節的に偏る資源をその時に消費するのでなく、時期をずらして消費する必要があり、そのため保存・加工・貯蔵が発達していることは既述した。また厳しい冬を凌ぐため食糧の保存に限らず、住居構造、衣装の発達にもかかわってくる。越冬は狩猟採集民のセトルメントパターンに影響を及ぼし、定住化も越冬と密接に関係する。渡辺仁（1990:17-20）は狩猟採集民の住居移動パターンをⅠ型～Ⅴ型に分類している。Ⅰは遊動型、Ⅱは半遊動型、Ⅲは半定住型で、定住型にはⅣa・Ⅳb・Ⅴ型を当てている。Ⅳa型は

第1章　貯蔵に関する研究の意義と研究動向

図14　ポモの貯蔵施設（Barrett 1977）

図15　トンプソンの倉庫（Teit 1975a）

図16　ノースウェストコーストの貯蔵関連施設（1 Arima and Dewhirst 1990、2 De Laguna 1972）

第2節　貯蔵の人類学、歴史学、考古学的研究

恒久的な住居が2ヶ所以上あるケース（振子式移動型定住）、Ⅳb型は冬家、夏家のように季節的に住居を住み替えるケース（巡回式移動型定住）、Ⅴ型は住居が周年的に固定されているケースである。定住型はⅣa・Ⅳb・Ⅴ型のように変異がみられ、北洋沿岸狩猟採集民をその典型例とする。

ただし、Ⅲ型の半定住型と定住型のⅣa型とⅣb型の差は、Ⅳb型は冬家と夏家の恒久的住居が2ヶ所ある場合、Ⅳa型は恒久的住居が2ヶ所以上（冬家と春夏などその他の恒久的住居）ある場合である。Ⅲ型は恒久的住居は冬家だけで、それ以外の家は一時的住居（temporary shelter）である。Ⅲ・Ⅳ型は冬家はいずれも恒久的住居であるから、問題になるのは夏の住居が固定的か、一時的なものかである。実際に北米の民族誌をみると夏の住居が固定的か、一時的なものか記述されていることはまれか、あいまいで、そのためⅢ型とⅣa型の区別がつきにくい。Ⅳa型とⅣb型の差も前者は恒久住居が2ヶ所以上、後者は冬家と夏家の恒久住居が2ヶ所ある場合なので、同様に民族誌からは区別が難しい。北米の民族誌を検討すると冬家は恒久的で把握しやすいが、春から夏にかけて分散する例が多く把握しにくいため、春・夏の居住形態は民族・人類学者の盲点になっていたと推測される。また後述するように、移動パターンは同じグループでもローカルグループ、あるいは年齢構成、健康状態により異なるのでセトルメントパターンの判定には困難が伴う。管見では北米のノースイースト[5]、サウスウェスト、亜極圏のチプーヤン（Chipewyan）などの内陸グループを除くと、以下で検討するように、多くの場合、Ⅲ型の半定住型、Ⅳa・Ⅳb・Ⅴ型の定住型を取っている。

a アラスカ西岸

ベーリングシーエスキモー（Bering Sea Eskimo）

ベーリングシーエスキモーの冬村は半地下式の土か木材の住居である。夏の住居は木材でできた恒久的な地上式の住居である。冬と夏の住居は一つの場所に構築されることもあるが、通常は冬村と夏村は近接しながらも離れて設置される。冬村には食糧と道具のストアハウス、ボートとソリのラック、犬をつなぐ杭がある。食糧と道具のストアハウスは地上式で、犬、キツネが届かないようにしている。冬村には墓地があり、ムラの一部でもある（Fitzhugh and Kaplan 1982:116）。通常は冬村と夏村は近接しているが分離して設置されるのでⅢ型、ないしⅣa型であるが、冬と夏の住居が同じ場所に構築される場合はⅤ型に移行する例といえる。

b 亜極圏

アートナ（Ahtna）

アートナのセトルメントには冬村と狩猟・漁労キャンプがあり、キャンプは季節的にテンポ

— 22 —

ラリー、ないし規則的に用いられる。冬村は最大で九つの多家族住居から構成される。春と夏はサーモンキャンプ、その後、上流のミートキャンプ（meat camp）に移り小形獣の狩猟を行う。秋には川を下り、冬の家に数家族が集まるまで罠猟、狩猟を行う。冬の家はサーモンを貯蔵している夏の漁労キャンプの近くにある。1月ないし2月に家族は獲物、川魚が確保できるところに分散していく（De Laguna and McClellan 1981:644-46）。サーモンキャンプ、ミートキャンプは固定的かどうか不詳で、セトルメントパターンはⅢないし、Ⅳ型と推定される。

コルチャン（Kolchan）

　冬村は半地下式の住居で構成される。冬の生業は小形獣、カリブー、冬眠中の熊、氷上釣（ice fishing）で補う。冬のキャンプは湖、川の支流に設けられる。春はカリブー猟、夏はカリブー、羊、熊猟を行い、肉は乾燥して冬のキャンプに持ち帰る準備をする。夏の住居はティピに近い皮で覆ったものである。10月にはカリブー猟を行いカヌーと牛皮船（bullboats）で冬のキャンプに戻る（Hosley 1981:618-19）。冬村があり10月のカリブー猟の後には戻っているので、コルチャンのセトルメントパターンはⅢ型であろう。

タナイナ（Tanaina）

　サケが遡上する夏は冬村を去り、フィッシングキャンプで生活する。ある地域ではフィッシングキャンプは固定している。夏の後半にはカリブー、山羊猟のために山間部に出かける。この猟はキーナイ（Kenai）と内陸タナイナは短期で男性だけで行われるが、スセトナタナイナ（Susitna Tanaina）と他のローカルグループは長期に亘って家族を伴う。初冬には冬村に戻る。冬村は多家族の地下式住居で構成される。狩猟の時のキャンプはテンポラリーで樺の樹皮、皮を用いたテントを使う（Townsend 1981:627）。タナイナの場合、通常Ⅲ型と思われるが、ある地域ではフィッシングキャンプが固定しているので、この場合はⅣa型に相当すると思われる。

インガリク（Ingalik）

　ホームベースの冬村、春・夏キャンプの3つのセトルメントがあり、3つのセトルメントは径10km以内に近接している。冬村は半地下式のカシム（kashim）、木造住居（wooden houses）で構成される。住居の背後には食糧を貯蔵する高床倉庫、正面にはソリとカヌー用の棚がある。夏のキャンプは春のキャンプよりも冬村に近いが小さく、川の漁労をするために分散している。キャンプには魚を干すための棚、スモークハウスがあるが、住まいは冬村に比べ樹皮を用いた簡略なものである（Snow 1981:604）。春夏のキャンプは固定的かどうか不明で、Ⅲ型ないしⅣ型と推定される。亜極圏は『北米インディアンのハンドブック6巻：亜極圏』（Helm 1981）を

みる限り、チプーヤンなどの内陸グループを除くアラスカ西岸では、多くの場合、Ⅲ型ないしⅣ型と推測される。

c プラトー

　クラマス、モドック（Modoc）は積雪が多いため冬は竪穴住居のある恒久的なセトルメントに集住し、干し魚、干し肉、根茎類、種子、ベリーの貯蔵食でくらす。春になるとフィッシングキャンプを設け、漁労、根茎類、ヒナユリ（camas）[10]の採集を行う。夏はウォカス（wokas）の採集に従事し、集合化する（Stern 1965:7-13）。秋から初冬は冬に備えて竪穴住居の構築の準備で忙しい（Spier 1930:197）。夏の住居は固定的かどうか不明なので、Ⅲ型であろう。モドックは3月の雪が溶け始めるころ、恒久的なムラの冬家（竪穴住居）を分解する。同時に夏も恒久的なムラに滞在せざるをえない老人、体の不自由な人のためにマットハウスが構築される。春に男性はサッカー（suckers）漁、女性は料理、魚干しに従事する。通常、春にはフィッシングキャンプに移動するが、フィッシングキャンプは半恒久的で、その立地は生産性が高いため毎年、繰り返し利用される。夏の住居はマットハウスで簡略である。サッカー漁の後、女性のエポス（epos）採集と男性のマス漁のために支流（stream）に移動する。6・7月はヒナユリ採集のために再び移動するが、モドックのテリトリーでは少ないため、該期は移動が頻繁で人口も分散する。秋に男性は2度目のサッカー漁、女性はベリーの採集に従事する。狩猟が始まり、雪の降り始める12月まで続く。10月には冬村に戻り、冬家の再構築と修理を行う。冬村は狩猟のホームベースになる（Ray 1963:180-82）。モドックの場合、冬村は恒久的で春のフィッシングキャンプは半恒久的であるが、6・7月にはヒナユリ採集のために移動しており、Ⅳa型に近いと思われる。ただし夏も冬村に老人、体の不自由な人は滞在し、これらの人々の場合はⅤ型で、年齢構成、健康状態によりセトルメントパターンも変化する点は注目される。

　このようにプラトーの場合、冬季に冬家、多家族住居としての竪穴住居に集住し、夏には狩猟、採集、漁労のためのキャンプサイトに分散していくセトルメントパターンを一般的にとっている。つまり冬季以外の季節には住居の移動性（residential mobility）が高く、冬には住居の移動性が低い。冬の住居は防寒のための地下式の竪穴住居、夏は地上式のテントで住居構造に顕著な差がある。貯蔵は食糧が減少する冬季用が主で、貯蔵施設は冬家に近接して構築される。冬の移動性の減少による生業のリスクを貯蔵で補っている。つまり移動性の減少（定住化）と貯蔵は不可分の関係にある。恒久的な冬村は人口が集中し集落が拡大するが、竪穴住居と貯蔵施設がその受皿になっている。

d ノースウェストコースト

　ノースウェストコーストには季節的居住、周年居住の2つのセトルメントパターンが存在するようである。季節的居住を行っているグループにはトリンギット（Tlingit）、チムシアン（Tsimshian）、キリュート（Quileute）などがある。周年居住を行っているグループにはベラクーラ（Bella Coola）などがある。デラグナ（De Laguna 1990:206）によると、トリンギットには冬に居住する恒久的なムラ（principal village）があるが、漁労・狩猟のキャンプに分散していく夏には恒久的なムラは放棄される。トリンギットの場合、Ⅲ型、ないしⅣ型であろう。

　チムシアンの川の氷が溶ける2月から4月にかけての主な活動はナス（Nass）川でのユーラコン（eurachon）漁である。ユーラコンは乾燥、ないし油、脂肪を取るため処理する。冬村に戻り、脂肪とユーラコンを貯蔵した後、冬村に残るものもいるが、多くはナス川に移動する。5月は海草を採集するために海草キャンプに1ヶ月前後、滞在する。その間、オヒョウ、ニシンの漁を行う。6月にはカモメ、ミヤコドリの卵、夏にはアワビの採集を行う。初夏にはサケの捕獲のために漁労キャンプに移動する。また夏から秋にかけてはベリーを採集し、貯蔵する。初秋はサケの保存のためのスモークが活発に行われる。この時期のサケの不漁は飢餓につながる。サケの保存の後、狩猟が行われる（Halpin and Seguin 1990:269-71）。チムシアンの場合、冬村があり、海草キャンプ、初夏の漁労キャンプは季節的に維持されているフィシングサイトで固定的なものと推定され、春から夏のキャンプサイトが複数あるのでⅣa型と考えられる。

　キリュートはそのほとんどが河口の恒久的なプランクハウスで冬を過ごす。4月から9月はハウスグループ（house group）が小規模な核家族に分散し、各家族は狩猟、漁労、採集地を継承している上流、海岸に移動する。この時期の住居はガマ類でできたマットの小屋（cattail mat huts）か、差しかけ屋根（brush lean-tos）の簡略なものである（Powell 1990:431）。キリュートの場合も4月から9月の狩猟、漁労、採集地は固定かどうか不明で、Ⅲ型ないしⅣ型と推測される。

　ベラクーラは資源が豊かなため周年居住が可能で、小規模な季節的キャンプが特定資源の獲得のために行われる（Kennedy and Bouchard 1990:325）。マカー（Makah）の場合もムラは年間を通して居住するが、あるものは春・夏に夏家に移動する（Renker and Gunther 1990:422）。ベラクーラ、マカーの場合、周年居住に近くⅤ型の可能性が高いようである。

e カリフォルニア

トロワ（Tolowa）

　冬は海岸に沿った恒久的なムラで過ごし、サメを取るため8月だけ恒久的なムラを離れ砂浜を訪れる。そこから内陸のサケ、堅果類の採集に出かける。この間、女性は干した魚類と堅果

第 2 節　貯蔵の人類学、歴史学、考古学的研究

類を貯蔵と処理のためムラにバスケットで運ぶので、ムラが無人化することはない。堅果類の採集は10月から11月半ばまで続き、ほとんどの人はムラに戻る（Gould 1978:130）。8月を除くと恒久的な冬村があり、その間も魚類と堅果類を搬出しているのでⅤ型に近いといえる。

ウィントゥ（Wintu）

　冬以外の狩猟採集の時期は丘陵にでかけ、テンポラリーなキャンプを設け、松の実、マンザニータ（manzanita）、その他の食糧が採集できる限り滞在し、長くても2週間以上は居住せず、5・6回の移動を行う。その合間に冬村に食糧を搬入、貯蔵し、冬には恒久的な冬村に集住するが、冬村には夏でも老人が財産の手入れをするため残留していることもある。春の住居はしばかけの住居（brush house）であるが、冬の住居は樹皮で覆ったバークハウス（bark house）である。バークハウスは円錐形で中央に位置する柱がなく、主柱が3・4本、その他の細い補柱を組み、樹皮、枝で覆っている。掘り方は浅く30cm～90cmで、土は周りに積んでおく（Du Bois 1935:28・29・122）。ウィントゥは冬村以外は恒久的でないのでⅢ型であろう。ただし冬村には夏でも老人が財産を手入れするため残留していることもあり、この場合はⅤ型である。

ワポ（Wappo）

　恒久的な冬村（winter town）とテンポラリーな夏のキャンプ（town）の二つの居住地がある。夏には恒久的なムラは廃棄され、ロシア川（Russian River）でキャンプし、冬の雨が止むと草葺の住居に戻る。シゴム（Cigom）とウヌサワホルマ（Unutsawaholma）のムラで多くの住居が2家族以上で利用されるようであるが（Driver 1936:201）、恐らくこれは冬村のことであろう。最も重要な食糧である堅果類は男女ともに採集して冬村に重いバスケットで搬入するらしい（Driver 1936: 183・186）。ワポの場合は典型的なⅢ型といえよう。

マイドゥとコンコウ（Maidu and Konkow）

　夏には恒久的なムラ（main village）から離れた狩猟採集地の近くにシェードシェルター（shade shelter）が構築される。シェードシェルターは壁がなく空間も狭い。冬は径が6m～12mの円形、深さは1.2m程度の多家族の地下式住居で、掘削した土は屋根の一部として用いる。冬は生活が困難な時期で、貯蔵品で生計をたてる。冬に移動するグループもいるが、マイドゥは冬も恒久的なムラ（permanent village）に残る。コンコウは円形の壁のない3・4家族用で、儀礼活動もできるしばかけの住居を夏のキャンプとして構築する（Riddle 1978:373-76）。マイドゥとコンコウの冬に移動するグループはⅠ型に近いと思われるが、マイドゥは冬は恒久的なムラがあるのでⅢ型の可能性がある。

ティパイとイパイ（Tipai and Ipai）

　春にはキャンプサイトに分散し、春から初夏はサボテン、プラムなどの採集に余念がない。秋は堅果類、時には松の実の採集、貯蔵を行う。一方、男性は狩猟に従事する。雪が降ると冬村に戻る。夏の住居は風よけ程度の簡単な造りで、冬村は恒久性（well sheltered）が高い（Luomala 1978:597-99）。春から夏はキャンプサイトに分散するⅢ型と推定される。

f グレートベスン

ワショウ（Washoe）

　春から秋は山、谷などに採集地が分散しているため、人口も分散していく。9月から10月の3週間前後、松の実の採集に出かける。各世帯（具体的な人数は不明）は4つのキャシェをもち、各キャシェには135kg〜270 kgの松の実を貯える。通常の年なら数ヶ月、あるいは数年もち、翌年の収穫まで消費される以上の松の実を確保する。松の実は冬村（winter residence）に持ち運ぶ。主な家族は土地の収穫権をもち、他人は許可がないと採集できない。冬家は様々で板材を円錐形に組み比較的強固で恒久的な住居である。夏家はホタルイ、小枝などで組んだテンポラリーな住居で狩猟採集の際に用いられる。漁場、採集地などに特定の個人、家族に特権があるが季節単位、あるいは長期間用いられていないと他人も利用することができ、所有に関してはそれほど固執しないらしい（D'azevedo 1986: 473-74、479-81、488）。Ⅲ型と推定される。

　以上のようにセトルメントパターンはベーリングシーエスキモーのように、通常Ⅲ型ないしⅣa型であるが、時には冬と夏の住居は同じ場所に構築され、年により変化する例もある。タナイナのように同じグループでもローカルグループによりセトルメントパターンが変化し、モドック、ウィントゥの場合、一般的にはⅢ型、Ⅳa型であるが、老人、体の不自由な人は夏も冬村に残り、年齢構成、健康状態によりセトルメントパターンも変化しており、セトルメントパターンは斬移的なものである点は注意を要しよう。

　ただし重要な点は北米で最も多いⅢ型、Ⅳ型は冬村が恒久的でそれ以外の春・夏は分散しているという点で、冬は移動性が減少し、それ以外の季節は高くなる。つまり春・夏は分散した資源を獲得するために移動性を高め、夏・秋前後に集中する資源を獲得する。民族誌からはどこで採集し、どこに持ち運ぶかその地理的関係などは具体的にはわからないことが多いが、トロワ、ウィントゥのように冬村に搬入しているのであろう。このように食料資源が獲得できない冬に備えて貯蔵し、冬は移動性を減少させて（せざるをえない）越冬する。ノースウェストコーストではサケの不漁、カリフォルニアでは堅果類の不作が飢饉につながる（Baumhoff 1963:162）。プラトーの口頭伝承では生業のリスク（不漁、不作など）への対策として貯蔵、生産・収穫の強化、生業の多角化、移動、交換が伝えられているように（Sobel and Bettles 2000）、

第2節　貯蔵の人類学、歴史学、考古学的研究

貯蔵技術がないと越冬できないことを物語る。

　冬家としての竪穴住居は移動性の減少と滞在期間（約半年に及ぶ）が長くなること、越冬・積雪対策、多家族住居として機能し、屋内空間を確保する必要性と積雪対策のための屋根を支えるため、柱も太く主柱構造が発達している。また屋根は土、草などで覆われるため、材が隙間なく埋め込まれるので、重さ、構造的にも強い傾向がある。一方、漁場、猟場、採集地などのキャンプサイトに分散し、移動性が高くなる夏の住居は滞在期間も短くなるため、テントに近く簡略なものが一般的で、夏家は平地式のいわゆるテントで屋根と壁の区別はなく、細長い柱を円錐状に組み、その周りをマットなどで覆う簡略なもので、積雪などの重みには耐えられない。そのため、考古学データとしても残りにくい。また、空間も柱を円錐状に組むため狭くならざるをえない。また冬家の素材となる材木などは重くて持ち運びができないものが一般的であるが、夏のテントの材料は持ち運びが可能なものか、現地で調達できるものが一般的である。冬の防寒のための地下式の竪穴住居と夏の地上式のテントではその労働力の投入にも顕著な差がある[6]。住居の恒久性はその滞在期間すなわち越冬期間が関与し、言い換えれば住居の安定性とは越冬に基づく移動性の低下（decreased mobility）に他ならない[7]。北米狩猟採集民の生業活動の内容は多様であるが、セトルメントパターンという観点からすると半定住、定住型が一般的である。人類学の知見からすれば歴史的には遊動（nomadism）が古いことは明らかで、越冬のため半定住が北半球で成立し、さらに定住型は半定住が地域的に発展した形態と推測される。V型の周年居住は移動性という観点からすれば、むしろIII型、IV型の発展形態、ないし変容した形態とみられ、貯蔵量が越冬分を上回り翌年分まで確保でき、春夏に移動する必要がないグループに成立した可能性が考えられる。

　北東アジアでも半定住、定住化を示すセトルメントパターンはIIIないしIV型の可能性があるナーナイ（Nanay）、オロチ（Orochi）、ユカギール（Yukagirs）、ニヴフ（Nivhi）などに認められる[8]。一方、冬季に利用され、半定住の指標となる竪穴住居は北半球全体、特に北緯40°より北の地域に広がっているので（Gilman 1987:fig.1）、北半球では農耕の存在する以前に越冬に基づく半定住、定住化が成立していた可能性が高い。テスタール（Testart 1982、テスタール 1995）は狩猟採集民の貯蔵経済が北半球で発達したことを指摘しているが（図17）、越冬と貯蔵との密接な関係と、寒冷地におけるセトルメントパターン、並びに狩猟採集民進化プロセスの一端を示唆している[9]。このように狩猟採集民、農耕民の区別なく越冬、貯蔵、移動性の減少の相関性は高く、冬家と貯蔵が組み合わさり、越冬戦略を形成している。少なくとも北米の狩猟採集民の定住化は越冬に起因していると推測される。このようにみてくると、既述のウッドバーンの指摘する消費を遅らせるシステムの形成は越冬が大きな要因になっていることが理解できる。

第1章　貯蔵に関する研究の意義と研究動向

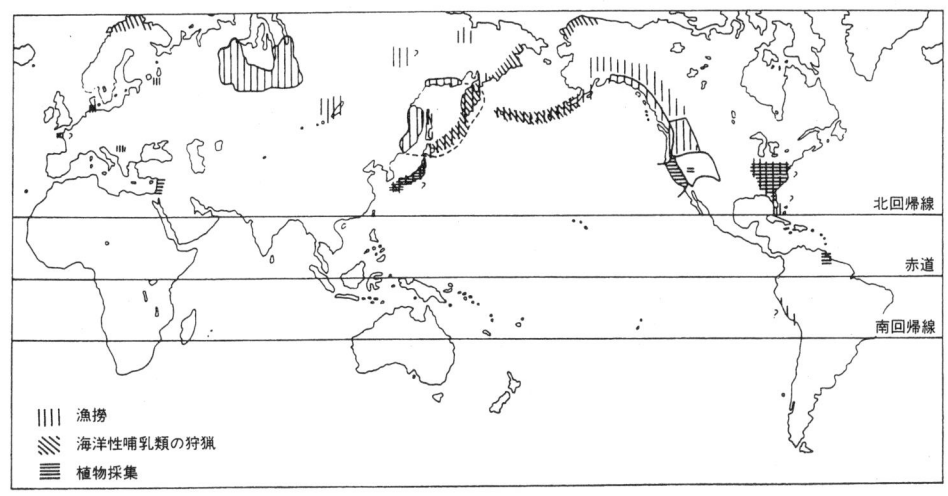

図17　テスタール(1995)による先史・歴史時代の備蓄に基づく定住狩猟採集民の推定地理的分布（斜線は主たる生業活動を示す）

　以上のように住居構造と貯蔵構造はセトルメントパターンと密接な関係があり、考古学的には冬に利用される竪穴住居と貯蔵施設が並存している集落は冬村、ないし恒久的なムラの可能性が高いといえる。

（3）貯蔵期間
　貯蔵施設の性格により、貯蔵期間はかわってくる。例えばプラトー地域では長期的に春までとっておくものと、短期的に冬に必要に応じて利用するものでは貯蔵期間をかえている。チルコーティンの例のように採集地で多量に取れて、集落に持ち帰れない場合は一時的なキャシュピットに貯蔵する例もある。一般的に越冬用の場合、プラトーでは冬家としての竪穴住居は11月から3月まで利用され、この間、移動性は減少するので、少なくともこの期間の5ヶ月分は貯蔵する必要がある。プレインのダコタは9月から4月まで、8ヶ月間、コーンを保存している。ヨクーツのChukchansiの各家族はグラナリーに堅果類を2年分、フットヒルヨクーツ(Foothill Yokuts)は乾燥させて5年以上、貯蔵する（Spier 1978b:473）。グレートベスンのノーザン・ゴシュートショショーニ（Northern and Gosiute Shoshone）は松の実Pinus edulis[11]を4・5年間、Pinus monophyllaを1年間貯蔵する（Steward 1943:271）。トンプソンの場合はサケの剰余を救荒用に2・3年保存するというように、必要なものは消費されるが越冬期間を越えて資源の変動に備え救荒用に貯蔵されたものも存在したであろう。

— 29 —

第2節　貯蔵の人類学、歴史学、考古学的研究

（4）貯蔵量

　民族誌でも貯蔵量について具体的に報告されている例は少ないが、ヒダッツアの深さ2.4mの貯蔵穴には20～30ブッシェル[12]（704 l ～1056 l 、544kg～816kg）のコーンと豆が収納できる（Wilson 1934:391）。カフィアのグラナリー（coiled granary）には10～15ブッシェル（352 l ～528 l 、272kg～408kg）のメスキィートが収納でき、1家族6人～10人の1年分の量をまかなえる（Bean and Saubel 1963:60）。ルイセーニョ（Luiseno）のグラナリー（coiled granary）のバスケットには8～12ブッシェル（282 l ～422 l 、218kg～326kg）（Spencer and Jennings 1965:254）、ノーザンマイドゥ（Northern Maidu）のグラナリー（tall granary）には8～10ブッシェル（282 l ～352 l 、218kg～272kg）の堅果類などが収納できる（Dixon 1905:176）。ニセナンはグラナリーに2・3年分、ヨクーツとウェスタンモノ（Western Mono）の各家族はグラナリーに堅果類を2年分貯蔵する。ポモの家形キャシェの貯蔵量は1トンに及ぶと推定されている（Barrett 1977:8）。グラナリーの規模はイースタンミウォクの場合、高さ3.6m、径が1.5mある（Levy 1978:409）。カリフォルニアの場合、貯蔵で年間の一部ないし全部を貯蔵品でまかなっているので（テスタール1995:197-98）、その量も莫大で貯蔵施設も必然的に大きくなっている。既述のように、堅果類の出来が飢饉と密接な関係があるように、貯蔵量が人口の規模を決定する大きな要因となっている（Baumhoff 1963:161）。そのためカリフォルニアの堅果類採集期間はノーザンフットヒルヨクーツ（Gayton 1948b:178）の場合、9月の1ヶ月前後、トロワの場合、10月から11月半ばまで続いている。ワショウの場合、各世帯（具体的な人数は不明）には4つのキャシェがあり、各キャシェには135kg～270 kgの松の実がある。通常の年なら数ヶ月、あるいは数年もち、翌年の収穫まで消費される以上の松の実を確保している。

　具体的な量は不明であるが、トンプソンはサケの剰余を救荒用に2・3年保存している。カリフォルニア、ノースウェストコーストのように多くの貯蔵量を確保するためにはその生産と処理に大きな労働力を必要とするため、貯蔵量と労働組織は密接な関係がある。カリフォルニア、ノースウェストコーストでは越冬分のみでなく多くの場合、それを上回る量が貯蔵され、余剰経済を発達させている。余剰は他集団との交換などにまわされるので、交換システムとともに社会組織を発達させ、社会的複雑化を促進し、余剰の再分配、交換と労働力の管理はエリート層出現の基盤になっている（Arnold 1993:97）。さらにノースウェストコーストの場合は余剰経済が威信経済に発展している。

　アレキサンダーがキャシェピットの大きさを規定する要因として①土壌、②集団の規模、③食物の種類、④貯蔵期間を指摘しているが、②と④はあらゆる貯蔵施設の大きさに普遍的に関係すると考えられる。

（5）集落と貯蔵施設の位置

　貯蔵は基本的に越冬のために行うので、冬村、冬家に近接して設置されるのが一般的であるが、貯蔵施設の性格によりその場所も異なってくる。シュスワップ、リルウェット、チルコーティン、サハプチンは冬家に近接して貯蔵穴を設置するが、一時的に採集地、漁場にも設ける（Alexander1992:129-31）。高床倉庫はミント（Minto）ではフィッシングキャンプで住居に近接している（Olson 1981:707）。インガリクでは冬家に（Snow 1981:605）、アートナでも恒久的住居の横に（De Laguna and McClellan 1981:646）、サウスウェストアラスカエスキモーのユーコンカスコクウィム（Yukon-Kuskokwim）とヌシャガク（Nushagak）では住居に近接し倉庫は設置されている（Vanstone 1984: Fig2・4）。トゥショーニ（Tutchone）の主な構築物は肉・魚を干すための棚、いろいろなものの貯蔵施設、ボートなどの棚である（McClellan 1981:498）。ベーリングシーエスキモーも同様で、冬村には食糧と道具のストアハウス、ボートと橇のラック、犬をつなぐ杭があり、極圏、亜極圏では住居、食糧・道具の貯蔵施設が組み合わさっているのが一般的である。

　ヨクーツのチョイニムニ（Choinimni）のストアハウスは住居に近接して構築される（Gayton 1948b:145・187）。モナチェ（Monache）（Spier 1978:428-29）、サリナン（Mason 1912:119）もグラナリーは住居に近接して設置し、必要に応じて消費している。図18にはウィントゥの各竪穴住居に近接してグラナリーと思われるキャシェが設置されているのがみえる。ヒダッツアは住居内、住居に隣接した貯蔵穴を設け、両者を併用している。

図18　ウィントゥの住居とグラナリー（Lapena 1978）

ウェスタンショショーニ（Western Shoshone）は秋に松の実を多量に採集するが、搬出が困難なため冬村はしばしば松の実の豊富なキャシェの近くに設ける（Thomas.et.al. 1986:266-67）。カリフォルニアでは堅果類をトロワ、ウィントゥ、ワポ、ポモ（Kniffen 1940:379）のようにバスケットで冬村に搬入していると考えられる事例が多く、ウェスタンショショーニとは対照的である。これはウェスタンショショーニの場合、植物質食料の生産が不安定で、移動性が高いことが関与しているのであろう。冬村をキャシェの近くに設けるか、それとも採集物を恒久的な冬村に搬出して、貯蔵施設を設けるかは搬出コスト・技術、移動性、セトルメントシステムにかかわる大きな問題である。

極圏、亜極圏では集落から離れたキャシェから肉、魚などを持ち帰るが、これらの地域では犬橇などの輸送技術が発達している。ヌナミィウトの場合、秋後半から初春は犬そりを用いて搬出をするが、晩春から夏は人ないし、ドッグパックで行う。冬前後は犬橇を用いることができるので、肉塊も大きいが、夏前後は犬橇が使えないので、肉の塊を小さくして運んでいる（Binford 1978:50）。このようにヌナミィウトは季節により輸送方法を変えているが、犬橇などの輸送技術がキャシェを集落から離れた所に設置できることを可能にしている[13]。この他にヒダッツア、プラトーのクラマス、モドックは盗難を警戒して集落から離れて構築している。ミウォークも盗難を警戒してムラから離れてグラナリーを設置しており（Powers 1976:351）、社会的緊張関係により貯蔵施設が集落から離れて構築される事例といえる[14]。

(6) 貯蔵施設の所有

貯蔵物の所有関係を民族誌から読み取るのは難しいが、クラマスの場合、食糧貯蔵穴は共同らしい（Stern 1965:6）。一方、リルウェット、シュスワップにはサケの漁場、猟場に所有権がある（Kennedy and Bouchard 1998:182、Ignace 1998:208）。タレウミィウトの貯蔵穴（ice cellar）は個人の財産として厳重に扱われている（Spencer 1959:60）。カリフォルニアの場合、ヨクーツとウェスタンモノ（Western Mono）では各家族（世帯）がグラナリーを所有し、共同、あるいは家族（世帯）ごとの所有が発達しているようである。所有が共同の場合、ムラ（village）によるものが多いが、ムラの単位、あるいは広がりがどの程度のものか具体的にはわからないことが多い。パトウィン（Patwin）の場合、オークの森（oak grove）は小部族（triblet）で共同所有されている（Johnson 1978a:355）。

一方、トロワ（Gould 1978:128）、ユーロク（Pilling 1978:146）などで貯蔵対象となるオークの樹木（oak tree）、サボテン（Cactus）などの資源、並びに漁場、猟場もこのような家族（世帯）単位での所有権がみられる。さらにチルラ（Chilula）（Wallace 1978:177）、ノンガトル（Nongatl）（Elsasser 1978:199）、ノーザンヤナ（Northern Yana）（Johnson 1978b:364）、フット

ヒルヨクーツ（Spier 1978b:473）の場合は個人での猟場、罠猟のスポット、堅果類樹木、採集地に所有権が及び、採集権がある。ポモの場合、堅果類樹木、マンザニータ、あるいは個人で所有される食料資源は杭などでマークされ、堅果類樹木の所有は規則により家族に継承される（Barrett 1980:50・66）。そのため余剰、テリトリーの固定化、交換システムが促進されるとともに集団内では余剰の再分配、資源管理、儀礼、集団間では婚姻、交易、同盟などの社会的組織が発達しやすく（Basgall 1987:44）、それを担うエリート層が形成されている（Arnold 1993:96-97）。

　この点はノースウェストコーストも同様で、サケなどの漁場、食糧資源への所有権が発達し、継承されている例もあり、経済的貧富が生じやすい。エームズ（Ames 1994:212）は資源の所有権がノースウェストコーストの階層化の要因の一つと指摘する。これらの採集地、漁場などへの侵犯がしばしば紛争、社会的緊張の原因になっている。カリフォルニア、ノースウェストコースト、プラトーではチーフ（Chief）が存在し、所有関係から生じるテリトリーの問題、対外関係などの調整にあたっている。ノースウェストコースト、カリフォルニアの北部では越冬のための貯蔵を越えて、ポトラッチに示される富の蓄積のための貯蔵が目的となっている。このように貯蔵施設、貯蔵対象となる資源の所有関係が社会の複雑化（社会進化）をもたらす大きな要因といえる。

　ダイソン-ハドソンとスミス（Dyson-Hudson and Smith 1978）は、テリトリーは密度の高さと予測性のある資源に依存しているグループに発達し、逆に分散的で予測のできない資源に依存しているグループでは発達していないことを指摘している。さらにトーマス（Thomas 1981）はダイソン-ハドソンとスミスの説に依拠しながら移動性の減少、所有、テリトリーの発達について、グレートベスンのオーウェンバレーパイユート（Owen Valley Paiute）、リースリバーショショーニ（Reese River Shoshone）、カウィチマウンテンショショーニ（Kawich Mountain Shoshone）を比較しながら検討している。トーマスによると、オーウェンバレーパイユートは貯蔵可能な密度の高い食糧資源があり、恒久的ムラ（Permanent Village）がある。恒久的ムラは松の実以外の資源も近くにあるところに位置し、松の実だけでなく魚類、根茎類など多角的で、様々な貯蔵可能な食糧資源に依存している。猟地、採集地、漁場などの資源の所有権、テリトリーが発達し、ムラで管理されている。所有権は侵入者を防ぎ、父権で継承される例もあり、資源の密度の高さと予測性が所有、テリトリーの発達と結びついている。リースリバーショショーニは種子類（seed crops）が十分ある時は家族（family cluster）は松の実ムラ（pinon village）に通年、残留するが、十分でない時は夏季に他の地域に分散していく。冬の集合化と夏の分散化は松の実の生産性に依存し、松の実ムラは恒久的ではなく、松の実の収穫によりその場所（camp）を変えている。所有は松の実などが豊富で、予測性があるものに限られるが、松

表1　北米民族誌によるセトルメントパターン、住居構造、世帯構成、貯蔵施設

グループ	冬	住居	世帯	冬以外
極圏				
Pacific Eskimo	(冬村)	半地下式	複数	(夏村)
Bering Strait Eskimo	(冬家)	半地下式	不明	恒久的（夏）
Kotzebue Sound Eskimo	?	半地下式	不明	テンポラリー？
Mackenzie Delta Eskimo	(冬家)	半地下式	不明	テンポラリー？
Iglulik	(冬家)	スノーハウス	複数	不明
Baffinland Eskimo	(冬家)	スノーハウス	不明	不明
Inuit of Quebec	(冬家)	イグルーなど	2家族	不明
Inuit of Labrador	半恒久的	半地下式[1]	複数	不明
亜極圏				
Chilcotin	(冬家)	詳細不明	不明	不明
Kaska	(冬村)	不詳	複数	不明
Ingalik	恒久的？	半地下式など	2世帯	不詳
Kolchan	恒久的？	不明	不明	テント（夏）
Tanaina	恒久的	半地下式	複数	テンポラリー[2]
Ahtna	恒久的	半地下式？	不明	テンポラリー
ノースウェストコースト				
Tsimshian	恒久的	プランクハウス	複数[3]	テンポラリー（複数）
Nootkans[4]	(冬村)	プランクハウス	複数	不明
Makah	恒久的	プランクハウス	複数	(夏家)
Quileute	恒久的	プランクハウス	複数	不明
Central Coast Salish	(冬村)	プランクハウス	複数	不明
Southern Coast Salish	不明	プランクハウス	複数	テンポラリー
Southwestern Coast Salish	(冬家)	プランクハウス	2～4家族	テンポラリー（夏家）
Chinookans	(冬村)	プランクハウス	複数	テンポラリー（夏）
Kalapuyans	恒久的	プランクハウス	複数	テンポラリー
Alseans	(冬家、冬村)	プランクハウス	複数	不明
Siuslawans	(冬村)	プランクハウス	複数	不明
Southwestern Oregon	(冬家)	プランクハウス	複数	不明
Takelma	(冬家)	不明	不明	(夏家)
プラトー				
Lillooet	(冬家)	半地下式	不明	不明
Thompson	(冬家)	半地下式	不明	(夏家)
Shuswap	恒久的	半地下式	複数	不明
Klamath	恒久的	半地下式	不明	(夏家)
Modoc	恒久的	半地下式	不明	半恒久的
Sanpoil	(冬家)	半地下式、マットハウス	不明	(夏家)
Kootenai	(冬家)	テント	不明	(夏家)
Spokane	恒久的	半地下式	不明	テンポラリー
Yakima	恒久的？	ロングハウス	複数	(夏家)
Sahaptins	(冬家)	マットハウスなど	不明	(夏家)
Molala	(冬家)	詳細不明	不明	(夏家)
カリフォルニア				
Tolowa	恒久的	プランクハウス	複数	テンポラリー？
Wiyot	不明	プランクハウス	複数	不明
Hupa	恒久的？	プランクハウス	複数	不明
Shasta	不明	不明	1ないし複数	不明
Wappo	恒久的	草の家（grass house）	不明	テンポラリー（夏）
Miwok	不明	土屋根の家	不明	不明
Maidu and Konkow	不明	地下式	複数	不明
Tubatulabal	不明	枝・土屋根の家	核家族	不明
Southern Valley Yokuts	不明	不明	不明	(夏家)
Tipai and Ipai	(冬村)	不明	不明	(夏家)
グレートベスン				
Western Shoshone	(冬家)[6]	小屋（hut）	核家族	不明
Washoe	恒久的	樹皮の家（slab house）	不明	テンポラリー
Northern Paiute	(冬家)	地上式	不明	不明

1) 歴史初期から18世紀には円形の住居が方形、大形の多家族の住居に変わり、19世紀後半には冬の住居の規模が縮小し、南部で核家族に変化する。
2) ただしTanaina、Ahtnaは規則的な場合もある。
3) 以下、プランクハウスは複合居住を対象とした住居であるため、具体的な言及がない場合は記述の有無にかかわらず複数とした。

住居	世帯	パターン	貯蔵施設	出典
不明	不明			Clark 1984:191
木造住居	不明	Ⅳa		Ray 1984:287・290
テント	不明			Burch 1984:307
不明	不明		高床倉庫	Smith 1984:349-51
テント	不明			Mary-Rousselier 1984:433
テント（夏）	不明			Kemp 1984:470
テント（夏）	不明			Saladin D'anglure 1984:481-82
テント	不明		石のキャシェ（stone cache）	Taylor 1984:513-14
不明	不明		棚（open platform）	Lane 1981:403-406
不明	不明		高床倉庫	Honigmann 1981:444
不明	不明	Ⅳa？	高床倉庫	Snow 1981:604
不明	不明			Hosley 1981:618-19
不明	不明	Ⅲ		Townsend 1981:627
不明	不明	ⅢないしⅣ	高床倉庫	De Laguna and McClellan 1981:644-46
不明	不明	Ⅳa		Halpin and Seguin 1990:269-71
不明	不明			Arima and Dewhirst 1990:397
不明	不明	V？		Renker and Gunther 1990:422-26
不明	不明	V？		Powell 1990:431
詳細不明[5]	不明			Suttles 1990:462
マットハウス	不明			Suttles and Lane 1990:490
マットハウスなど	不明	ⅢないしⅣ		Hajda 1990:509
マットハウスなど	不明	ⅢないしⅣ		Silverstein 1990:537
ブラッシュハウス	不明	ⅢないしⅣ		Zenk 1990a:548
不明	不明			Zenk 1990b:569
不明	不明			Zenk 1990c:572-74
不明	不明			Miller and Seaburg 1990:582
ブラッシュハウス	不明			Kendall 1990:591
不明	不明		貯蔵穴、高床倉庫	Teit 1975b:212-15
マットハウス	不明		貯蔵穴、高床倉庫	Teit 1975a:192-95、198-99
マットハウスなど	不明	ⅢないしⅣ	貯蔵穴、高床倉庫	Teit 1975c:457、493、495
マットハウス	不明	ⅢないしⅣ	貯蔵穴	Stern 1965:6, Spier 1930:197
マットハウス	不明	Ⅳa？	貯蔵穴	Ray 1963:180-83
マットハウス	不明	ⅢないしⅣ	高床倉庫など	Ray 1932:27-31、76
テント	不明			Brunton 1998:232
マットハウス	不明	Ⅲ		Ross 1998:272・275
マットハウス	不明			Schuster 1998:335-36
ティピ	不明		貯蔵穴	Hunn and French 1998:384-86
マットハウスなど	不明			Zenk and Rigsby 1998:441-42
不明	不明			Gould 1978:130
不明	不明			Elsasser 1978:158
ブラッシュシェルター（秋）	不明			Wallace 1978:166
ブラッシュシェルターなど	不明			Silver 1978:214
不明	不明	Ⅲ		Driver 1936: 183
ブラッシュハウス	不明		高いグラナリー（tall granary）	Powers 1976:350-51
日陰小屋（shade shelter）	不明			Riddle 1978:373-76
日陰小屋（shade shelter）	不明		石の貯蔵穴（stone lined pit）	Smith 1978:442
マットハウス	核家族	V？		Wallace 1978b:450-51
草・土屋根の家	不明			Luomala 1978:597
日陰小屋（sun shade）	不明			Thomas.et.al. 1986:268
ブラッシュシェルター	不明	Ⅲ		D'azevedo 1986: 479-81
不明	不明			Fowler and Liljeblad 1986:443

4）渡辺仁（1990:1図）はⅣa型にしている。Arima and Dewhirst 1990からは判別不可能である。Drucker（1951:69）では冬・夏村、フィッシングステーションは恒久的とあるが、冬以外の居住施設が複数あるとは必ずしも述べられていない。フィッシングステーションを夏の施設とすればⅣa型になる。

5）夏のマットハウスがあることが記述されているので、夏には住居もテントに近い簡略なものに変化すると考えられる。

6）ただし、冬家とあるが移動性が高く、恒久的とはいえない。

の実の採取地にはランドマークをつけ、侵入者を防いでいる。猟地、漁場などの資源の所有権は発達していない。カウィチマウンテンショショーニの場合、夏の資源はまばらで分散的、資源獲得の予測性も低い。そのため住居の移動性が高く、資源の所有権、テリトリーも発達していない。

　リースリバーショショーニの場合は貯蔵が移動性の減少に連結し、カウィチマウンテンショショーニの場合は貯蔵ができないと移動性が高くなる事例である。パイユートの場合、貯蔵が恒久的なムラを成り立たせている。パイユートのように恒久的ムラが存在し、住居の移動性が少ないグループでは所有権、テリトリーが発達し、カウィチマウンテンショショーニのように住居の移動性が高いグループでは所有権、テリトリーが未発達であることから、移動性の減少、所有権、テリトリーの発達は密接な関係がある。上述したカリフォルニア、ノースウェストコーストは密度の高さ、予測性のある資源とテリトリーの関係を如実に示す例といえよう。

（7）貯蔵と労働形態

　ノースウェストコーストの場合、食糧の獲得と保存・貯蔵するための労働組織があり、多家族住居としてのプランクハウスが世帯を形成している。大きな世帯の労働力は小さな世帯よりも大きいことは当然であり、食料資源が季節的に豊富な北半球の場合、より大きな世帯では大量収穫・処理技術を可能にし、多量の資源を同時進行的に効率的に処理できる利点がある。そのため生産性が高くなり、それに伴い必然的に貯蔵量も大きくなる（Coupland 1996:121-22）。このように世帯は生産、消費をになう社会経済的単位であり、世帯構成（規模）と生産性、労働形態には密接な関係がある（Wilk and Rathje 1982）。

　表1には北米狩猟採集民の冬と冬以外の住居構造と世帯構成の関係、セトルメントパターン、貯蔵施設を示した。冬の多家族住居として機能しているプラトーの竪穴住居、ノースウェストコーストのプランクハウスはその規模も大きく複数世帯であることが多い。それに対し夏の分散していく時期の住居はテントに近いものが多いことから、住居の大きさと世帯構成（規模）は相関性が高く、住居の大きさはその人口の規模を示すと同時に、労働力の大きさを示唆している[15]。このような世帯の拡大化には労働組織を統括するチーフ、エリート層が形成され余剰の再分配、生産、労働力を管理している場合が多い。カリフォルニア、ノースウェストコーストの例からすると社会集団、労働組織が大きくなればなるほど、その生産量、貯蔵量は大きくなるとみてよいであろう。

第3節　貯蔵穴の機能

(1) 文献に残る貯蔵穴

　次に、文献、あるいは世界各地に残る貯蔵穴、貯蔵穴の実験的研究から、貯蔵穴の機能について検討していくこととする。中国では貯蔵穴が一般に窖と呼ばれているが、元の王禎『農書』、明の徐光啓『農政全書』、宋の荘綽（季裕）『雞肋編』に窖に関する記録が残っている。王禎（1981:295）『農書』には「夫穴地為窖、小可数斛、大至数百斛。先投柴棘、焼令其土焦燥、然後周以糠隠、貯粟於内。五穀之中、惟粟耐陳、可歷遠年。有於窖上栽樹、大至合抱、内若変浥、樹必先験、験謂葉必葉黄、又擣別窖。北地土厚、皆宜作此。江淮高峻土厚処、或宜倣之。既無風、雨、雀、鼠之耗、又無水、火、盗賊之慮、雖篋笥之珍、府蔵之富、未可埒也」とみえる。大意を示すと、窖は小さいもので数斛（斛は10斗、1石）、大きいもので数百斛ある。窖内をまず焼いて乾燥させ、周りを糠で覆い、粟を収納する。五穀の中で粟は最も保存がよい。北方では土地が厚く、窖を作る。長江の高峻で土地が厚い所では窖を取り入れている。窖は風、雨、雀、鼠、水、火、盗賊の憂えがない。

　徐光啓（1956:542・45）の『農政全書』には次のように窖にサツマイモを貯蔵する記述がみえる。「蔵種之難。一懼湿。一懼凍。入土不凍而湿。不入土不湿而凍。向二法令必不受湿與凍。故得全也。若北土風気高寒。即厚草苫蓋。恐不免冰凍。而地窖中湿気反少。以是下方仍着窖蔵之法。」「欲避冰凍。莫如窖蔵。吾郷窖蔵。又忌水湿。若北方地高。掘土丈余。未受水湿。但入地窖。即免冰凍。」要約すると、保存には湿気と凍結を恐れる。土に入れると凍らずして湿る。土に入れないと湿らないで凍る。北方で地が高く、寒い所では厚い草の苫で蓋をする。窖の中の湿度は低い。凍結を避けたいのなら窖が最適である。窖は湿度を嫌い、北方の地が高い所では窖を掘り、その中に入れ凍結を免れる。

　宋の荘綽（1985:725）『雞肋編』巻上には「陝西地既高寒。又土紋皆豎。官倉積穀。皆不以物藉。雖小麦最為難久。至二十年無一粒蛀者。民家只就田中作窖。開地如井口。深三四尺。下量蓄穀多寡。四圍展之。土若金色。更無沙石。以火焼過。絞草細釘於四壁。盛穀多至数千石。愈久亦佳。以土實其口。上仍種植。禾黍滋茂於舊。唯叩地有聲。雪易消釋。以此可知夏人犯邊。多為所發。而官兵至虜寨。亦用是求之也。」とある。陝西の地は標高が高く寒い。土は堅く、官倉に穀物を積む。小麦を長くもたせるのは最も困難である。二十年間一粒も虫に食われたものはない。民間では田に窖を作るが、深さ三四尺で、井戸のようである。多く貯蔵する場合は周りを広げる。土は金色で、石を含まない。火で焼き、絞草、釘を壁に打つ。穀物は多い場合、数千石に至る。土で口を塞ぎ、その上に禾黍を植えている。窖の上は叩くと音がし、雪も溶けやすいのでわかる。そのため夏が侵入してくると多くの場合見つけられる。官（宋）軍も敵方

にまわれば窖を探す。

　窖の機能として『農書』『農政全書』から風、雨、雀、鼠、水、火、盗賊の憂えがなく、防湿、凍結に強いという特徴が読み取れる。ただし、『農書』、『雞肋編』の記述だけでは木を植えただけで雨に強く、なぜ無水なのか疑問の余地も残るところである。実際に、19世紀初頭に北米プレインを訪れているブラッドベリー（Bradbury 1966:118）の紀行文によると、アリカラ（Aricaras）は6月前後の豪雨が貯蔵穴に浸入し、貯蔵品の作物がだめになり欠乏していたということもあるからである。

　また、民俗事例をみると、貯蔵穴にもいくつかの弱点がある。地下穴、カメ、木箱などに砂、土を入れてクリを保存する方法を砂栗といっている。岩手県山形村、新潟県入広瀬村、長野県小谷村、愛知県津具村、香川県塩江町のクリの貯蔵期間は春先の発芽などにより秋から春までに限られる。このうち小谷村、津具村、塩江町では近年は冷蔵庫の普及に伴い冷蔵庫に貯蔵されるようになっている点は貯蔵穴の機能、転位を示唆しており興味深い。韓国の京畿道、江原道、忠清道、慶尚南道の砂栗の貯蔵例も春の発芽、虫の発生により春まで貯蔵しており、貯蔵期間は短い（辻稜 1996:74-81）。また、石川県白峰村では虫殺しをしたトチの実を土穴で貯える方法はイケイトチと呼ばれているが、イケイトチはいつまでも貯蔵するわけにいかず新芽が出るまでに食べる必要がある（橘 1989:4）。それに対し、北上山地などのイロリの上にある火棚、天井、屋根裏の貯蔵は乾燥と煙の効果により長期間保存が可能である（辻稜 1988:63など）。

(2) 貯蔵穴の実験的研究

　英国の鉄器時代の貯蔵穴は断面フラスコ・袋状・円筒状があり（図19）、レイノルズ（Reynolds 1974）による貯蔵穴の実験結果では以下のような所見が得られている。ピットが大きいほど崩落は少なくフラスコ・袋状ピットは円筒状よりも優れ、その規模と形態は効率性と経済性に関連する。ピットを開けると二酸化炭素、湿度、温度は変化する。再び密封すると二酸化炭素が再生し、穀物が傷む要因を増加させることになる。そのためピットは空にして貯蔵した穀物はすべて使用する必要がある。ピットの裏打ちは温度、ガス（gas activity）を安定させ穀物の傷みを抑えるが、バスケットによる裏打ちにはカビが生じるというデメリットがある。ピットを火で焼くことは壁についたカビ、藻類を除去するという利点があるが、その痕跡は数週間の風と雨で消失し、考古学的には残りにくい。さらに重要なのは地上の温度と雨で、地上の温度が5℃を越えるとカビが増加し、雨が激しいと地下にしみこみやすく湿度が上がりカビが増える要因になる。形態については壁についたカビ、藻類を除去することがフラスコ・袋状を生み出し、合わせて壁の崩落がフラスコ・袋状を加速させ、その保存性が認識されるようになりフラスコ・袋状ピットが作られるようになったとしている。

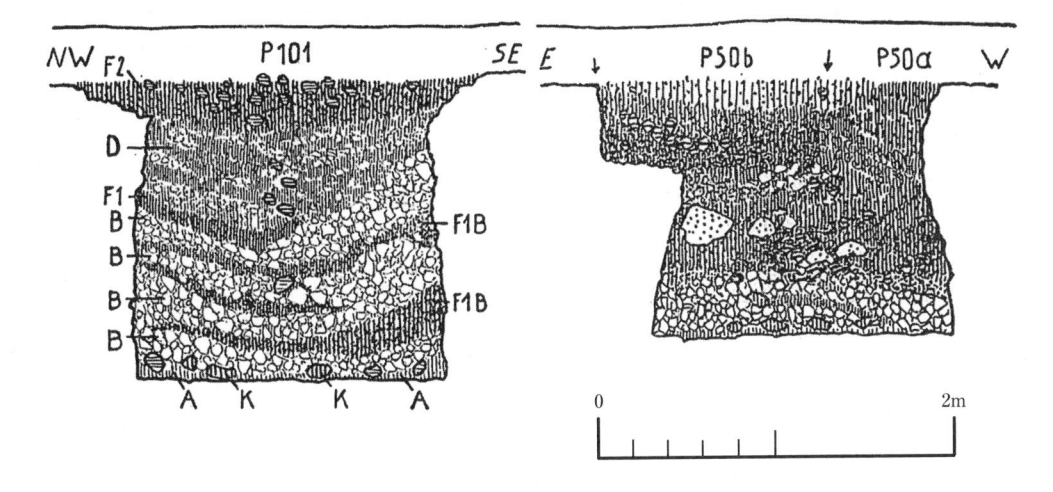

図19 英国鉄器時代リトルウッドベリー遺跡の貯蔵穴（Bersu 1940）

　これに対し、クンリフェ（Cunliffe 1986:112）は断面フラスコ・袋状という形態は密封するための狭い口部、容量を大きくするためのものと指摘する。またこれに先立ちバース（Bersu 1940:62-63）は鉄器時代の環濠農耕集落リトルウッドベリー遺跡で検出された口径1.5m前後、底径1.5m～2m前後、深さ1.5m～3m前後の袋状・円筒状土坑について、類似する土坑は中世のハンガリーでコーンの貯蔵施設として使われ、現在でもルーマニアで使われていること、オマハの貯蔵穴と形態が類似することなどから、貯蔵穴であることを指摘していた。その機能について①蓋（考古学データでは具体的には不明であるが、木の枠、粘土を想定している。）で霜、悪天候から防ぐ。②貯蔵穴は害虫、腐敗などが起きるため短期間、使用された。そのため遺跡から多数の貯蔵穴が検出されていても同時に使われていたのは数基に限られる。③新しい土坑は収穫後、必要なときに掘削し、古い土坑に土などが捨てられる。④コーンを貯蔵穴に貯蔵することには腐敗というリスクがあるが、火災から防ぐことができるという利点がある。

　貯蔵穴内の温度、湿度について、中国の文献では具体的にはわからないが、窖内は一定温度の低温に保ち密封されるので、外気温の影響を受けず、細菌、虫の繁殖、発芽を防ぐ効果が指摘されいる（余・叶 1983:225-26）。永瀬福男（1982:59-60）による縄文時代貯蔵穴の実験結果では、夏の温度と湿度は秋田県下堤遺跡の開口部径76cm、深さ179cm、底部径286cm×256cmの土坑では外気の温度に関係なく温度15℃、湿度93%、館下Ⅰ遺跡では開口部径108cm、深さ118cm、底部径100cmの土坑で外気温が38℃、湿度が45%の時、土坑内は19℃、湿度94%である。冬季の古館堤頭遺跡で開口部にフタをしていない場合、土坑内の温・湿度には大きな変化がない

が外気温に微妙な影響を受ける。外気の温度が−10℃の時、土坑内の温度は−2℃近くまで下降し、1・2月は土坑の開口部、頸部、床面は常に凍結している。一方、フタをした場合、外気の変化とは関係なく温度は2℃、湿度は82%～93%に保たれ凍結はしない。このように開口部にフタをした場合、温度を一定に保ち凍結を防ぐことができる。ヒダッツアがフラスコ状土坑の開口部を何重にも入念に密封しているのは恐らく温度を一定に保ち凍結を防ぐと同時に、雨などの水の浸入を防ぐためであろう。この点、ヒダッツアの貯蔵穴はフラスコ状土坑という形態の機能を示唆している。

(3) 貯蔵穴の口部について

次に機能と関連して、貯蔵穴の口部について検討する。上述の『農書』の「窖上栽樹」、『農政全書』「厚草苫蓋」、『雞肋編』「以土實其口」という記述から、窖の口部を土などで塞いでいたことがわかる。

窖と同様な地下貯蔵の施設に竇がある。竇は『農書』(王禎1981:295-96)によると、「干他処、内實以粟、復以草墡封塞、他人莫弁、即謂「竇」也。蓋小口而大腹。竇、小孔穴也、故名「竇」」とみえる。窖(図20の1)と異なる点は、竇は口が小さく窖は口が比較的大きい点にあり、窖の図に比べると確かに口は狭いが、口が小さく腹部が膨らむ形態で(図20の2)、粟を貯え人に見つからない様に草で塞いでいる。ヒダッツアの貯蔵穴は口を草、割板、草、皮で交互に密封しているのは既に見てきたとおりである。図21には現代南アフリカ、チビ(Chibi)地域バマリ(Vamari)にフィンビ(fimbi)と呼ばれるフラスコ状の貯蔵穴の断面を示した。ロビンソン(Robinson 1963)によると貯蔵穴はジャガイモを貯蔵するために用い、頸部は土で密封している。頸部を密封するという点はヒダッツアの貯蔵穴と共通しており、これらを参照するとフラスコ状土坑の頸部は貯蔵空間というより、密封する空間なのであろう。水野清一(1942)が戦前に観察した蒙疆地方の窖は屋内、ないし内庭にあり馬鈴薯、白菜などの野菜を貯蔵しているが、口部は0.9m～1.2m、深さは2.4m～2.7m、壁には足を掛けるための窪みがある袋状に近い土坑で、屋内にあるが蓋をする施設があり、底は広がっている(図22)。隋・唐代の含嘉倉の場合(図23)、底は防湿を施し、板ないし草を敷き、その上にモミガラと莚を敷き、壁は板で仕切り、木で束ねた草で覆っていたようである(河南省・洛陽市博物館 1972:51)。これらの例からすると、貯蔵穴は本来的に密封するものであると考えてさしつかえあるまい。

(4) 世界各地の貯蔵穴

ヨーロッパでは英国の鉄器時代、キプロス、ハンガリーなどに貯蔵穴が分布する。英国鉄器時代の貯蔵穴については既述した。キプロスの貯蔵穴(gouphesと呼ばれている)は農地などに

図20　窖・竇の利用方法（1・2　王禎　1981）

図21　アフリカ、チビの貯蔵穴
（Robinson 1963から作成）

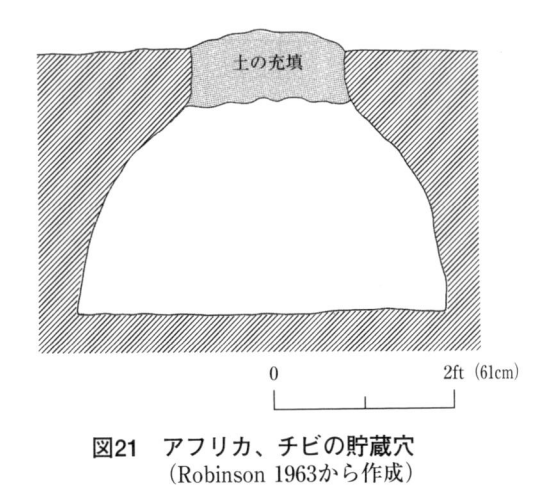

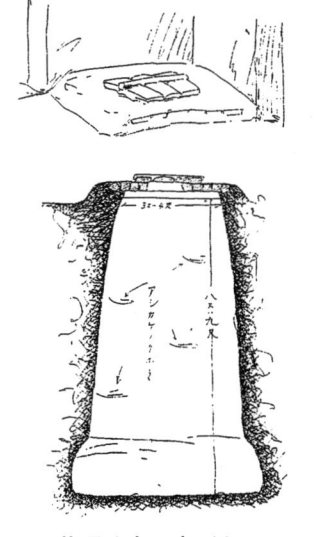

図22　蒙疆地方の窖（水野　1943）

第3節　貯蔵穴の機能

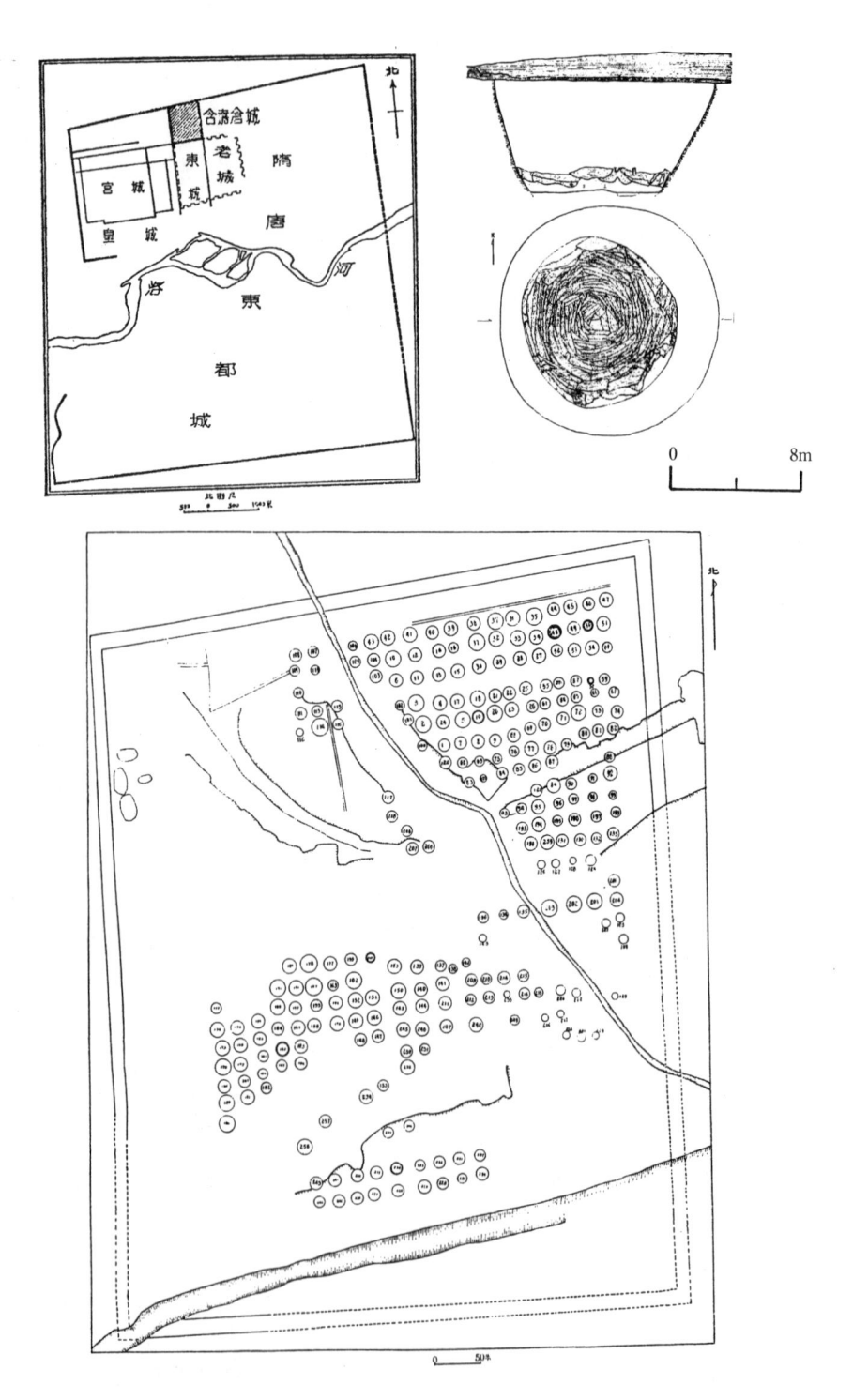

図23　含嘉倉（河南省・洛陽市博物館 1972）

― 42 ―

掘られ、深さ2.4m〜3m、径は1.5m〜1.8m、口径は0.6mと狭く断面は円錐形である。貯蔵穴は材木を焼いて薫蒸し、灰を取り出し、内部を冷ました後、小麦、大麦を収納し、口部は蓋と粘土で密封する（Wooley 1956）。ハンガリーにも口径は0.5m、深さ3.3mの穀物を貯蔵するフラスコ・袋状の貯蔵穴があり（図25）、壁は焼き固めている（Buttler 1936:27）。

メソアメリカでは先古典期前期から後古典期（凡そ2000B.C〜1500年）にフラスコ・袋状の土坑（bell-shaped pits）の存在が知られ（図26）、その機能は貯蔵穴と推定されている（伊藤伸1997）。オアハカの形成期（500 B.C〜1500年）のフラスコ・袋状土坑は穀物の貯蔵穴として用いられ、岩を被せ、酸素を欠如させ虫がわかないように粘土で密封した。フラスコ・袋状の土坑の口径は1m〜1.5m、深さは1m〜2m前後ある（Winter 1976:27-29）。

中国大陸では窖は新石器時代早期の磁山文化、裴李崗文化まで遡り、窖の発達は余松危と叶万松（1982・1983）により大方の変遷が把握されている（図24）。新石器時代早期の窖は口が大きく底が小さい、あるいは壁が垂直に近いものが一般的で口小底大のものはわずかである。平面・底の形態も不規則で、防湿処理はせず、容積も小さい。新石器時代中期、中原の仰韶文化、黄河上流の馬家窖文化、黄淮の大汶口文化、長江流域の大溪文化と青蓮崗文化、晩期、中原の竜山文化、黄河流域の斉家文化、長江下流の良渚文化では口小底大の袋状土坑の一般化と共に、容積の増大が顕著になり、窖壁と底にはスサ、火をたくなどの防湿処理も普及していく。国家形成期の殷、周期から漢代には国家は貯蔵を重視し管理機構も発達する。窖の発達は農業経済の発達と連動しているが、隋唐代に発達のピークを迎えた窖も宋代以降、衰退する。窖の貯蔵対象物は磁山遺跡から粟類が発見され、新石器時代中期は北方では粟、南方では稲、戦国から魏にかけて窖に残る残滓から粟、隋、唐、宋では粟、米、麦、稲、豆である。中国大陸の北方で地下式の穴蔵が発達し、華南のような南方では高床式が発達している（岡崎 1959:64、秋山 1974:28など）。王禎・荘緯は共に窖が中国大陸の北方で発達した理由について、北方の気候は寒冷で地層が厚く堅いことを指摘している点は注目される。

このように世界各地に貯蔵穴は分布し、その中にはフラスコ・袋状の土坑が含まれ、その機能、並びに貯蔵対象品は様々であるが、植物質食料が主であるという点は共通している。地上式の貯蔵施設は火災・雨に弱く、そのためグラナリーなどの貯蔵施設はカリフォルニアの乾燥した地域で発達している。また見つかりやすいため盗まれやすいという弱点がある。地上式の貯蔵施設に比べ、貯蔵穴は①火災・雨に強く、②地下で見つかりにくいという利点があると同時に、③温度を一定に保ち凍結、水の浸入を防ぐ機能が重要なのであろう。

第3節　貯蔵穴の機能

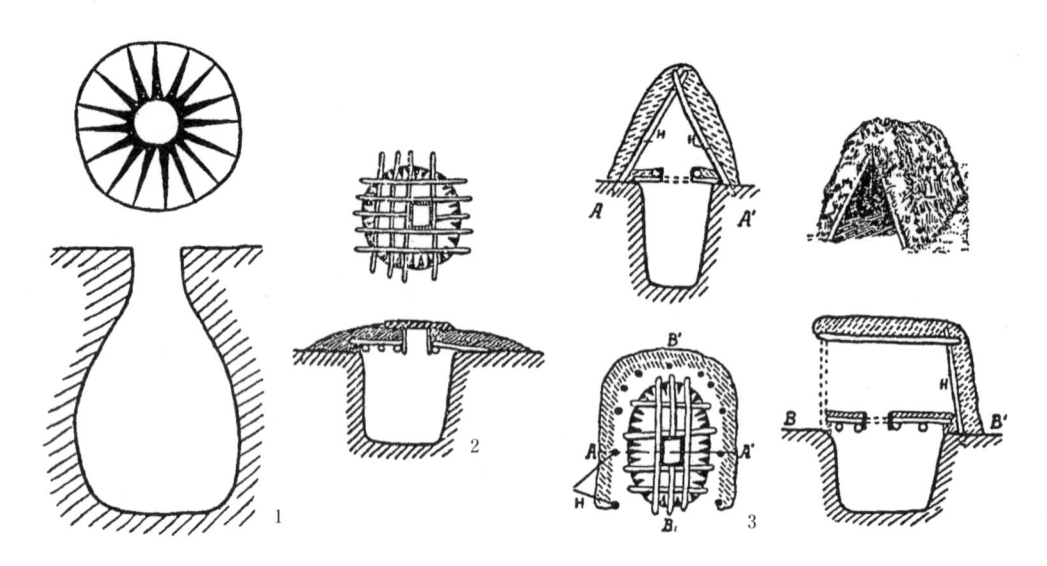

図25　ハンガリーの貯蔵穴（Buttler 1936）

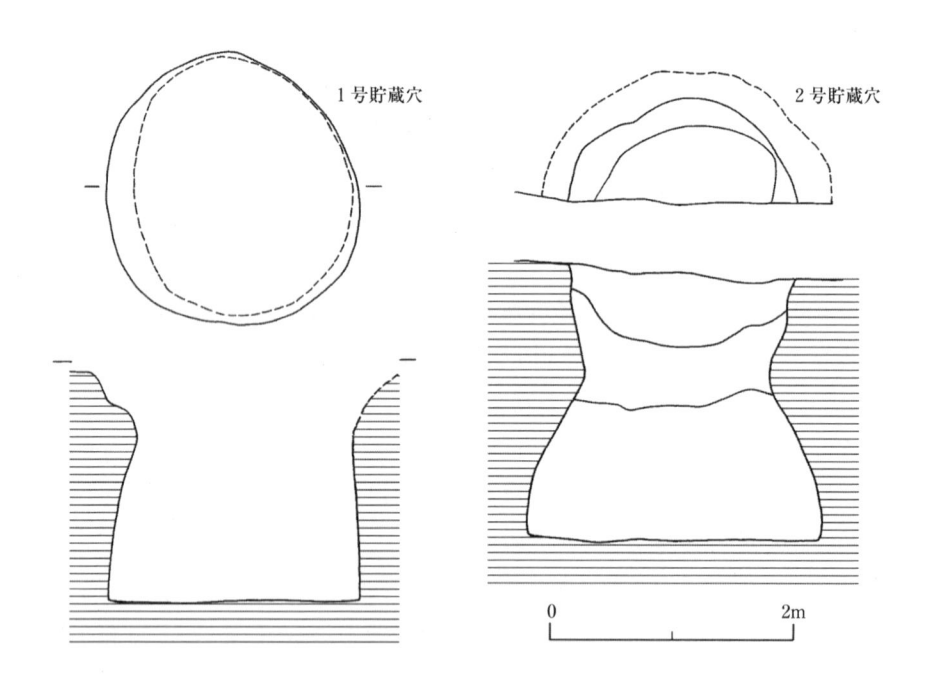

図26　カミナルフユ遺跡の貯蔵穴（大井 1995から作成）

第1章 貯蔵に関する研究の意義と研究動向

早期

中期

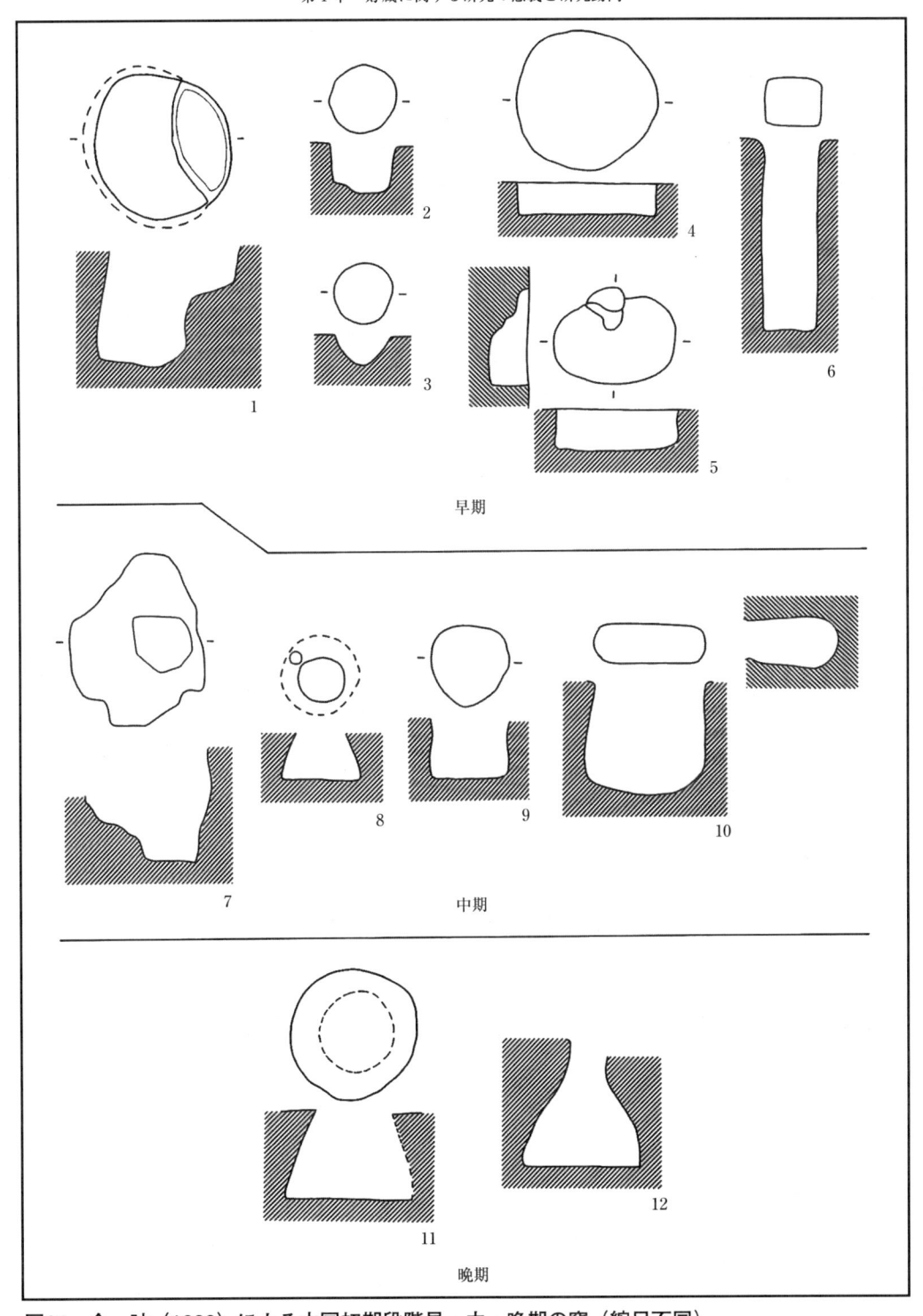

晩期

図24 余・叶（1982）による中国初期段階早・中・晩期の窖（縮尺不同）
1 峨溝遺跡、2～4 馬良溝遺跡、6 磁山遺跡、7～10 半坡遺跡、11 鄭州旭畄 王村遺跡、12 客省庄遺跡

第4節　日本考古学における貯蔵穴に関する研究史

　次に、日本考古学における貯蔵穴の研究史について概観しておくことにする。貯蔵穴に関する研究は以下に述べるように、大きく戦前と戦後の研究に画期がある。

（1）戦前の研究

　栃木県槻沢遺跡では11個の底部が広がる竪穴（フラスコ・袋状土坑）が検出されたが、池上啓介（1936）は次のような解釈を示した。①日常起居に使うもの、②生活物資の貯蔵庫用の穴である。①の日常の起居については竪穴が小さく深く、人が仰臥できず起居を行った跡もないことなどから、竪穴の一部は貯蔵庫用の穴であると推定している。また、竪穴について、栃木県長者平遺跡、東京都千鳥窪貝塚、神奈川県三澤貝塚に類例があることも指摘した。

　一方、中川直亮（1938）は神奈川県荒立遺跡における「鐘状竪穴」（袋状土坑）を①住居跡、②避難所、③井戸、④動物の落し穴、⑤貯蔵庫と想定し、①の住居跡については狭いこと、②の避難所については住居から離れすぎていること、③の井戸については竪穴が密集しすぎていること、④の動物の落し穴としては住居に近接しすぎていることから否定している。そして一部の竪穴の層から魚骨が出土していることから魚類のための貯蔵庫が有力で、植物性食料の可能性もあるがいづれにしても食糧の貯蔵庫と推定している。

　この両者が竪穴を貯蔵施設と指摘した最も古い例であろう。ただし、貯蔵穴に有機物が残っていた例はなく、貯蔵対象物が何であったかは具体的に知られていたわけではない。また、両遺跡ともにフラスコ・袋状土坑が単独で検出されているので、集落内における配置などの関係は不明であった。

（2）戦後の研究

　酒詰仲男（1951）は東京都西ヶ原貝塚の調査で直径1ｍ前後の小型竪穴群について覆土に炭化物が多く、クリ、トチ、オニグルミが含まれることから食糧貯蔵庫と推定していた。貯蔵穴に関する研究は発掘調査の増加する1960年代後半以降に活発化する。特に、袋状土坑の調査が進んでいた栃木県の研究者の役割が大きい。栃木県では口径が小さく底径が広がる土坑について、田代寛（1968）により「袋状土坑」という名称が提唱され、1970年代前半に県下の集成がなされ（大和久・塙 1972、田代 1975）、諸説ある中で袋状土坑が貯蔵穴であると解釈されるようになった。同時に、袋状土坑は加曽利E1期をピークとして堀之内1期までは継続するという、貯蔵穴変遷の大略が把握された。また、縄文時代前期には袋状土坑が住居跡に付随していることから、家族に付帯し、中期には袋状土坑が群在することから、共同施設的なあり方を示すとし、前期と中期の袋状土坑の性格相違と共にその社会学的解釈を示すなど（田代 1975）注目さ

第1章 貯蔵に関する研究の意義と研究動向

れる。しかしながら、田代の1975年の論文の時点では貯蔵穴の発見が台地遺跡に限られていたという制約もあり、袋状土坑に具体的に何を貯蔵したかについてはわかっていなかった。

一方、西日本では岡山県南方前池遺跡（塩見・近藤 1956）、山口県岩田遺跡（潮見浩 1969）、佐賀県坂ノ下遺跡（森醇 1971）などの貯蔵穴から堅果類の出土例の報告が続き、用途の不明な土坑の中には堅果類を貯蔵するための貯蔵穴が含まれることが次第に明らかになってきた。貯蔵穴の具体的な機能について、さらに検討を進めていったのが堀越正行である[16]。堀越（1975～1977）は従来の小竪穴に関する諸説に再検討を加え、次のような見通しを得た。①小竪穴から堅果類が出土する事例が多いことから、貯蔵穴の貯蔵対象は堅果類であることを明確に指摘した。②関東地方貯蔵穴の変遷の概要について、阿玉台期—フラスコ状土坑、加曽利E1期—袋状土坑、加曽利E2期—袋状土坑→円筒状土坑への過渡期、加曽利E3・称名寺・堀之内1期—円筒状土坑、堀之内1期—小竪穴の終末期を提起した。③東日本から西日本の貯蔵穴を集成、広域で比較し、各地域でその変遷を検討すると共に、地域性があることも指摘している。④また、従来、貯蔵穴の上限は前期と考えられてきたが、早期までさかのぼる可能性があることを指摘した。堀越が①～④について指摘したことは極めて重要で、先行研究に比べ議論は詳細にわたり、現在の研究の基礎を成すものといえる。

堀越とほぼ同時期に佐々木藤雄（1973・1976・1978・1979）は社会論的観点から貯蔵穴に関して個別管理、共同体管理の区別を提唱し[17]、個別管理が東日本で発達し、西日本では未発達であることから、縄文時代狩猟採集社会が従来考えられてきたように必ずしも共同労働と共同所有に基づく平等社会ではなかったこと、あるいは東日本と西日本では貯蔵形態の差異が大きいことなどを指摘し、新たな問題を提起した。また、貯蔵穴の分布と植生を比較するなど卓見を示した。その後、佐々木（1984）は検出例が増加した方形柱穴列（掘立柱建物）が貯蔵施設の可能性を指摘し、貯蔵に関する研究が貯蔵穴を越えて拡大された。こうして堀越、佐々木の研究により、貯蔵穴の研究が地域研究から日本列島の広域にわたるものになった。やがて、秋田県（永瀬 1981）、茨城県（黒沢 1994）、栃木県（鈴木 1985、海老原 1986・1992）、東京都（桐生 1985・1988）、西日本（水ノ江 1999）の各地域においても貯蔵穴の研究は活発になりつつある。

かつて佐々木（1973）は貯蔵を重視して、東日本縄文時代の画期を貯蔵穴の上限期であり共同管理型貯蔵穴を伴う集落と個別管理型貯蔵穴を伴う集落の両者が登場する前期中葉期を第一の画期、同一集落で共同管理型と個別管理型の併存現象が認められるようになる中期中葉～後半期を第二の画期、水稲農耕社会への過渡期としての晩期終末期を第三の画期として位置づけた。さらに、林謙作（1997）は貯蔵を重視して東日本縄文時代の段階区分を試み、備蓄の規模・形態を指標として草創期後葉を成立段階、墓域・貯蔵域の形成のみられる前期中葉から後葉を確

— 47 —

第4節　日本考古学における貯蔵穴に関する研究史

立段階、大型配石群（モニュメント）の出現する後期前葉を変質段階として三段階に区分する案を提起している。

近年では大規模な調査が進み、これまで把握することのできなかった集落の中での貯蔵穴の配置と共に居住、墓域などの空間利用のあり方なども次第に明らかになり始めたところである。いずれにしても貯蔵施設の縄文時代狩猟採集社会の中での位置づけが今後の大きな課題といえよう。

注

1）　1980年代前後の人類学、狩猟採集民研究はアメリカを中心とする生態人類学が大きな主流となっていた。そのため、その理論と方法はエコシステム（生態系）という考えを基本に置くものであった。エコシステムは生体をモデルとした自己調整、平衡、安定性を根本概念とし、環境とヒトの関係は平衡で、安定なものとみなされる傾向が強かった（Moran 1984など）。そのため、当時の研究では狩猟採集民の社会階層化、不平等、紛争といった非平衡、非安定的要素はあまり問題にはならなかったと。逆に、テスタールはフランスのマルクス主義人類学者で、人類の社会的不平等の起源という観点から問題提起がなされた。また、当時の狩猟採集民研究はアフリカなどの比較的単純な狩猟採集民が議論の中心にあったため、北米北大西洋沿岸のような定住的狩猟採集民は当時、例外的と認識され、一般の狩猟採集民からは別扱いされていたようである。しかしながら、1970年代後半から80年代にかけて、ノースウエストコーストに代表される複雑な狩猟採集民が改めて注目されるようになると、従来の単純な環境決定論、適応理論にもとづく生態学理論では複雑な狩猟採集民の実態が理解できなくなってきたのである（Price and Brown 1985a）。

2）　以下、本論での民族名称の日本語表記は基本的に綾部恒雄監修 2000『世界民族事典』弘文堂に従った。

3）　ただしマシュー（Matthew 1877:8）によると、夏の貯蔵穴を用いていない時は開口部は開いたままか、雑にカバーしているだけで落ちる人もいる。また季節は不明であるが、暗くなると貯蔵穴が空の時は危険であるという指摘もある（Wilson 1934:391）。

4）　19世紀中頃のデーニッヒ（Denig 1961:46）の観察によると、アリカラも作物を雨にさらさず、春まで誰にもみつからないように貯蔵穴（cellars）に隠している。モルガン（Morgan 1965:135）の『アメリカ先住民の住居と家庭生活』Fig.1にはマンダン（Mandan）のアースロッジ屋内にフラスコ状の貯蔵穴（cache）が設置されているのがみえる。

5）　ノースイーストの場合、北米でも早い段階に白人と接触しているため、資料は探検家などの見聞による断片的な記述で、体系的な民族誌はまれである。Ⅲ・Ⅳ型はマリシートパサマコディ（Maliseet-Passamaquoddy）、フォックス（Fox）、ソーク（Sauk）、キカプ（Kickapoo）、南ニューイングランドとロングアイランドのインディアン（Indians of Southern New England and Long Island）などが該当すると考えられる。

マリシートパサマコディは1603年-1785年の白人との接触により生活が大きく変化する以前

の伝統的な時期は夏村（summer villages）、冬のセトルメント（winter settlements）に分散していた（Erickson 1978:123）。フォックスの夏の住居は拡大家族で、棚の施設がつきニレの樹皮（slab of elm bark）で覆われている。冬のキャンプは規模が多様で、1ないし2家族である。住居は円形、ないし楕円形で、マット（cattail mats）で覆われている（Callender 1978:637）。ソークは夏は河川低地の住居、冬は狩猟キャンプというセトルメントパターンで、夏には一つの夏村にすべての部族（tribe）が集合化する（Callender 1978:649）。キカプは夏は半恒久的なムラで、冬はテンポラリーなキャンプ、ムラはウィグワム（wigwam）の住居から構成される。夏・冬の住居もウィグワムであるが、冬はマットで覆われるが、夏はマットで覆われないらしい（Callender.et.al. 1978:658）。マリシートパサマコディ、フォックス、ソーク、キカプは夏の集落が恒久的で集合化し、冬に分散する形態をとっている。

　一方、南ニューイングランドとロングアイランドのインディアンは、夏は特定の資源の分布する遺跡へ出かける時期で、家族が分散し、移動性が最も高まる。収穫後、夏の畑（summer field）から、貯えを森林地帯に移動する。冬、特に初冬は人口が集中する（Salwen 1978:164-65）。南ニューイングランドとロングアイランドのインディアンは夏に分散し、冬に集合する形態をとっており、前者とは大きく異なる。しかも南ニューイングランドとロングアイランドのインディアンのように夏に分散し、冬に集合する形態はノースイーストでは少数の存在らしく、他の地域とは顕著な相違を示している。ノースイーストでは農耕を行っており、農耕がセトルメントパターンを変容させている可能性があるが、プレインインディアンも農耕を行っているが夏に分散し冬に集合しているので、この点が問題になろう。

6）　モドックの場合、冬家の竪穴住居の新築には6週間、再築には2週間かかる。また冬家では寝床、毛布、衣装の用意など多大な資源と労働力が必要となる（Ray 1963:182）。

7）　住居の移動性の高いグレートベスンのウェスタンショショーニでも冬に住居の安定性が起きる（Thomas.et.al. 1986:266）というように、住居の安定性が冬に高まる例は枚挙に暇がなく、住居の安定性が越冬に基づく移動性の減少であることを傍証しているであろう。

8）　ナーナイには冬と夏のセトルメントがある。アムール川が渡れるようになると、ある人々は軟骨を取るためサメ猟に出かける。サメ猟の後、魚と油を保存する場所に移る。夏の狩猟は雄シカ猟が主で、夏のキャンプを決める上で重要である。サケが遡上する秋には漁労の場に主食を確保するため人口が集中し、冬のセトルメントに戻るまで漁労が行われる。夏の住居はテントに近く、冬の住居は材木の骨組みが地上に出た竪穴住居（dugouts）である（Levin and Potapov 1964:702）。

　オロチのムラには狩猟と漁労に従事する冬用と夏用がある。冬村は恒久的で、川、猟地に近いタイガに位置する。夏村は河口に位置し、恒久的ではない。漁労民はよい猟場を求めて移動する。冬と夏の住居があり、いずれもテントに近いが、冬の住居は樹皮を2重に覆うくらいで大きな相違はないようである（Ivanov.et.al. 1964:753）。

　ユカギールは冬の4ヶ月間は恒久的な家に住み、貯蔵した魚で暮らす。冬の終わりにエル

ク、シカを狩猟するためコリマ川の上流、ないし支流に分散する。川の氷が溶けると分散していたグループは再び集合し、ヤサチュナヤ（Yasachnaya）川、コルコドン（Korkodon）川をボート、筏で下り、ここでスエード皮のテントで狩猟採集をして夏を過ごす。初雪が降ると山に入りリス猟を行い、霜が厳しくなると恒久的な冬のキャンプに戻る（Stepanova 1964:793）。

ニヴフの場合、冬のセトルメントは10月から4月ないし5月まで用いられ、夏のセトルメントは5月から9月まで用いられる。冬の住居は半地下式の竪穴住居と満州系の住居を借用した2つのタイプがあるが、19世紀後半には竪穴住居は満州系の住居に替わっていたらしい。夏の住居は杭で支えられた高床の住居である（Black 1973:6-16）。

9）　テスタール（1995:166）はこれに対し、南半球の狩猟採集民で貯蔵経済が未発達であった要因を次のように指摘している。「熱帯地方には通常この二つの条件（資源の季節性と豊富さ—引用者）が存在しない。一方では、季節変動が高緯度地方ほど顕著ではない、少なくとも、極度の豊富さと極度の欠乏との季節的対立がそこではみられない。他方で、広汎に広まっている湿潤な熱帯林のような、特化されないエコシステムがそこでは一般にみられるからである。その結果、この地方では集中的に備蓄をおこなう動機がなく、狩猟＝採集民の通常の居住形態は、多様に散在する資源を利用するために頻繁に移動するという遊動のかたちをとることになる。そのうえ、気候が暑いので、狩猟や採集の遠征に出撃するベースキャンプとなる、強固な住居建設の誘因がない。」

渡辺仁（1990:140-41）は「物資の貯蔵storingあるいは保存preservationという行動は、狩猟採集民に一般に見られる行動であるが、その程度と性質に著しい民族差がある。この差は基本的に生態的事情の差であり、特に住居の安定性と関係が深い。南方（低緯度帯）群でも、食物、原料・道具等を、獲得後直ちに消費せず一部を後の消費のために蓄えるとか、使い捨てでなく再利用のために保存することはあるが、そのような保存・貯蔵は少量・短期あるいは随時的occasionalであって、従って保存・貯蔵のための特別な施設をもたない。それに対して北方（高緯度帯）群は、生計上重要な狩猟の獲物が不確実なことと冬期の食物獲得が比較的困難なことへの適応的行動として、一般的に食物の貯蔵・保存が発達している。また夏と冬の季節的変化が大きいために、生活（衣食住）の季節的変化も大きく、従って生活用品の季節的変化を伴う。そのため季節外の不要品の保存・収納場がある。」と指摘する。

ヘイディン（Hayden 1992:540-41）も一般的な（generalized）狩猟採集民が貯蔵しない理由について、テスタール、渡辺仁と同様に生態学的観点から次のような指摘をしている。資源が分散的、時間・空間的に多様なので①貯蔵による余剰が予測できない。②余剰が腐る前に貯蔵できる特定の場所に戻るかどうか不確定。③余剰が貯蔵できる特定の場所で健康（health）のための他の資源を獲得できるかどうかわからない。

10）　camasの学名はCamassia quamashで球根が食用にされる。ウォカスはスイレン(Nuphar polysepala)の種子のことである。モドックの民族誌に出てくるエポスの学名はPerideridia oreganaで球根のことらしい。以下のウェブサイトを参照した。

Environmental Affairs Office, Cultural Resources Program / Ethnobotany

http://www.wsdot.wa.gov/eesc/environmental/programs/culres/ethbot/a-c/Camassiaquamash.html

Outdoors Network, The Klamath Indians of Southern Oregon / Adaptations
http://www.outdoors.net/magazines/outdoors/camping/nationalparks/craterlake/kladapt.asp

University of Oregon Department of Anthropology, Basic Research Concepts for the Study of Northern Great Basin (Oregon) Prehistory
http://www.uoregon.edu/~anthro/section1.html

11)　Pinus edulis、Pinus monophyllaは先住民によって燃料、建築材、薬として用いられ、実は食糧とされる。以下のウェブサイトを参照した。U.S. Department of Agriculture, Forest Service, Rocky Mountain Research Station, Fire Sciences Laboratory (2002, January). Fire Effects Information System, [Online]. Available: http://www.fs.fed.us/database/feis/

12)　ブッシェルは新村出（編）『広辞苑第五版』（1998）に基づき、米ブッシェル35.2l、27.2kgで換算した。

13)　ビンフォード（Binford 1978:115）がヌナミィウトを調査した1970年前後にはスノーモービルが増加したため獲得した獲物は完全、ないし少し処理しただけでムラに搬出され、解体されるようになる。犬を一般的な輸送手段として用いていた時は獲物の余計な部分の除去（culling）はムラから離れた殺戮場の近くで行っていたので、輸送方法の変化が遺跡形成、タフォノミー、考古学的組成に影響を及ぼす事例といえる。

14)　ゲルマニア人も「地中に穴を掘り、その上から家畜の糞を山と積み重ね、冬の避難所とも穀物の貯蔵庫ともする習慣がある。というのもこのような穴蔵は、厳しい寒さをやわらげてくれるし、またいつか敵がきたような場合、外に現われているものが荒らされても、隠されたものや埋められたものは、その存在を知られず、あるいは探すのに骨が折れるために、敵の発見を逃れるというわけである（タキトゥス 1996:46）。」このように地下に食糧などを隠す事例は古今東西に多くみられる。北米ノースイーストのヒューロン（Hurons）は火災と盗賊を恐れて住居内に穴を掘り、たる（cask）に貴重品を収納し、土で埋めている（Chapdelaine 1993:187）。

15)　ヘイディン（Hayden et al. 1996）は面積の広い地下式住居は居住人口が多く、面積の狭い地下式住居は居住人口も低く、住居面積と居住人口に相関関係があることを指摘しているが、居住者の貧富・地位により竪穴住居の面積が異なることも指摘している。

16)　堀越に先行して、長崎元弘（1974）は扇平遺跡の小竪穴をA型からG型に分類し、A型は落し穴、F型は墓穴とし、それ以外（B型～E型）の小竪穴の用途を次の理由から食糧貯蔵穴と指摘した。①すべてローム層まで掘りこみ、形態と容積が食糧を貯えるのに適し、農家などで使われている貯蔵ムロに近いこと。②小竪穴の埋まり方が自然堆積で、墓穴のように人為堆積のものは少ないこと。③ローム層の壁土を保護する施設、簡単な上屋根をもつ例が存在すること。④一定の場所にグループを形成し、各グループは各住居と組をなすように配置され、小竪穴群は各住居の付属施設と考えられること。⑤1例ではあるが木の実の炭化物

が1点だけ出土したこと。また、B〜E型の小竪穴は長野県海戸遺跡、後田原遺跡などで検出され、岡山県南方前池遺跡、兵庫県神鍋山遺跡などから堅果類が出土していることから、これらは貯蔵穴説を裏づけるものとしている。

17) ただし2節で検討したように、クラマスの場合、屋外の食糧貯蔵穴は共同、タレウミィウトの屋外貯蔵穴は個人の財産である。ヒダッツアは屋内、屋外の貯蔵穴を併用している。佐々木の指摘する屋外貯蔵穴—共同体管理・所有、屋内貯蔵穴—個別管理・所有というように貯蔵穴が屋外、屋内にあるかにより管理・所有関係が1対1で対応するとは限らない。

第2章　縄文時代の貯蔵穴の変遷

第1節　貯蔵穴の分類―北・東日本を中心として―

　西日本においては貯蔵穴が低地遺跡に設けられるという特色があり、植物遺体の残りが良く、貯蔵穴の認定は比較的容易である。しかしながら、北・東日本では台地上に営まれる傾向が顕著で、植物遺体の残りは悪く、貯蔵穴の認定は容易でなく議論の多いところである。ところが、近年、北・東日本においても低地遺跡での発見例が増え、さらに台地遺跡においても貯蔵穴と考えられる土坑から堅果類がプライマリーな状態で出土する事例も知られるようになってきた。

　図27、表2は北・東日本における貯蔵穴と推定される土坑から堅果類がプライマリーな状態で出土している事例の集成である。福島県久世原館・番匠地遺跡の9・11号土坑（図27の11・12）、東京都北江古田遺跡24号土坑（図27の26）、新潟県布場D遺跡10号土坑（図27の16）、城之腰遺跡Q31-p1（図27の17）、青森県風張（1）遺跡330号土坑、地蔵沢遺跡11号土坑（図27の1）の断面円筒状を除くと、その他のものは青森県野場（5）遺跡11号土坑（図27の2）、秋田県石坂台Ⅸ遺跡SK09・07（図27の4・5）、秋田県梨ノ木塚遺跡sk219（図27の6）、岩手県赤坂田Ⅰ遺跡kⅣa5（図27の7）、宮城県小梁川遺跡352号土坑（図27の8）、福島県中ノ沢A遺跡SK51（図27の10）、群馬県溜井遺跡195号土坑（図27の20）、東京都多摩ニュータウンNo.194遺跡54号土坑（図27の23）のように、大小あれども上部が狭く底部が広がり、強弱の差はあるが断面がいわゆるフラスコ・袋状の形態を呈するものが多い。これらの中には梨ノ木塚遺跡sk219、赤坂田Ⅰ遺跡kⅣa5、東京都多摩ニュータウンNo.194遺跡54号土坑のように底面、壁が焼けている例もみられ、中国大陸の窖穴にみられる防湿処理を施したと推定されるものも存在する。北江古田遺跡、布場D遺跡、城之腰遺跡Q31-p1、風張（1）遺跡330土坑、下谷ヶ地平C遺跡6号土坑（図27の13）はすべて断面円筒状であるが、北江古田遺跡例のみが低地遺跡で、その他は台地の遺跡に所在する。先学（堀越　1976:19など）の指摘のように、断面が円筒状の土坑は縄文時代中期後半から後期にフラスコ・袋状土坑の退化した形態と考えられるので、貯蔵穴の可能性が高いと思われる。

　久世原館・番匠地遺跡の9・11号土坑のように、小形ピットでも堅果類を貯蔵しているものもある。図27、表2では取り上げていないが、新潟県中道遺跡（駒形　1998）のトチの実ピットとされる9基のピットからはⅥF-P64のように、底面ではないがトチが厚く堆積しているものも存在し、これらの中には貯蔵穴が含まれる可能性が高いと思われる。これらのトチの実ピット

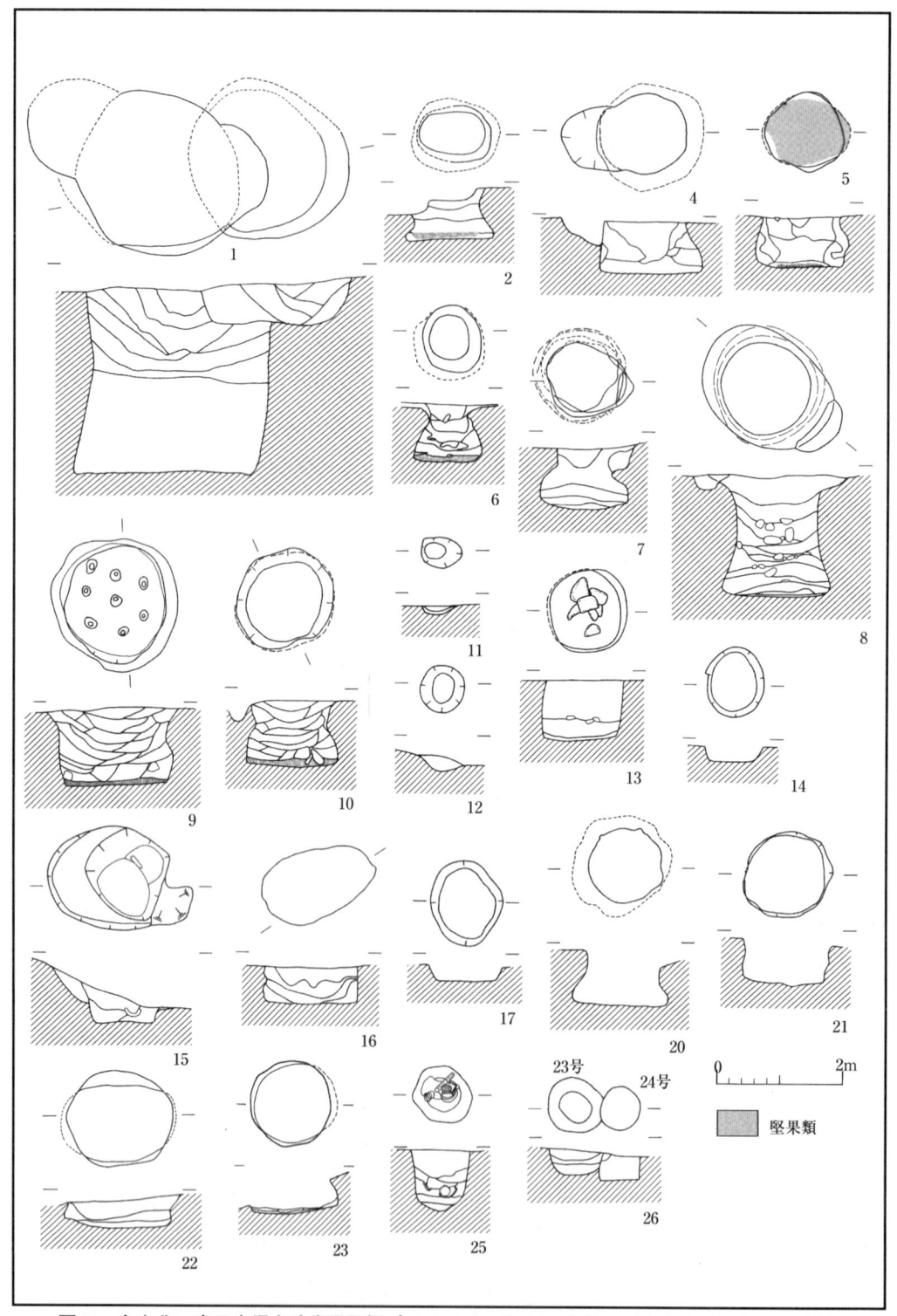

第1節　貯蔵穴の分類―北・東日本を中心として―

図27　主な北・東日本縄文時代堅果類プライマリー出土の貯蔵穴　番号は表2のNo.に対応

第2章　縄文時代の貯蔵穴の変遷

表2　主な北・東日本縄文時代堅果類プライマリー出土の貯蔵穴

No.	地域	遺跡名	遺構名	時期	断面形態	容量(m³)	出土堅果類	出典
1	青森県	地蔵沢遺跡	11号土坑	中期後葉	円筒状	19.03	クリ主体	鈴木徹 1992
2	青森県	野場(5)遺跡	11号土坑	中期後葉	フラスコ	−	トチ	青森県教育委員会 1993
3	青森県	颪張(1)遺跡	330号土坑	後期	円筒状	−	トチ	八戸市博物館 1997
4	秋田県	石坂台Ⅸ遺跡	SK09	後期前葉	袋状	−	クリ	秋田県教育委員会 1986
5	秋田県	石坂台Ⅸ遺跡	SK07	後期前葉	袋状	1.14	クリ	秋田県教育委員会 1986
6	秋田県	梨ノ木塚遺跡	SK219	晩期	フラスコ	0.55	クリ	畠山憲 1979
7	岩手県	赤坂田Ⅰ遺跡	kⅣa5	後期?	袋状	0.93	トチ	岩手県埋蔵文化センター 1983
8	宮城県	小梁川遺跡	352号土坑	中期前葉	袋状	3.43	クリ	宮城県教育委員会 1987
9	福島県	中ノ沢A遺跡	SK103	中期(大木2a期)	袋状	3.05	クリ	福島県文化センター 1989
10	福島県	中ノ沢A遺跡	SK51	早・前期?	袋状	1.54	クリ	福島県文化センター 1989
11	福島県	久世原館・番匠地遺跡	9号土坑	晩期	小型ピット	−	トチ	高島 1993
12	福島県	久世原館・番匠地遺跡	11号土坑	晩期	小型ピット	−	カヤ	高島 1993
13	福島県	下ヶ地平C遺跡	SK06	晩期後葉	袋状	1.28	トチ、クルミ	芳賀 1986
14	福島県	関和D遺跡	15号土坑	早期	円筒状	−	クリ	芳賀 1999
15	福島県	仲平遺跡	14号土坑	晩期中葉	不明	−	クルミ	福島県文化センター 1991
16	新潟県	大武遺跡	不明	前期・中期	不明	−	クルミ	春日 1997・1998
17	新潟県	布목D遺跡	10号土坑	後期	円筒状	−	クリ	佐藤雅 1985
18	新潟県	城ノ腰遺跡	Q31-p1	不明	円筒状	−	クリ、トチ	藤巻 1991
19	新潟県	姥ヶ入製鉄遺跡	不明	不明	不明	−	クリ	浦部 2000
20	群馬県	溜井遺跡	195号土坑	不明	フラスコ	1.18	クリ、クルミ	都丸・茂木 1985
21	群馬県	溜井遺跡	174号土坑	不明	袋状	0.97	カヤ、クリ、クルミ	都丸・茂木 1985
22	群馬県	白倉下原遺跡B区	6号土坑	後期前葉	袋状	−	トチ	木村 1994
23	東京都	多摩ニュータウンNo.194遺跡	54号土坑	後期前葉	袋状	0.67	トチ	東京都埋蔵文化センター 2001
24	東京都	多摩ニュータウンNo.200遺跡	81号土坑	不明	不明	−	トチ	東京都埋蔵文化センター 1996
25	東京都	北江古田遺跡	24号土坑	後期前葉	円筒状	0.14	クルミ	高野・中西 1987
26	東京都	北江古田遺跡	31号土坑	中期	円筒状	0.47	クルミ	高野・中西 1987
27	千葉県	加曽利南貝塚	Ⅸトレンチ3区	不明	不明	−	クリ	杉原 1976

は平面、断面、規模は様々でフラスコ・袋状の土坑のほかにも貯蔵穴は存在し、その形態は多種多様であったことを示唆する事例である。しかしながら、植物遺体が伴う場合はともかく、考古学データでは貯蔵された植物遺体を伴うことは稀で、久世原館・番匠地遺跡の小形ピットのように植物遺体が伴わなければ柱穴などとの識別が困難である。

　以上のように、貯蔵穴は平面は不整の円形が一般的で、大きさ・容量[1]は地蔵沢遺跡11号土坑の約19㎥の大形のものから北江古田遺跡24・31号土坑の1㎥未満のものまであり、詳細は2章で後述するとおり、地域と時期により相違が著しい。論者はまず断面形態の観点から、次のような分類を行った。つまり頸部が細くくびれ、断面は底径が口径よりもはるかに大きくなるフラスコ状のもの（図28の1～5）、底径が口径をやや上回る袋状のもの（図28の6～10）、口径と底径がほぼ同じ大きさの円筒状のもの（図28の11～15）である。また、底部の形態によりさらに細分を行った。1類―底部にピット、溝などをもたないもの（図28の1・6・11）。2類―底部の中央にピットをもつもの（図28の2・7・12）。3類―底部の中央でない位置にピットをもつもの（図28の3・8・13）、いわゆる「子持ちピット」などが該当する。なお、ピットが複数存在するものもみられる。4類―底部に溝を設けるもの（図28の4・9・14）。線状に溝を設けるもの、周溝などが存在する。5類―ピットと溝が組合わさって存在するもの（図28の5・10・15）。ピットと溝の組み合わせは様々で、ピットを中心に溝を十字状に組み合わせるもの、不定形のものなどが存在する。なお、底部施設の形態には地域性が存在するが、3章1節で検討することとする。また本論では、堅果類がプライマリーな状態で出土している土坑の規模は口径・底径が1mを越えるものが一般的で、口径・底径が1m未満のものは柱穴などとの識別が困難なため、基本的に口径、底径、深さが1m以上のものを貯蔵穴の検討対象とした。

第2節　草創期・早期（図29）

　近年は貯蔵施設が鹿児島県東黒土田遺跡の貯蔵穴、新潟県卯ノ木南遺跡から検出されたフラスコ状土坑により、草創期後半までさかのぼることは明らかになりつつある。新潟県卯ノ木南遺跡から発見されたフラスコ状土坑の規模は確認面で径1m、底径1.8mの16基がまとまって検出されている（佐藤雅 1993）。一方、鹿児島県東黒土田遺跡（河口 1982）は志布志湾に注ぐ前川上流の丘陵末端の舌状台地に位置し、「隆帯文土器」が出土した6層より下層のシラス層に掘り込まれた貯蔵穴が検出された。貯蔵穴は直径40cm、深さ25cm、容量は0.05㎥前後と推測され、検出された堅果類は落葉性（Quercus）のようである。事例が少ないので該期の評価はむずかしいが、卯ノ木南遺跡と東黒土田遺跡では貯蔵穴の大きさ、容量が大きく異なることが注意される。また東黒土田遺跡で落葉性の堅果類が検出されたことは該期の南九州が落葉広葉樹林に被

第 2 章　縄文時代の貯蔵穴の変遷

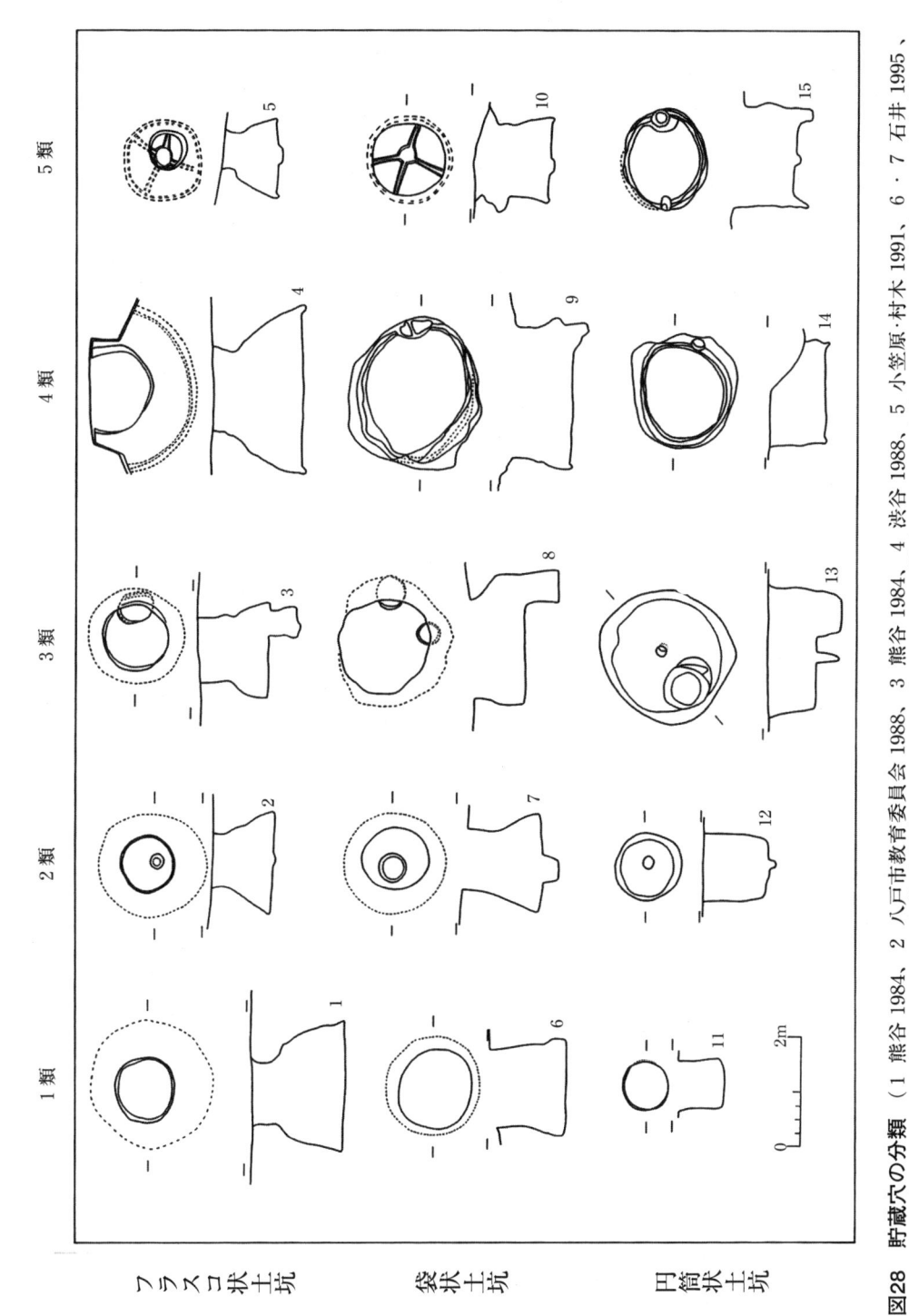

図28　貯蔵穴の分類（1 熊谷 1984、2 八戸市教育委員会 1988、3 熊谷 1984、4 渋谷 1988、5 小笠原・村木 1991、6・7 石井 1995、8 海老原 1986、9 永瀬 1981、10 小笠原・村木 1991、11 石井 1990、12 新屋 1997、13 峰村 1988、14・15 永瀬 1981 より作成）

第2節　草創期・早期

われていたことを示唆している。

　続く早期には貯蔵穴と推定される土坑の検出例が増加する。北海道では早期中葉の中野B遺跡、川汲B遺跡が住居とフラスコ・袋状土坑が共に検出された最も古い段階の集落遺跡である。貝殻文期の中野B遺跡平成6年度調査区A地区（高橋和 1996b）では、台地の縁辺部に沿ってフラスコ状、袋状、円筒状の土坑が検出されている。フラスコ状・袋状・円筒状土坑の大きさは底径と深さが2m前後あるものが一般的で、容量も平均が4.2㎥で極めて大形である。ただし、G地区（越田 1998）でも袋状土坑がまとまって検出されているが、底径、深さが1m～1.5m前後で平成6年度調査A地区のものと比べると小形である。また、平成4年度調査区（高橋和 1996a）では墓の可能性のある楕円形プランの遺構が集まる区域があり、空間的区画はそれほど厳密ではないようであるが、墓域が形成されていた可能性もある。集落の変遷については不明な点が多いが、住居群、袋状土坑群、墓域が区画され検出されている最も古い段階の集落跡と思われる。ただし、前・中期段階と比べるとフラスコ・袋状・円筒状土坑の数は多いわけではない。川汲B遺跡（小笠原 1986）では貝殻文期の2軒の住居跡西側に隣接して袋状土坑5基が検出されている。

　東北地方北東部でも貝殻文期には青森県鶴ヶ鼻遺跡（鈴木克 1989）、蛍沢遺跡（塩谷 1979）などでフラスコ・袋状土坑が検出されている。鶴ヶ鼻遺跡、蛍沢遺跡で早期に比定されている袋状土坑は底径、深さも1m前後のものが多く、小形であることに特徴がある。鶴ヶ鼻遺跡の早期の袋状土坑は調査区南側に、蛍沢遺跡の早期の袋状土坑は調査区中央に集まる傾向がある。ただし、両遺跡の場合、住居跡は検出されておらず、集落とその位置関係は不明である。

　南東北地方でも早期後半以降、フラスコ・袋状土坑の検出が増えてくるようである。早期末葉から前期初頭では福島県原遺跡、松ヶ平A遺跡などの集落遺跡がある。末葉から前期初頭の原遺跡（堀・斎藤 1995）は台地の縁辺に位置し、住居は調査区東西の2カ所に分かれ、住居の回りに集石、焼土（野外炉？）が散在する。袋状土坑が検出されているのは東側で、住居の近くに構築されているが、分散し区域は形成していない。袋状土坑は底径が1.5m前後、深さは1m前後で、容量の平均は0.6㎥の小形のものが一般的である。松ヶ平A遺跡（福島県文化センター 1983）の立地は山地の斜面に位置し、SK10・14・15・21が早期末葉、SK08が前期初頭に比定されている。SK10・14は住居跡の近くに分布する袋状土坑で深さ、底径は1.5～1m前後で小形である。

　一方、西関東、中部高地、東海地方にかけては東京都宇津木台遺跡N地区（宇津木台遺跡調査会 1983）、長野県井戸尻遺跡（樋口 1994）、男女倉遺跡C2地点（森嶋・川上 1975）、撚糸文期の静岡県三の原遺跡（山浦 1991）V層から検出されている袋状土坑SK05などがあるが、遺跡数も少なく検出数も限られている。特に注目されるのが岐阜県打越遺跡、静岡県元野遺跡である。打越遺跡（田中彰 1996）のP1・39は小形であるが、クリが貯蔵されたままの状態で検出されて

第2章　縄文時代の貯蔵穴の変遷

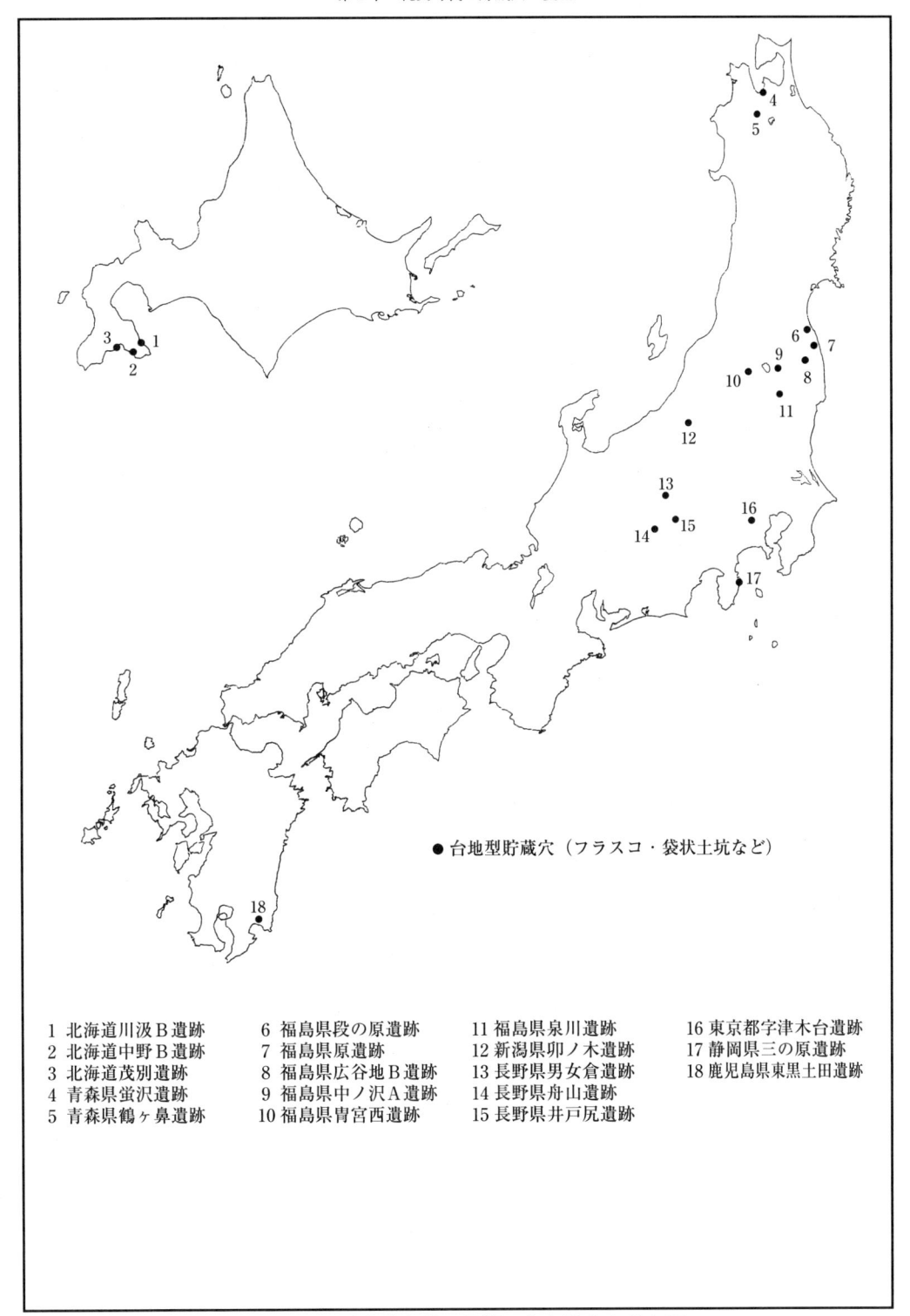

●台地型貯蔵穴（フラスコ・袋状土坑など）

1 北海道川汲B遺跡	6 福島県段の原遺跡	11 福島県泉川遺跡	16 東京都宇津木台遺跡
2 北海道中野B遺跡	7 福島県原遺跡	12 新潟県卯ノ木遺跡	17 静岡県三の原遺跡
3 北海道茂別遺跡	8 福島県広谷地B遺跡	13 長野県男女倉遺跡	18 鹿児島県東黒土田遺跡
4 青森県蛍沢遺跡	9 福島県中ノ沢A遺跡	14 長野県舟山遺跡	
5 青森県鶴ヶ鼻遺跡	10 福島県胄宮西遺跡	15 長野県井戸尻遺跡	

図29　縄文時代草創期・早期の主な貯蔵穴分布図

いる。元野遺跡（沼津市教育委員会 1975）でクリが多量に検出されたピット状遺構も貯蔵穴の可能性が極めて高いといえる。

第3節　前期（図30）

　前半には不明な点が多いが、後半にはフラスコ・袋状土坑が渡島半島から北東北で急速に発達する。それに伴い集落構成に地域性がみられるようになる。渡島半島噴火湾沿岸のハマナス野遺跡は前期後半から中期の集落遺跡で、円筒下層a・b期に台地の中央、縁辺に数基の住居が出現する。円筒下層a・b期には住居の数は少ないが、円筒下層c期になると台地の中央部から東南部にかけて住居が増える。円筒下層d期には中央では住居跡が数基検出されているのみで、逆に住居は外側に広がるように検出されている。しかしながら、中期になると住居跡の分布は縮小し、台地東南部の縁辺に限られるようになる（阿部千 1995）。フラスコ状土坑は台地の縁辺部と中央に分布するが、縁辺部では密集し中央ではまばらである。墓坑は配石墓、土坑墓、土器片墓などのバラエテイーがあり、合わせて7基を数え、墓域は遺跡中央にあった可能性がある。このようにハマナス野遺跡では居住域、貯蔵域、墓域の形成が明瞭になる点が注目される。

　一方、函館湾沿岸、前期後半の釜谷遺跡（鈴木正 1999）は調査区が細長いため集落全体については不明であるが、住居、土坑が検出され、調査区北西側緩斜面に列状に分布する。それらの土坑にはフラスコ状土坑とプランが楕円の土坑墓が含まれるようで、墓域と貯蔵区域は曖昧のようである。後述するように、フラスコ状土坑・土坑墓群の列状配置は東北地方円筒下層圏の特徴なので、円筒下層圏の集落構成と類似する点が注意される。

　東北地方北東部でも前半期には不明な点が多いが、後半期にはフラスコ・袋状土坑が大形化すると同時に大規模遺跡の出現、遺跡内において区域の分節化、発達が顕著になる。このような遺跡としては青森県畑内遺跡、館野遺跡などをあげることができる。円筒下層d期主体の畑内遺跡（青森県教育委員会 1994～1997）は舌状の台地に立地し、台地の縁辺に沿ってフラスコ状土坑が住居群の外側に分布する傾向がある（図31）。遺跡の中央は遺構がまばらで、台地の西側と東側には捨場が形成され、東側には埋設土器群が分布している。フラスコ状土坑から人骨が検出されているが、その他には土坑墓らしきものは検出されていないので、墓域以外の住居、埋設土器、捨場、フラスコ状土坑という区域が発達している。館野遺跡（青森県教育委員会 1989）も円筒下層d期～円筒上層a・b期のフラスコ・袋状土坑は崖線に群集し、調査区北東側には捨場が形成され、北西側のプランが楕円の4・5・7・8土坑は土坑墓の可能性が高い。捨場、土坑墓、フラスコ・袋状土坑群の位置からすると、住居群は調査区の北側に展開している可能性がある。

— 60 —

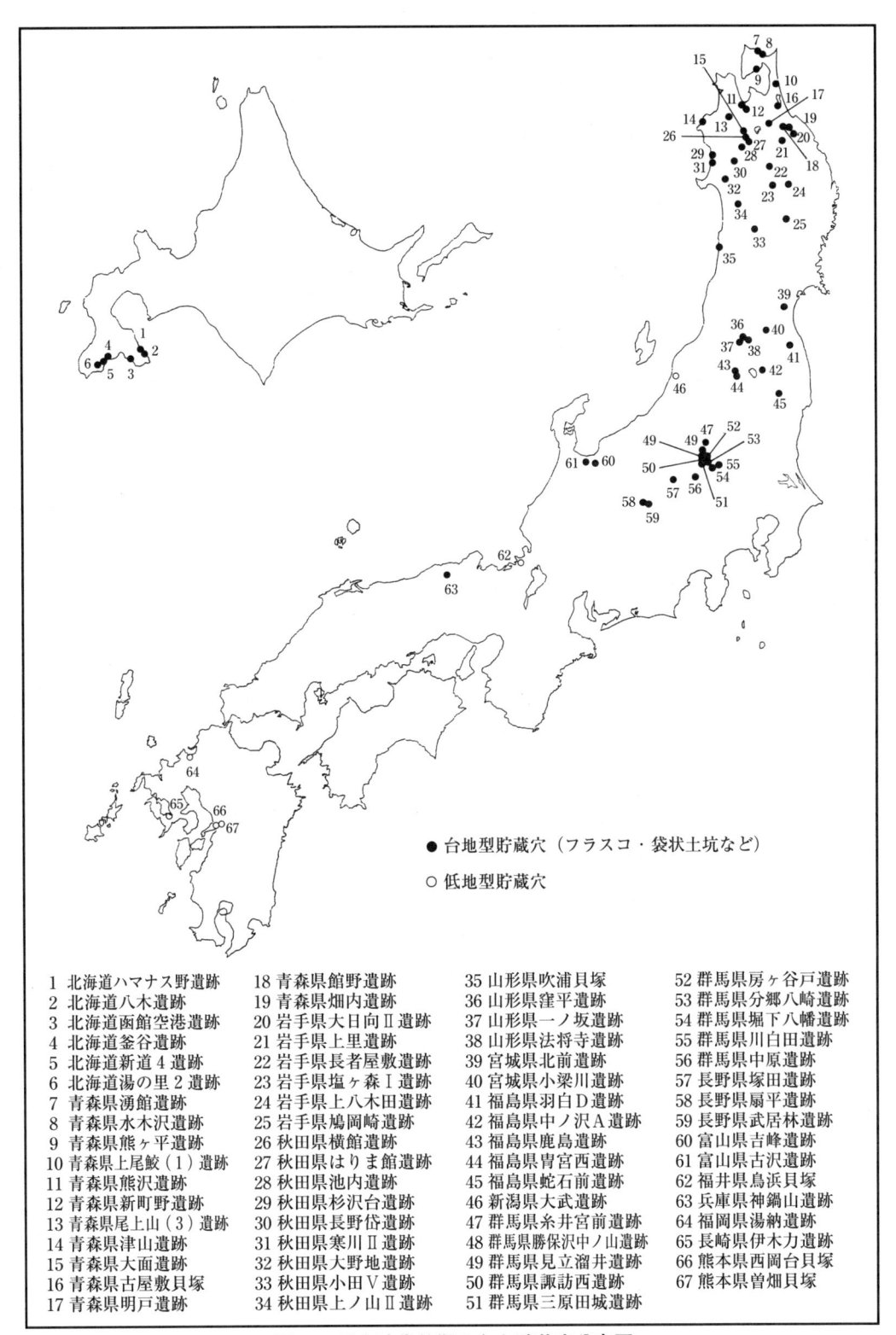

● 台地型貯蔵穴（フラスコ・袋状土坑など）

○ 低地型貯蔵穴

1 北海道ハマナス野遺跡	18 青森県館野遺跡	35 山形県吹浦貝塚	52 群馬県房ヶ谷戸遺跡
2 北海道八木遺跡	19 青森県畑内遺跡	36 山形県窪平遺跡	53 群馬県分郷八崎遺跡
3 北海道函館空港遺跡	20 岩手県大日向Ⅱ遺跡	37 山形県一ノ坂遺跡	54 群馬県堀下八幡遺跡
4 北海道釜谷遺跡	21 岩手県上里遺跡	38 山形県法将寺遺跡	55 群馬県川白田遺跡
5 北海道新道4遺跡	22 岩手県長者屋敷遺跡	39 宮城県北前遺跡	56 群馬県中原遺跡
6 北海道湯の里2遺跡	23 岩手県塩ヶ森Ⅰ遺跡	40 宮城県小梁川遺跡	57 長野県塚田遺跡
7 青森県湧館遺跡	24 岩手県上八木田遺跡	41 福島県青白D遺跡	58 長野県扇平遺跡
8 青森県水木沢遺跡	25 岩手県鳩岡崎遺跡	42 福島県中ノ沢A遺跡	59 長野県武居林遺跡
9 青森県熊ヶ平遺跡	26 秋田県横館遺跡	43 福島県鹿島遺跡	60 富山県吉峰遺跡
10 青森県上尾鮫（1）遺跡	27 秋田県はりま館遺跡	44 福島県宮宮西遺跡	61 富山県古沢遺跡
11 青森県熊沢遺跡	28 秋田県池内遺跡	45 福島県蛇石前遺跡	62 福井県鳥浜貝塚
12 青森県新町野遺跡	29 秋田県杉沢台遺跡	46 新潟県大武遺跡	63 兵庫県神鍋山遺跡
13 青森県尾上山（3）遺跡	30 秋田県長野岱遺跡	47 群馬県糸井宮前遺跡	64 福岡県湯納遺跡
14 青森県津山遺跡	31 秋田県寒川Ⅱ遺跡	48 群馬県勝保沢中ノ山遺跡	65 長崎県伊木力遺跡
15 青森県大面遺跡	32 秋田県大野地遺跡	49 群馬県見立溜井遺跡	66 熊本県西岡台貝塚
16 青森県古屋敷貝塚	33 秋田県小田Ⅴ遺跡	50 群馬県諏訪西遺跡	67 熊本県曽畑貝塚
17 青森県明戸遺跡	34 秋田県上ノ山Ⅱ遺跡	51 群馬県三原田城遺跡	

図30　縄文時代前期の主な貯蔵穴分布図

第3節　前期

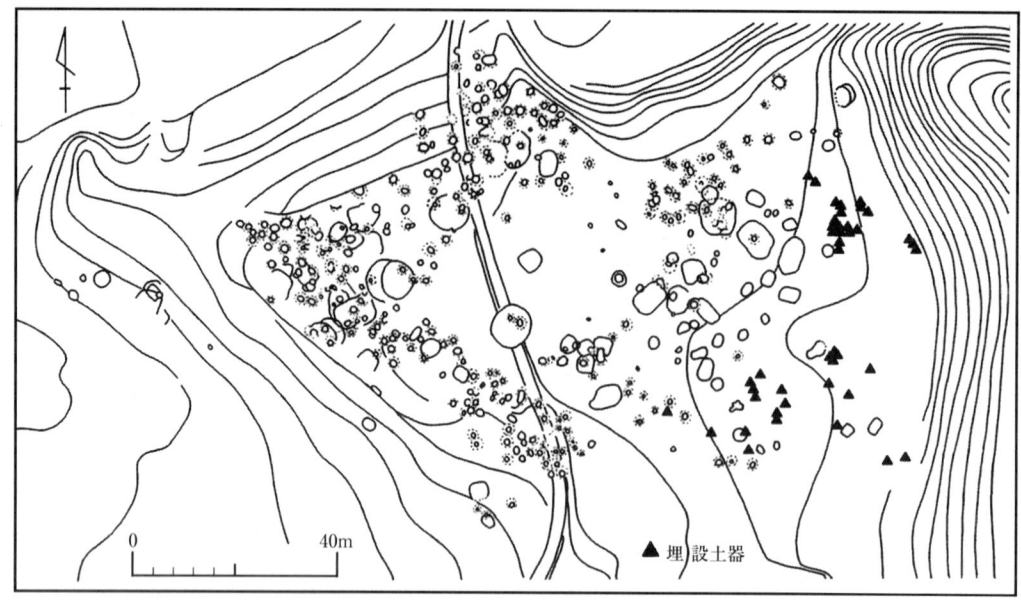

図31　青森県畑内遺跡（青森県教育委員会 1997 から作成）

　このように区域が発達するのが該期の特徴であるが、区域が未発達と思われる例も存在する。円筒下層a・b期の熊沢遺跡（青森県教育委員会 1978）ではフラスコ・袋状土坑は分散している。前期末の水木沢遺跡（青森県教育委員会 1977）では住居跡は少ないが、その周辺にフラスコ・袋状土坑は分布している。上尾鮫（1）遺跡C地区（青森県教育委員会 1988）は緩やかな斜面に立地し、調査面積が限られ、住居跡が東側に展開する可能性が高いが、大形住居が住居群の中心に位置し、フラスコ・袋状土坑は住居群の西側に分散している。
　東北地方北西部も前半についてはよくわからないが、後半には多くの集落遺跡が知られている。秋田県杉沢台遺跡（永瀬1981）では台地縁辺に沿ってフラスコ状土坑群が列状に分布し、大形住居SI06・SI07はそれと並行するように配置されている。池内遺跡（櫻田 1997）は円筒下層b期に台地西側に住居跡が出現し始め、少ないながら台地北の縁辺にはフラスコ状土坑、土坑墓が構築されるようになる（図32）。円筒下層d期の住居の配置はb期の配置と大きな変化はなく、フラスコ状土坑は台地北の縁辺に沿って多数検出され、その南には列状に墓域が形成される。墓域の南側には時期の詳細はわからないが、掘立柱建物が並び、その南側には住居群が丘陵に並行して分布していたと考えられている。
　一方、大木圏に近い地域では上記のような列状配置とは異なる空間構成がみられる。円筒下層b期の集落跡である上ノ山Ⅱ遺跡（大野 1989）では大形住居が多数検出されており、3段階の変遷が考えられている。第1段階は大形住居が長軸方向を中央に向けながら、弧状に配置され

— 62 —

第2章 縄文時代の貯蔵穴の変遷

図32 秋田県池内遺跡（櫻田 1999bから作成。スクリーントーン部分が捨場、黒塗り部分が土坑墓）

第3節 前期

るものが多い。第2段階では大形住居は規模が第1段階の2倍近くになるが、第1段階のような弧状の配置はなく、明確な配置構成は認められない。また、大形住居の位置は台地縁辺の西側に寄っている。第3段階では大形住居の位置は第2段階とあまり変わらないが、大形住居の規模は第2段階と比べると小形化している。袋状土坑19基は台地縁辺西側に分布しているが、上記のどの段階に伴うかは不明である。ただし、上ノ山Ⅱ遺跡で最大の大形住居であるSI171には付属施設として袋状土坑があること、その近辺にも袋状土坑が分布することから、SI171と袋状土坑の強い関係が指摘されている。SI171は長軸30.2m、短軸8.3mの大形住居で、8基の地床炉と壁際に並列する袋状土坑が施設として付属し、それらの袋状土坑SKF057・059・069・071の各容量は約0.2㎥、0.5㎥、1.0㎥、0.8㎥で、住居外のフラスコ・袋状土坑、あるいは他の遺跡のフラスコ・袋状土坑に比べ小形であり、住居内外のフラスコ・袋状土坑では使い分けられていた可能性がある。また、フラスコ状土坑の検出数が少ないことから、SI171の貯蔵施設としての重要性が指摘されている。円筒下層圏のフラスコ状土坑は既に見てきたとおり、底径が発達し大形であることに特徴があるので、この点、杉沢台遺跡、池内遺跡などとは様相が異なっている。

中部東北地方は北東北・北西東北地方と異なり、区域の形成が未発達である。岩手県大日向Ⅱ遺跡（田鎖1986、田鎖・斎藤1995、高木・工藤 1998）は前期後葉～中期中葉には大形住居が2棟検出され、共に建て替えは数度に及び、東側の大形住居の周りには竪穴住居が集まる傾向がある。フラスコ状土坑は住居が分布する範囲に収まるようで、住居とフラスコ状土坑は混在し、区域の形成は未発達である。埋設遺構は分散しているが、調査区中央南ではある程度まとまって分布している。前期後葉から末葉が主体の岩手県上八木田Ⅰ遺跡（千葉 1995）は住居跡は主にB区西尾根と東尾根地区、袋状土坑はB区西尾根地区に分布する。B区西尾根地区では前期中葉の住居跡は尾根から、後葉には尾根斜面262mの等高線ラインに集中している。住居跡は尾根斜面262mの等高線ラインに集中し、袋状土坑はその内側に分布しており、円筒下層圏の集落形態とは異なる。B区西尾根地区の袋状土坑は円筒下層圏のように底径が発達しておらず、小形のものが主体である。後葉の塩ヶ森Ⅰ遺跡（岩手県埋蔵文化財センター 1985）では住居群とフラスコ状土坑群が混在し、居住・貯蔵区域の区別は不明瞭である（図33）。

南東北地方の前半期には山形県窪平遺跡、法将寺遺跡、福島県羽白D遺跡、段ノ原B遺跡、冑宮西遺跡などがある。前期初頭の窪平遺跡（手塚 1994）では大形住居、その南側には近接して袋状土坑が3基検出されている。法将寺遺跡（手塚 1985）では時期は不詳ながら、底径は1.5m前後の小形の袋状土坑は各住居に近接、分散する傾向がある。羽白D遺跡（福島県文化センター 1988）の袋状土坑SK57・63は小形の住居から離れて分散し、居住域、貯蔵域という区域は形成されていない。段ノ原B遺跡（吉田秀 1995）の住居は調査区台地北東部縁辺沿いに分布し、袋状土坑を含む多くの土坑も台地縁辺に沿って分散している。冑宮西遺跡（会津高田町教育委

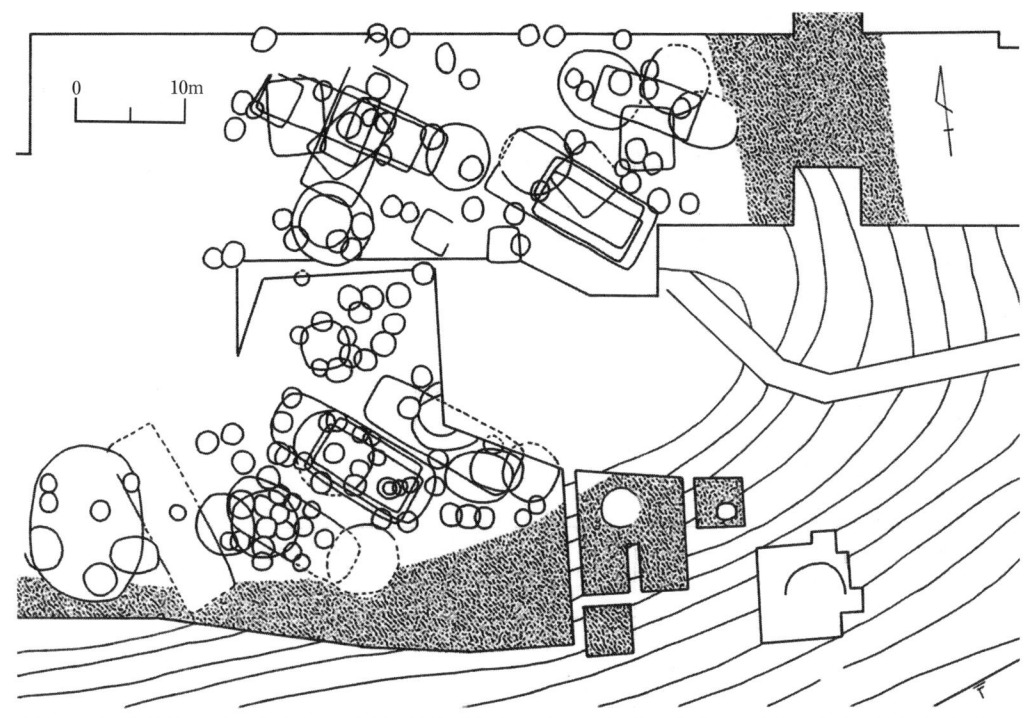

図33 岩手県塩ヶ森Ⅰ遺跡（岩手県埋蔵文化財センター1985から作成。スクリーントーン部分が捨場）

員会 1984）は緩斜面に立地し、大木2a期は住居が4軒検出され、その近辺に土坑が分布している。大木5期には住居は1軒しか検出されていないが、袋状土坑を含む多くの土坑は調査区北側に集まる。土坑は袋状・円筒状が多いが、27・34・40号土坑の容量は各1.07㎥、0.71㎥、1.92㎥で、底径が発達しフラスコ状に近く、住居と共に袋状土坑も大形化している。このように該期には小形の袋状土坑が住居の近辺に分散し、居住・貯蔵区域を明瞭には形成しない。

後半には南東北地方で大きく日本海側と中通り・浜通り地域で地域差が現われる。日本海側、前期後半から中期初頭の山形県吹浦遺跡（渋谷孝 1984・1985・1988）は集落の変遷については不詳で、台地南では長方形の住居跡が弧状に、フラスコ状土坑は住居跡の近辺からも検出されているが、調査区北東と南西に集中する傾向があり、区域は必ずしも厳密ではない。調査区中央と北東部に土坑墓と推定される土坑が検出されているので、墓域の形成もそれほど厳密ではなかった可能性がある。一方、中通り・浜通り地域の福島県鹿島遺跡（福島県文化センター1991）は調査面積が限られるが、大木5期〜6期の4号大形住居、それに近接して分布する2・4・6号袋状土坑の底径は1m前後で小形である。胄宮西遺跡と同様に遺跡の立地は緩斜面で、土坑の形態、容量も小形で円筒下層圏とは異なる様相を示す。

関東地方の場合、北東・東関東ではフラスコ・袋状土坑の類例は極めて少なく、該期にはフ

第3節　前期

ラスコ・袋状土坑は未発達で、関東地方内でも地域性がみられる。北西関東地方の場合、前期の集落遺跡は台地・丘陵の緩斜面に立地し、袋状土坑が住居に近接して分布している事例が多い。既述のように、北東北地方では台地の平坦面に住居、斜面、台地端部に土坑というように、地形を意識して施設を配置している例が多いと考えられるが、北西関東地方の前期では緩斜面に住居、土坑が分布する傾向が認められ、地形による居住域、貯蔵域というような区域の形成は未発達なようである。また、フラスコ・袋状土坑だけが群集するのではなく、様々な土坑が分布するのが該期、該地域の特徴とみられる[2]。前期初頭の花積下層期が主体になる群馬県三原田城遺跡（小野 1989）は多くの不定形土坑は住居跡の内側に分布し、その中には9号のようなフラスコ状土坑、35・137号のような袋状土坑が含まれている。中葉には群馬県諏訪西遺跡、中原遺跡、川白田遺跡などがある。関山期を主体とする諏訪西遺跡（小野・谷藤 1985）は住居跡、土坑は調査区北部に分布し、2号土坑のような袋状土坑が含まれる。関山Ⅰ期を中心とする中原遺跡（大工原 1994）は緩斜面に立地し、J12号住居跡近辺から小形の袋状土坑D14、円筒状土坑D18が検出されている。黒浜期が中心の川白田遺跡（大賀 1998）の小形の袋状土坑は個別の住居に近接して分布する。諸磯a期の清水山遺跡（原 1985）は緩斜面に立地し、住居は5軒検出され、袋状土坑は諸磯a期には27基、諸磯b期には6基がいずれも各住居の回りに分布している。このように、北西関東では住居の回りに近接して少数の袋状土坑が分散している例が一般的で、前葉から後葉まで大きな変化はなく、居住・貯蔵区域の形成は未発達といえる。

中部高地の場合、前期初頭の塚田遺跡（小山 1994）は緩斜面に立地し、数個の小形の袋状土坑が住居の近くに分布している。北西関東と共通する様相を示すのは中部高地でも東に位置するためかもしれない。後半には長野県扇平遺跡、武居林遺跡、荒神山遺跡（長野県教育委員会 1975）などがある。前期後葉から中期初頭を中心とする扇平遺跡（岡谷市教育委員会 1974）は住居の回りに近接して袋状土坑が分布する。前期後葉の武居林遺跡（下諏訪町教育委員会 1979）の場合、1号～4号住居は住居の形態が不定形で住居として疑問も残るが、住居とすれば袋状土坑が住居の回りに近接して分布している。これら袋状土坑の底径、深さは1.5m～1m前後、容量は1m^3未満が主体で小形のものが一般的である。このように空間配置は住居の近くに小形の袋状土坑が分散する例が多いようである。ただし、東北地方の前・中期のように多量の袋状土坑が検出されるわけではない。

北陸地方、前期中葉から中期初頭の富山県吉峰遺跡4次・6次調査区（富山県教育委員会 1975、森・北川 1989）では住居の隅、隣接、あるいは近接して袋状に近い土坑が設置されている[3]。北陸地方の袋状土坑の容量は前・中期を通して小形の点は中部高地と共通している。低地型貯蔵穴では三方湖にのぞむ福井県鳥浜貝塚が知られている（図34）。1984年度の調査（福井県教育委員会1985）では前期の住居跡3軒、貯蔵穴5基が近接して分布する。貯蔵穴は北白川下

第 2 章　縄文時代の貯蔵穴の変遷

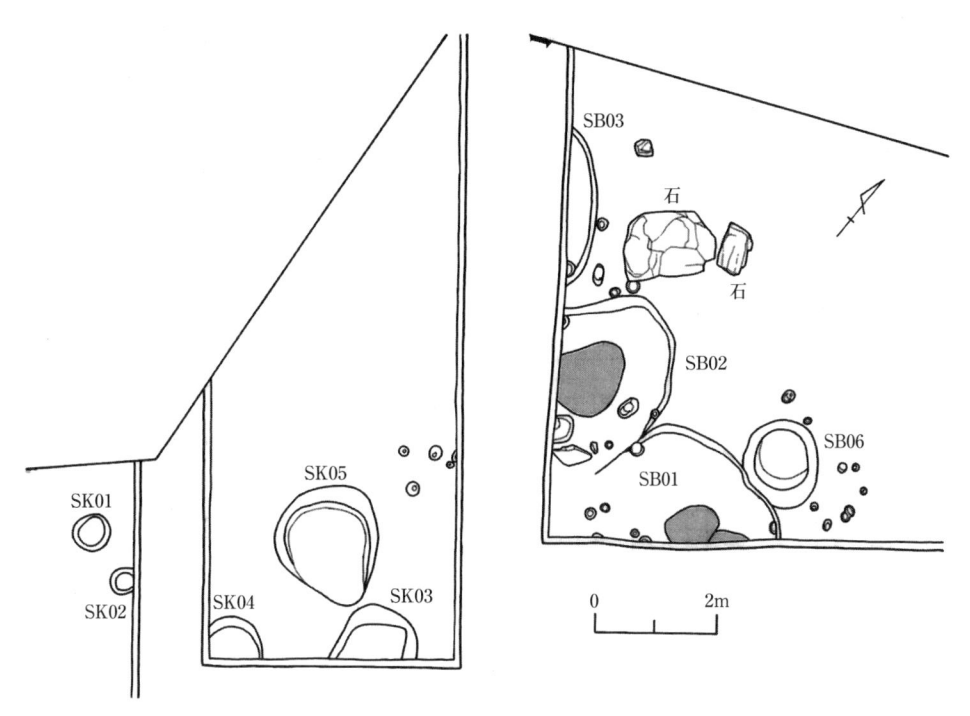

図34　鳥浜貝塚（福井県教育委員会　1985）

層 2 期で、掘り方はいずれも浅く、形態は不整の円形、径0.4m前後で小形のSK01・02と 1 m〜1.5m前後でやや大形のSK03〜05がある。

　西日本では低地型貯蔵穴が普及していく時期である。前半では長崎県伊木力遺跡、熊本県西岡台貝塚、後半では兵庫県神鍋山遺跡、熊本県曽畑貝塚、西岡台貝塚などが知られているが、いずれも貯蔵穴は単独で検出されている。前半期の伊木力遺跡A地点は沖積地に位置し、轟期の貯蔵穴が22基、後期初頭の貯蔵穴が 3 基検出されている（長崎県教育委員会 1997）。貯蔵穴は標高0m前後の泥炭質粘土層に掘り込まれ、前期、後期共に平面形は不整の円形、ないし楕円、径は0.7m〜1.4m、深さは0.25m〜0.7m、容量は 1 ㎥未満で小形である。貯蔵穴から検出された堅果類はほとんどがイチイガシで、多くは殻のみが残された状態で消費後廃棄されたもののようである。福岡県湯納遺跡は早良平野、十郎川左岸の沖積地に位置し、 4 次調査（栗原 1976）では湧水のわく砂層まで掘り込まれた貯蔵穴H1・2が検出され、H1には 4 合〜 5 合ほどのドングリが入っていた。熊本県西岡台貝塚（高木・木下 1985）は轟貝塚に隣接し、トレンチ調査のため全容は不明ながら台地に貝層、台地際の低地に 5 基の貯蔵穴が検出されている。貯蔵穴は進水層まで掘られ、そのため常に水があふれた状態で、底径が 1 m前後、開口部が開くものが一般的である。時期は轟期と考えられているが、中期まで下る可能性も指摘されている。前期の海

― 67 ―

進期には伊木力遺跡と同様に湾のやや奥まった所に位置し、台地は島状に残り、海岸入江に貯蔵穴を構築していた可能性がある。

　後半の兵庫県神鍋山遺跡(藤井・阿久津 1970)では袋状土坑が2基検出され、中からカヤの実が出土している。プランは不整の楕円に近く、断面は袋状で底径が2m前後あり、大きい方で3㎥前後、小さい方で1㎥前後と推定され、断面形態、容量ともに該期の西日本では大形で異例である。また、住居が検出されているが、それとの位置関係については不詳である。熊本県曽畑貝塚（江本 1988）は舌状台地の末端に位置し、貝塚は台地、小形の貯蔵穴群は台地際の低地から発見され、前期曽畑期57基、後・晩期5基、計62基ある。貯蔵穴の保存状態が極めて良いため、貯蔵対象の堅果類のみならず、62基の貯蔵穴から20点の編物が出土し、貯蔵方法を推定できる。ほとんどの編物は貯蔵穴の底面から検出され、堅果類は編物の上から出土し、貯蔵穴に保存する際は編物に収納していたと考えられる。貯蔵穴から検出された堅果類は11号のみがクヌギ、アベマキで、その他はイチイガシである。

第4節　中期（図35）

　中期には渡島半島から関東地方まで貯蔵穴を伴う集落遺跡が増える。函館湾沿岸と噴火湾沿岸では集落構成に地域性が顕著になる傾向がある。函館湾沿岸では石川1遺跡（長沼 1988）、桔梗2遺跡（佐川 1988）、陣川町遺跡（田原・野辺地 1989）などのように住居とフラスコ・袋状土坑が混在する集落形態が一般的なようである。後葉の石川1遺跡のフラスコ状土坑は住居跡と同じ円筒上層d・e期と思われ、それぞれのフラスコ状土坑は住居に近接しており（図36）、個別の住居に付帯していた可能性がある。石川1遺跡と距離的に近い桔梗2遺跡（佐川 1988）でもフラスコ状土坑は住居に近接し、大形住居が存在する点など両者は共通している。ただし、フラスコ状土坑は底径が縮小するものも見られる。

　噴火湾沿岸の栄浜1遺跡、臼尻B遺跡では住居群の内側にフラスコ・袋状土坑が構築され対照的である。栄浜1遺跡B地点（三浦・柴田 1983）では住居に取り囲まれるようにフラスコ・袋状土坑が分布し（図37）、B地区から約50m離れたA地点でも住居跡、袋状土坑が検出されているので、集落跡はさらに西側に広がると考えられる。三浦孝一（1999）によると、遺跡の形成は前期後葉に住居、土坑墓185・463号、中期前葉には前期後葉の住居の近辺に住居が構築され、C地点では住居の近辺に土坑墓、フラスコ・袋状土坑、B地点中央には配石遺構が構築される。中期後葉にはB地点とA地点に多数の住居、A・B・C各地点に土坑墓が構築され、中期末葉はB地点に住居が集中し、土坑墓はA地点に集中する傾向がある。フラスコ・袋状土坑はA地点、住居跡はフラスコ・袋状土坑の回りを中心に検出されている。住居跡は大半が中期後半から末

葉で、フラスコ・袋状土坑の時期も該期の可能性が高い。フラスコ・袋状土坑の土坑墓は中期前葉から後葉にかけてC地点でまとまって検出されているが、A・B地点からも住居跡の分布域とほぼ重なるように散在しているので、墓域の形成は明瞭でない。中期後葉の臼尻B遺跡（小笠原 1986～1988）は集落の変遷についてはよくわからないが、墓坑、袋状土坑は特に、遺跡中央に分布する傾向があるが混在し、居住域、墓域、貯蔵域というような区域が厳密ではなかったことを示している。

一方、日本海側の榎林期の元和遺跡第3地点、第5地点（大沼 1976）では住居に隣接して袋状土坑が分布している。袋状土坑は底径、深さが1m前後のものが一般的、小形化が顕著で円筒状土坑に近く、容量も1㎥未満が多く、函館湾沿岸、噴火湾沿岸の様相とは異なる。中期でも後半で、フラスコ・袋状土坑が衰退する時期にさしかかっていることに関係するのかもしれない。

東北地方北東部では集落構成のバリエーションがさらに増えていくようである。富ノ沢（2）遺跡A地区（青森県教育委員会 1993）は円筒上層C期に住居跡9軒、少数のフラスコ状土坑が構築され始める。円筒上層d期には弧状に住居跡が分布し、その中には大形住居も含まれている。住居群の北側には掘立柱建物、西側は土坑墓の墓域が形成され、住居群の近辺にはフラスコ状土坑が分布する。円筒上層e期には円筒上層d期の住居群の近辺にフラスコ状土坑、その西側に墓域という区画を継承している。榎林期は住居群が弧状に配置される点は円筒上層d・e期と変わるところはないが、円筒上層d・e期に形成された墓域Aの代わりに、住居群北側に墓域B・Cが形成される。墓域Aの土坑墓の長軸方向は南北、墓域B・Cの土坑墓の長軸方向は東西が主流で相違がみられる。最花期の住居・墓域の配置には榎林期と大きな差はないが、台地の西端にはフラスコ状土坑が分布している。大木10期にはA地区が衰退し、C地区（青森県教育委員会 1991）に集落は移るようで、住居は平坦面、多くの袋状土坑は緩斜面に分布する。B地区（青森県教育委員会 1991）もC地区と同じ大木10期で、袋状土坑は緩斜面に分布する傾向があり、袋状土坑の底部は狭くなっている。後葉の蛍沢遺跡（塩谷 1979）では調査区が限られるが、円筒上層d期主体の住居跡が北東部に、フラスコ状土坑は住居に近接して分布する。

東北地方北西部では池内遺跡、杉沢台遺跡にみられた列状配置の集落は減少する。前葉から後葉の大畑台遺跡（磯村 1979）、後葉の館下Ⅰ遺跡（秋田県教育委員会 1979）、および御所野台地では下堤遺跡A地区（西谷 1988）、下堤B遺跡（石郷岡 1988）、坂ノ上E・F遺跡（菅原 1984・1985）、湯ノ沢B遺跡（高橋忠 1983）、野畑遺跡（石郷岡 1983）など、大木10期の集落遺跡が数多く知られているが、住居跡の近辺に袋状土坑が分散、居住・貯蔵区域が曖昧化し、このような特徴が中期末の一般的傾向であるとみられる。前期後半にみられたような群集するフラスコ・袋状土坑群は少なくとも御所野丘陵の中期末には見られず、このような傾向は中期後半に居住形態、集落形態が変化していることの現われかもしれない。またこれらの遺跡では

第4節　中期

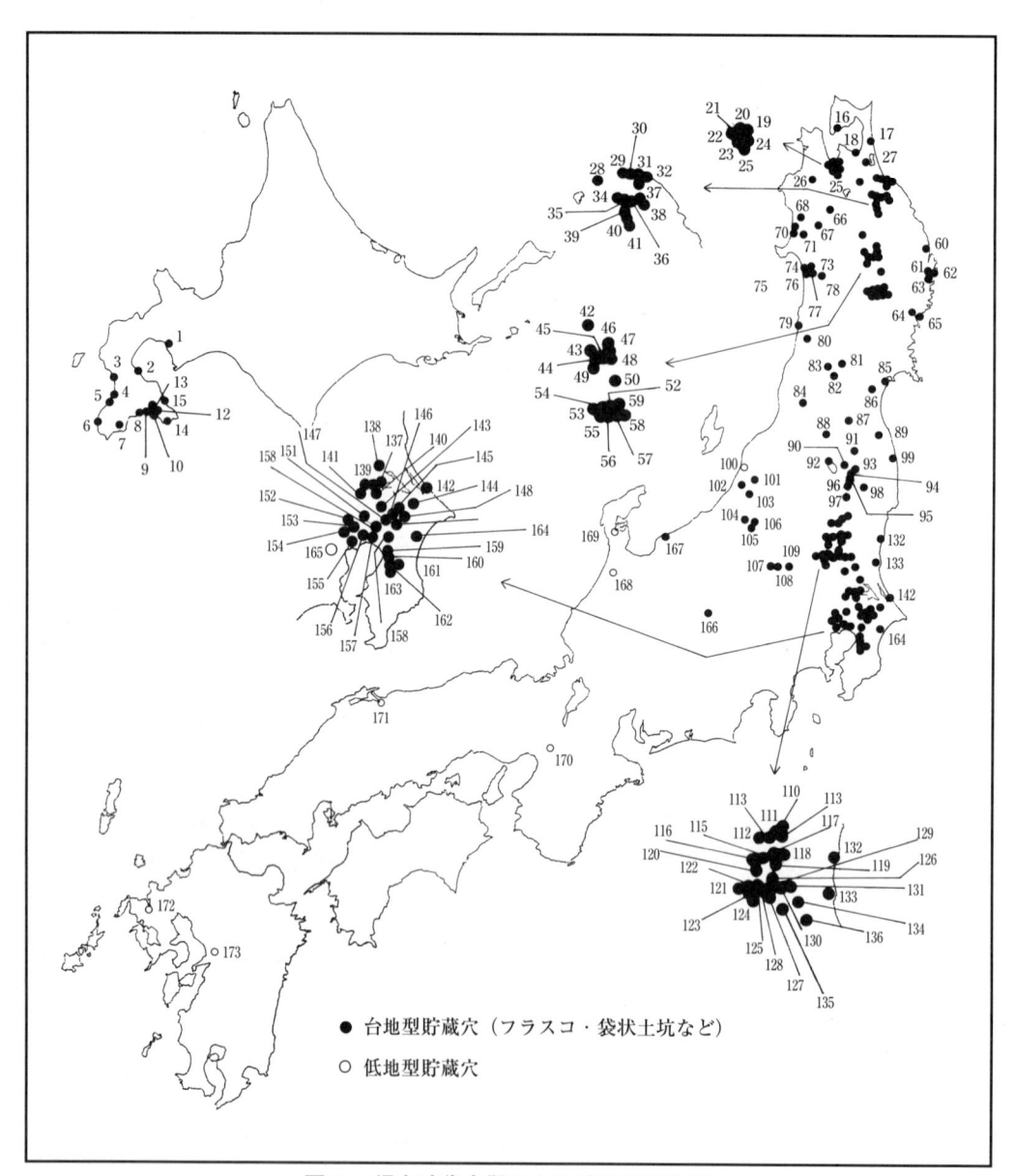

図35　縄文時代中期の主な貯蔵穴分布図

● 台地型貯蔵穴（フラスコ・袋状土坑など）

○ 低地型貯蔵穴

図35遺跡名

1 北海道入江遺跡	45 岩手県上米内遺跡	89 福島県日向遺跡	133 茨城県諏訪遺跡
2 北海道栄浜遺跡	46 岩手県上八木田遺跡	90 福島県北向遺跡	134 茨城県西田遺跡
3 北海道元和遺跡	47 岩手県柿木平遺跡	91 福島県塩沢上原遺跡	135 茨城県裏山遺跡
4 北海道茂尻遺跡	48 岩手県繋遺跡	92 福島県法正尻遺跡	136 茨城県東大原遺跡
5 北海道大岱沢A遺跡	49 岩手県台遺跡	93 福島県野中遺跡	137 茨城県東台遺跡
6 北海道白坂遺跡	50 岩手県西田遺跡	94 福島県妙音寺遺跡	138 茨城県御靈遺跡
7 北海道湯の里1遺跡	51 岩手県横欠遺跡	95 福島県鴨打A遺跡	139 茨城県中台遺跡
8 北海道茂別遺跡	52 岩手県鳩岡崎遺跡	96 福島県広畑遺跡	140 茨城県宮前遺跡
9 北海道サイベ沢遺跡	53 岩手県石曽根遺跡	97 福島県桑名邸遺跡	141 茨城県境松遺跡
10 北海道桔梗2遺跡	54 岩手県本郷遺跡	98 福島県蛇石前遺跡	142 茨城県塩釜遺跡
11 北海道石川1遺跡	55 岩手県林崎館遺跡	99 福島県中平遺跡	143 茨城県南三島遺跡
12 北海道陣川町遺跡	56 岩手県煤孫遺跡	100 新潟県大武遺跡	144 千葉県磯花遺跡
13 北海道権現台場遺跡	57 岩手県柳上遺跡	101 新潟県中道遺跡	145 千葉県新山台遺跡
14 北海道浜町A遺跡	58 岩手県上鬼柳Ⅳ遺跡	102 新潟県岩野原遺跡	146 千葉県長田雄ヶ原・香花田遺跡
15 北海道臼尻B遺跡	59 岩手県館Ⅳ遺跡	103 新潟県城之腰遺跡	
16 青森県外崎沢遺跡	60 岩手県崎山貝塚	104 新潟県清水上遺跡	147 千葉県龍角寺ニュータウン遺跡
17 青森県富ノ沢遺跡	61 岩手県大畑遺跡	105 新潟県五丁歩遺跡	
18 青森県槻ノ木遺跡	62 岩手県山ノ内Ⅱ遺跡	106 新潟県原遺跡	148 千葉県囲護台遺跡
19 青森県蛍沢遺跡	63 岩手県夏本遺跡	107 群馬県三原田遺跡	149 千葉県墨木戸遺跡
20 青森県近野遺跡	64 岩手県古館跡	108 群馬県房ヶ谷戸遺跡	150 千葉県江原台遺跡
21 青森県三内丸山遺跡	65 岩手県門前貝塚	109 群馬県三島台遺跡	151 千葉県鹿島前遺跡
22 青森県山内沢部遺跡	66 秋田県野沢岱遺跡	110 栃木県何耕地遺跡	152 千葉県中野久木谷頭遺跡
23 青森県新町野遺跡	67 秋田県長野岱遺跡	111 栃木県不動院裏遺跡	153 千葉県子和清水遺跡
24 青森県横内遺跡	68 秋田県館下遺跡	112 栃木県浅香内遺跡	154 千葉県根木内遺跡
25 青森県桜峯遺跡	69 秋田県寒川Ⅱ遺跡	113 栃木県湯坂遺跡	155 千葉県向台遺跡
26 青森県尾上山遺跡	70 秋田県萱刈沢遺跡	114 栃木県槻沢遺跡	156 千葉県今島田遺跡
27 青森県二ツ森貝塚	71 秋田県家の下遺跡	115 栃木県坊山遺跡	157 千葉県高根木戸遺跡
28 青森県明戸遺跡	72 秋田県大畑台遺跡	116 栃木県山苗代遺跡	158 千葉県海老ヶ作遺跡
29 青森県上蛇沢（2）遺跡	73 秋田県台遺跡	117 栃木県品川台遺跡	159 千葉県荒屋敷貝塚
30 青森県石手洗遺跡	74 秋田県坂ノ上遺跡	118 栃木県三輪仲町遺跡	160 千葉県加曽利貝塚
31 青森県西根遺跡	75 秋田県下堤遺跡	119 栃木県浄法寺遺跡	161 千葉県城の腰遺跡
32 青森県野場（5）遺跡	76 秋田県狸崎B遺跡	120 栃木県梨木平遺跡	162 千葉県有吉北貝塚
33 青森県松ヶ崎遺跡	77 秋田県秋大農場前遺跡	121 栃木県鹿島神社裏遺跡	163 千葉県草刈遺跡
34 青森県泉山遺跡	78 秋田県上ノ山Ⅱ遺跡	122 栃木県台耕上遺跡	164 千葉県東長山野遺跡
35 岩手県大日向Ⅱ遺跡	79 山形県吹浦貝塚	123 栃木県上欠遺跡	165 東京都北江古田遺跡
36 岩手県馬場野Ⅰ遺跡	80 山形県山海窯跡群	124 栃木県高尾神ުれ遺跡	166 長野県扇平遺跡
37 岩手県馬場野Ⅱ遺跡	81 山形県原の内遺跡	125 栃木県御城田遺跡	167 富山県不動堂遺跡
38 岩手県叺屋敷遺跡	82 山形県西海渕遺跡	126 栃木県上の原遺跡	168 富山県白谷岡村遺跡
39 岩手県上里遺跡	83 山形県西ノ前遺跡	127 栃木県免の内台遺跡	169 石川県三引遺跡
40 岩手県田中遺跡	84 新潟県前田遺跡	128 栃木県竹下遺跡	170 大阪府更良岡山遺跡
41 岩手県御所野遺跡	85 宮城県郷楽遺跡	129 栃木県金井台遺跡	171 鳥取県目久見遺跡
42 岩手県長者屋敷遺跡	86 宮城県山田上ノ台遺跡	130 栃木県弁天池遺跡	172 佐賀県坂の下遺跡
43 岩手県塩ヶ森Ⅰ遺跡	87 宮城県小梁川遺跡	131 栃木県添野遺跡	173 熊本県黒橋貝塚
44 岩手県大館町遺跡	88 山形県台ノ上遺跡	132 栃木県塙平遺跡	

第4節　中期

図36　北海道石川1遺跡（長沼 1988から作成）

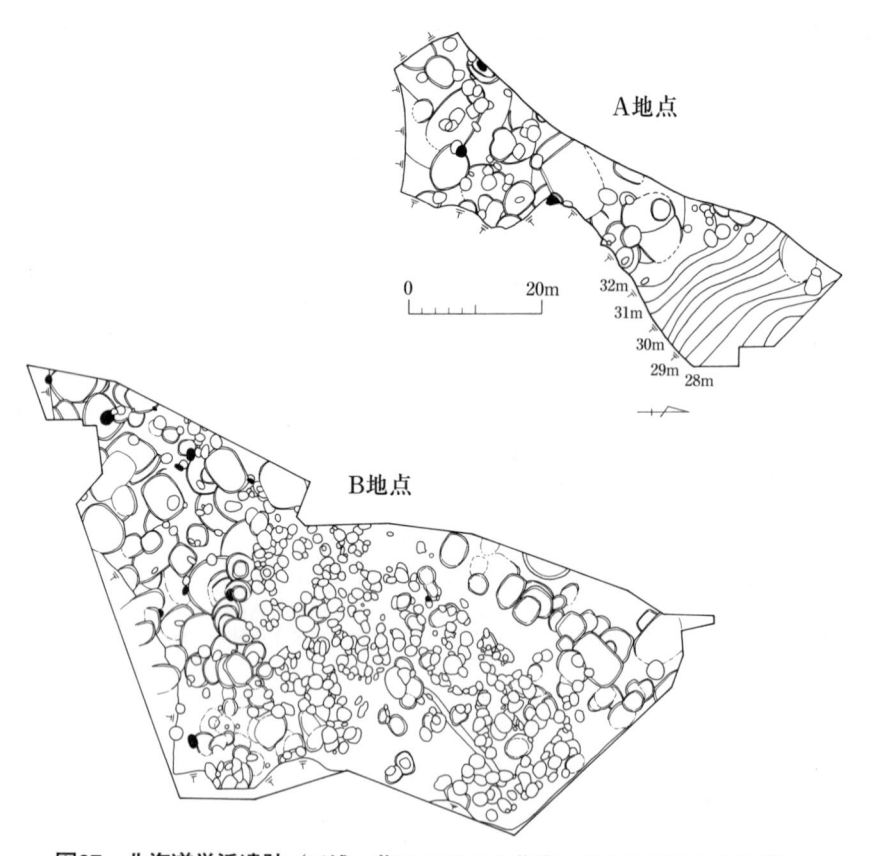

A地点

B地点

図37　北海道栄浜遺跡（三浦・柴田 1983から作成。黒塗り部分が土坑墓）

第2章　縄文時代の貯蔵穴の変遷

図38　岩手県西田遺跡（岩手県埋蔵文化財センター 1985から作成）

第4節　中期

フラスコ・袋状土坑が検出されているが、フラスコ状土坑は底部が縮小する傾向がある。

東北地方中部では集落構造も多様化、複雑化が顕著になる。大木8a期の西田遺跡（岩手県教育委員会 1980）は調査区中央には192基の土坑墓群、北部にはフラスコ状土坑が集中し、住居跡はフラスコ状土坑群の西側と調査区南側で検出され、土坑墓群の回りを掘立柱建物群が巡り求心性が強い（図38）。中期末から後期初頭の柳上遺跡（小原 1995）は土坑墓を中心とする墓域、その西に掘立柱建物群、住居跡群が展開している。柳上遺跡では住居跡が120軒検出され、フラスコ状土坑は24基がある。隣接する上鬼柳Ⅳ遺跡（村上 1992）では住居跡は皆無でフラスコ状土坑のみ135基検出されていることから、柳上遺跡と上鬼柳Ⅳ遺跡は対になる遺跡で、前者に居住域、墓域、後者に貯蔵穴域があったことが指摘されている（図39）。住居と土坑墓群は一部重複しているが、土坑墓群の外側に掘立柱建物がめぐる点は西田遺跡と類似し、居住域と墓域は近接し貯蔵域だけが離れている。

一方、中期初頭の煤孫遺跡（東海林 1994）、中葉から末葉の山ノ内Ⅱ遺跡（佐々木 1996）、石曽根遺跡（酒井宗 1992）では住居跡群に隣接して袋状土坑群が分布している。鳩岡崎遺跡（岩手県教育委員会 1982）では北側集落の外郭に2箇所の墓域、大木6・7a・7b期には大形住居の南側に袋状土坑群が群集している。中期末から後期初頭の湯沢遺跡（岩手県埋蔵文化財センター 1978）では各住居に近接してフラスコ・袋状土坑が分布し、居住・貯蔵区域の形成は見られない。叺屋敷Ⅰa遺跡（小平1983）、馬場野Ⅰ遺跡（畠山・工藤 1983）、馬場野Ⅱ遺跡（工藤 1989）は隣接した遺跡であるが、馬場野Ⅱ遺跡では住居の近辺に袋状土坑が分散しているが、馬場野Ⅰ遺跡、叺屋敷Ⅰa遺跡では住居群からやや離れて貯蔵域が形成されていたようである。

南東北地方中・浜通り地域では前葉から中葉にかけてフラスコ・袋状土坑が発達する。中葉の大木8a期前後には福島県妙音寺遺跡、野中遺跡、桑名邸遺跡などのようにフラスコ・袋状土坑のみが単独で検出される遺跡がしばしば見られる。妙音寺遺跡（押山 1995a、中島 1996）は台地の平坦面と緩斜面に位置し、調査区北側には大木8a期の約190基のフラスコ状土坑群が集中しているが、住居跡は1軒しか検出されていない。野中遺跡（青山 1998）も調査面積は限られるが、大木8a・b期の袋状土坑群が緩斜面から単独で検出されている。桑名邸遺跡は丘陵尾根に立地し、第2次調査区（福島県文化センター 1990）のⅡ区はその全容は不明であるが、大木8a・b期には住居に近接して数は少ないながら袋状土坑が構築され、Ⅱ区から約200m離れた丘陵尾根先端のⅢ区に袋状土坑群がほぼ単独で検出されている。大木10期には大木8a・b期よりも調査区の中央に住居の位置が移行し、Ⅱ区住居群の内側は楕円のプランで土坑墓の可能性のある土坑が検出されており、墓域であった可能性がある。

これらとはやや様相の異なる遺跡として福島県法正尻遺跡がある。法正尻遺跡（松本 1991）の大木7b期は長方形住居跡を主体とする22軒が調査区東側に弧状に分布し、住居群の回りに11

第2章 縄文時代の貯蔵穴の変遷

図39 岩手県柳上・上鬼柳 遺跡（小原 1995）

基のフラスコ・袋状土坑が配置されている。大木8a期は約20軒の長方形・円形住居跡が7b期の配置よりも内側に構築され、その回りには約10基の袋・フラスコ状土坑が分布する。同時に、調査区中央に約20基のフラスコ・袋状土坑群が形成される。大木8b期には集落が調査区中央に移り、調査区東側からは住居、土坑は検出されておらず、調査区中央では住居、フラスコ・袋状土坑が弧状に構築されたようである。ただし、大木7b・8a期には長方形住居が主体を占めていたが、大木8b期には円形住居が増加し、大木9・10期にはそのほとんどが複式炉を併せ持つ円形住居に変わり、フラスコ・袋状土坑もほとんど消滅してしまう。

　しかしながら、末葉前後には福島県北向遺跡、日向遺跡、中平遺跡、宮城県郷楽遺跡など住居跡近辺に円筒状土坑群を伴う遺跡が多く、集落も小規模化する。北向遺跡（福島県文化センター 1990）ではやや分散しているが、台地縁辺沿いに住居、近接して袋状土坑が集中する区域がある。日向遺跡（福島県文化センター 1990）、中平遺跡（福島県文化センター 1989）、郷楽遺跡（宮城県教育委員会 1990）でも、住居群に隣接して袋状土坑が分布する点は同様である。北向遺跡では袋状土坑容量の平均は1㎥以下が主体で、小形化が顕著である。ただし、福島県堂後遺跡（高田勝 1989）は台地に位置し、調査区西に大木10期の住居が3軒、袋状土坑は約200基検出され、袋状土坑が集中して検出される例も見られる。

　東北地方日本海側では山形県西海渕遺跡、西ノ前遺跡、新潟県清水上遺跡、五丁歩遺跡などのように求心性の強い集落がみられるようになる。大木8b期～9期の西海渕遺跡（黒坂 1992）は中央に土坑墓が約150基、その回りを土坑群、さらにその外側に環状に長方形住居がめぐっている。長方形住居のほとんどの長軸は集落の中心に向き、その他の遺構の配置とともに求心性が極めて強い。大木8a期主体の西ノ前遺跡（黒坂 1994）は調査区北西側に大形住居が4棟並存し、袋状土坑は舌状台地の西側に分散しているが、その多くは台地の北側に分布している。袋状土坑は底径が2m前後の大形のものが多いが、底部が縮小するため円筒状に近いものもある。また、土坑墓の可能性のある土坑も検出されている。

　新潟県清水上遺跡（田海 1990、鈴木俊 1996）の集落1は中期前葉新崎期から中期中葉大木8a期まで、環状に住居群が配置され、一貫して長方形大形住居跡が組み込まれている。フラスコ状・袋状・円筒状土坑など様々なバリエーションが見られるが、フラスコ状土坑は長方形住居跡群に近接、あるいは重複して環状に分布し、両者の密接な関係が推定される。また土坑墓の可能性のある土坑が中央区域に存在するが、墓域としては未発達であったようである。

　大木7b期から8a期の五丁歩遺跡（高橋保・高橋保雄 1992）の住居跡群は環状に巡り、その中には長方形住居が含まれる。住居群の内側には墓坑の可能性のある土坑群、住居群の外側、ならびに台地東端にはフラスコ状土坑が分布し、居住・墓域の区画は整然としている。集落の変遷の詳細は不明であるが、環状に巡る住居群など清水上遺跡と類似し、住居群の内側に墓域

が形成される点、および清水上遺跡のように個別の住居に伴うようなフラスコ状土坑がみられない点などが相違する。

　関東地方では地域性が顕著になる。北東関東地方でフラスコ・袋状状土坑が普及、発達する。前葉では栃木県品川台遺跡、山苗代A遺跡が好例である。阿玉台Ⅱ期の品川台遺跡（塚本 1992）は7軒の住居跡、6基の柱穴群の内側に平均2.6㎡の大形のフラスコ状土坑が9基検出されている。山苗代A遺跡（進藤 1996）は台地の平坦面から緩斜面に立地し、フラスコ状土坑が32基検出され、そのほとんどは阿玉台Ⅱ期のものと推定され、住居群は検出されていないが平坦面に分布する可能性が残されている。フラスコ状土坑の多くは底径が発達、強くオーバーハングし、容量の平均は1.6㎡ある。群集化するフラスコ・袋状土坑群が多く検出されるようになるのは中・後葉であるが、中期の前半までさかのぼる可能性を示唆する事例となる。後半期では住居群と土坑群は距離的に離れている事例が多く、そのような遺跡として三輪仲町遺跡（塚原 1994）、梨ノ木遺跡（海老沢 1986）、浄法寺遺跡（塚本 1997）、添野遺跡（塙 1974）、不動院裏遺跡（田代 1974）などがある。これらの遺跡は加曽利E1期前後に急激に増加する。住居群とフラスコ・袋状土坑群がセットで検出されているのは槻沢遺跡（後藤 1995・1996）などに限られる。しかしながら北東関東では加曽利E3期以降、大形のフラスコ・袋状土坑が減少し（初山 1980、鈴木実 1985、海老原 1986）、円筒状が主流となり数は減少する。

　北西関東では中期前半でもフラスコ・袋状土坑が発達する様子はみられない。群馬県房ヶ谷戸遺跡（小野 1989）は阿玉台Ⅰ・Ⅱ期の集落遺跡としては住居跡の数も多く、規模も大きいが、土坑は緩斜面に広がり南側の急斜面には分布しない。土坑は底径が1m前後の袋状、円筒状が一般的である。この傾向は群馬県鼻毛石中山遺跡（細野 1996）、行幸田山遺跡（大塚 1987）、太平台遺跡（群馬県教育委員会 1989）でも同様である。鼻毛石中山遺跡の阿玉台期の土坑は袋状、円筒状が一般的である。行幸田山遺跡は勝坂Ⅲ期から加曽利E3期古、太平台遺跡は勝坂期で、行幸田山遺跡、太平台遺跡では底径1.5m前後の小形の袋状・円筒状土坑のみがある。北西関東では底径が1m〜1.5m前後のやや小形、東関東の阿玉台期には後述のように、主として底径の発達するフラスコ・袋状土坑で、この点が異なる。従って、中期前葉から中葉にかけてフラスコ・円筒状土坑の発達過程は北西関東と北東関東、東関東では様相を異にする。

　ただし、三原田遺跡（赤山 1980、1990、1992）では中期前葉（阿玉台Ⅱ期）には住居跡群は閑散としているが、住居跡群に近接して袋状土坑が分布する傾向がある。加曽利E1期〜3期には住居の数も増え、住居の内側に袋状土坑が分布するが、加曽利E3期新〜4期は袋状土坑が住居の外側に広がり、拡散していく。なお、阿玉台期には集落の規模も小さいが、加曽利E1期前後に集落が大規模化している。三原田遺跡の継続期間が長く、特殊な事情によるものかもしれない。

第4節　中期

　東関東では東京湾沿岸部と利根川下流域、霞ヶ浦沿岸の内陸地帯にわけて検討する。東京湾沿岸では高根木戸遺跡（西野・岡崎 1971）、子和清水貝塚（松戸市教育委員会 1976）、有吉北貝塚（山田貴 1998）、根木内遺跡（峰村 1997）、草刈遺跡（千葉県文化財センター 1986）、中野久木谷頭遺跡Ｃ地点（川根1997）のように住居群の内側にフラスコ・袋状土坑群が展開する例が多い。子和清水貝塚は阿玉台期には住居は調査区東西に分散するが、フラスコ・袋状土坑はみられない。中峠期になると阿玉台期よりも内側に住居、フラスコ・袋状土坑が調査区東側に構築されるようになる。加曽利E1期にはさらに内側に住居が環状に展開し、加曽利E2期は住居、フラスコ・袋状土坑の構築がピークとなり、さらに内側に分布する傾向がある。阿玉台期から加曽利E2期にかけて、内側へと住居、フラスコ・袋状土坑が構築される傾向は後述する有吉北貝塚、草刈遺跡と共通している。人骨が住居、フラスコ・袋状土坑から検出されているが、少数で分散し、明瞭な墓域はみられない。

　有吉北貝塚（図40）は阿玉台期後半から遺構が構築されるが、加曽利E1期には台地の東、中央、西側にそれぞれ5軒前後の住居、中央には袋・円筒状土坑が数多く設けられる。加曽利E2期には住居はそのほとんどが台地西側にのみ構築され、加曽利E1期と同様に、袋・円筒状土坑は中央に設置される。加曽利E１・２期にかけて、埋葬人骨出土の袋・円筒状土坑があるが、分散しており墓域は明瞭でない。

　草刈遺跡は阿玉台Ｉb・Ⅱ・Ⅲ期の住居は調査区北西側に分布、阿玉台Ⅳ期～中峠期にかけては阿玉台Ｉb・Ⅱ・Ⅲ期の住居の分布を両側に広がるように分布し、そのような傾向は加曽利Ｅ１・２期も同様である。ところが加曽利Ｅ３期になると住居の数は増加し、内側に分布し、フラスコ・袋状土坑の時期は不詳であるが、住居の内側に分布する点は一貫している。埋葬人骨は43体検出されているが、39体が住居内、4体が土坑から検出され、廃屋を利用したものが多く、墓域はフラスコ・袋状土坑の外側に展開していたのかもしれない。墓域が形成されている点が子和清水貝塚、有吉北貝塚と相違している。

　これらの遺跡では台地縁辺が海岸に近接し、海岸資源へのアクセスのためフラスコ・袋状土坑群は台地の後方に構築していたのかもしれない。また阿玉台後半・中峠期・加曽利E前半期に形成されたという共通性があるが、住居群の内側にフラスコ・袋状土坑群が展開する遺跡は加曽利Ｅ３期前後、特に加曽利Ｅ４期には集落の小規模化、袋状土坑の衰退と共に減少し、集落構造自体が変容していく。

　一方、利根川下流域の茨城県宮前遺跡（大関 1997）は加曽利Ｅ１期～Ｅ３期に住居群に近接して袋状土坑群がまとまって分布する。加曽利Ｅ４期の千葉県江原台遺跡（高田博 1980）では住居が分散しているが、Ｊ－5住居などに近接して袋状・円筒状土坑がある。加曽利Ｅ１期主体の茨城県東台遺跡（小川 1991）では2軒の住居、他にフラスコ・袋状土坑群が検出され、分離さ

第 2 章　縄文時代の貯蔵穴の変遷

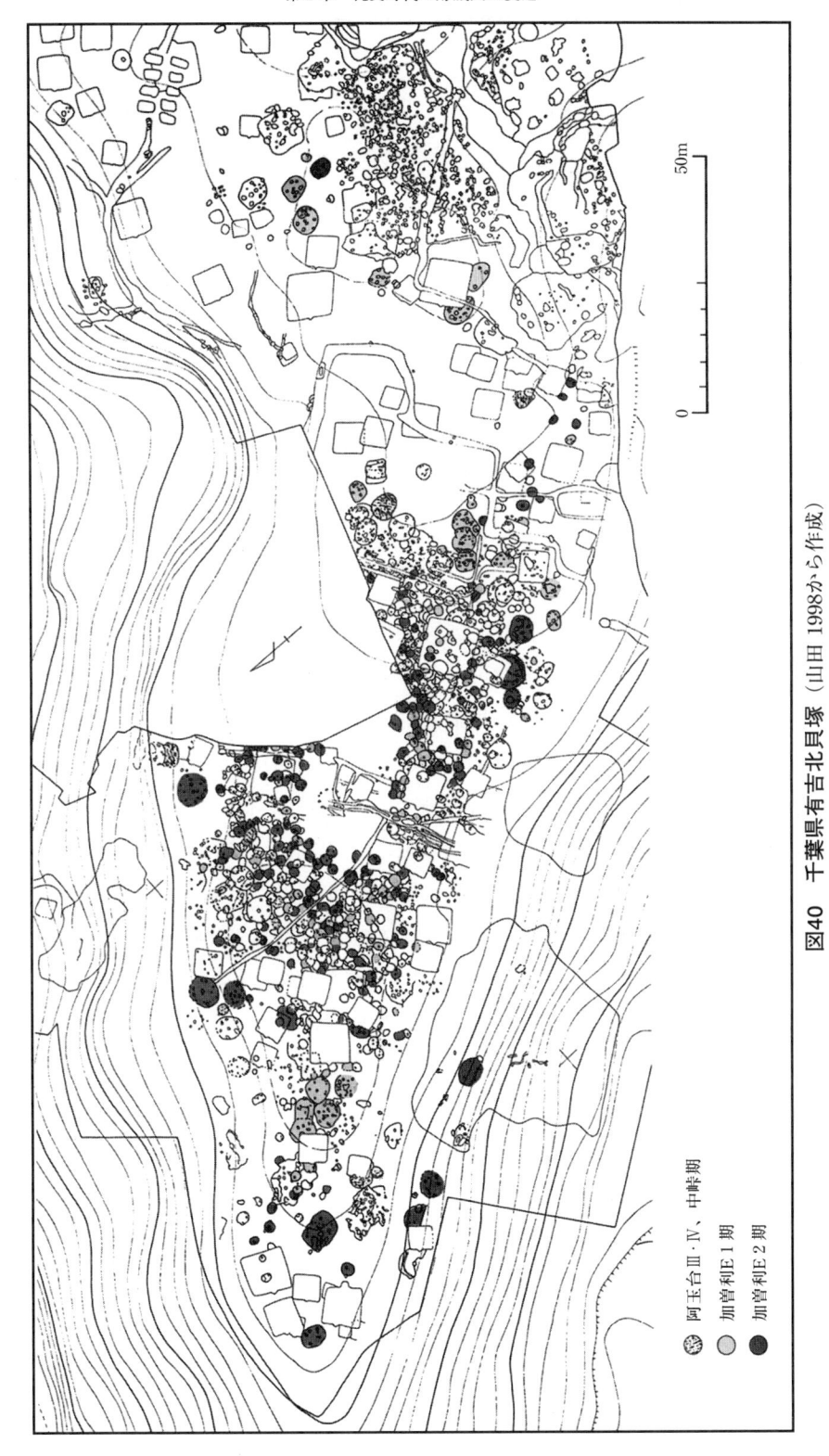

図40　千葉県有吉北貝塚（山田 1998 から作成）

阿玉台Ⅲ・Ⅳ、中峠期
加曽利E1期
加曽利E2期

第4節　中期

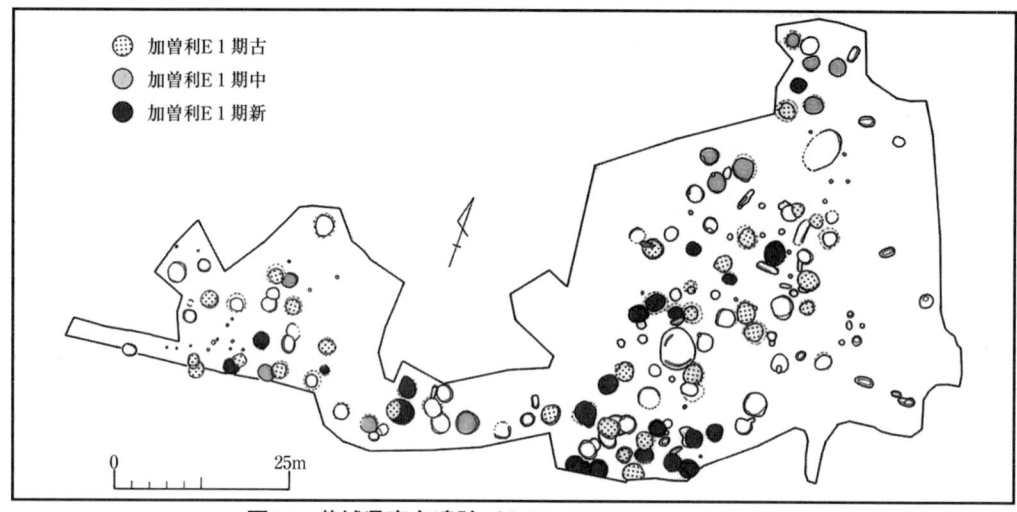

図41　茨城県東台遺跡（小川・大淵　1991から作成）

れていた可能性を示す（図41）。磯花遺跡（青木司 2000）ではいわゆる環状集落が東西に二つ検出されており、西側の環状集落の形成は阿玉台期～加曽利EⅣ期、東側の環状集落の形成は加曽利EⅢ期～堀の内Ⅰ期で西側の集落から東側の集落への移行が認められる。未報告の調査区も多いため遺構の詳細な時期については不明な点も多いが、西側の環状集落の住居群内側には袋状土坑群が多数検出され、東京湾沿岸の集落形成と同様に時期が下るに連れ住居、袋状土坑が内側に形成されたものと推測される。利根川下流域、霞ヶ浦沿岸から離れた例になるが、大木8a期主体の諏訪遺跡（日立市教育委員会 1980）では住居の回りにフラスコ状土坑が分布する。

以上のように、東京湾沿岸では住居群の内側にフラスコ・袋状土坑群が展開する例が多いが、利根川下流域では様々な集落形態が存在したようで、集落形成に地域性が認められる。

東海・北陸の事例は少なく低地型貯蔵穴、立地など後述する西日本の様相に近い。愛知県日陰田遺跡（鈴木昭 1989）は低地遺跡で、住居と貯蔵穴が各1基検出され、貯蔵穴からはトチ・ドングリが出土している。石川県三引遺跡（金山 1995・1999）は七尾西湾にのぞむ丘陵末端に位置し、下層に前期から中期の貯蔵穴が約40基、上層に後・晩期の貯蔵穴、約30基が調査区西側で検出されている。貯蔵対象の堅果類はいずれもドングリとトチを主体とし、中期の貯蔵穴は低い所に、後・晩期の貯蔵穴は山裾の高い所に構築されている。富山県臼谷岡村遺跡（塚田 1995）は中期中葉から後葉の上山田期～串田新期にかけて段丘高位に住居が構築され、その東側の斜面に掘立柱建物、谷部に低地型の貯蔵穴が設けられている。

西日本では大阪府更良岡山遺跡、奈良県布留遺跡、鳥取県目久美遺跡、熊本県黒橋貝塚、長崎県名切遺跡に限られる。更良岡山遺跡（宮野 1992）は讃良川右岸の低地に立地し、旧河道か

らドングリの集積地点、それに近接して小形の貯蔵穴が1基検出されているが、さらに未調査区に存在する可能性がある。更良岡山遺跡の東に隣接する讚良川遺跡では沖積地から4基の貯蔵穴が検出されているが、貯蔵穴1の最下層ではクリが出土している（塩山 1991）。また、布留遺跡堂垣内地区（竹谷 1990）では中期終末から後期初頭の住居に近接して、貯蔵穴3基、土坑墓が検出されている。

　目久美遺跡（米子市教育委員会 1986）では旧河道の両側に沿って、48基の貯蔵穴とみられる土坑が発見され、その内、14基からドングリが検出されている。多くの土坑は小形の円筒状のものが多いが、袋状のものもある。黒橋貝塚（高木・村崎 1998）は低湿地の貝塚を伴い、貝層は台地、低湿地に分布するが、6基のドングリピットは低湿地にあり、いずれも阿高期と推定される。その他、約70基の土坑が検出されており、貯蔵穴の集中地点であった可能性がある。貯蔵穴の平面・断面形態は様々で、容量は1㎥を越える大形のものがある。貯蔵穴出土の堅果類はそのほとんどがイチイガシで、チャンチャンモドキ、ヒシも出土している。名切遺跡（安楽・藤田 1985）は壱岐島海岸部に立地し、30基の貯蔵穴は現在、陸地、干潮時に陸化する地区と海中に分布するが、いずれも地山の岩盤を掘りこみ、湧水点を選んでいる。小形の貯蔵穴からはドングリの他、松の実などが出土している。

第5節　後期（図42）

　北海道では貯蔵穴は著しい減少傾向がみられ、新道4遺跡B地区（北海道埋蔵文化財センター 1986）では前期後半のフラスコ・袋状土坑は底径・深さが2mないし、それ以上あるのに対して後期前葉のものは底径が1m前後のものが多く、小形化している。

　東北地方北東部では後期初頭の事例が少ないが、前葉には増加する。青森県上尾鮫（2）遺跡（青森県教育委員会 1988）では十腰内I期以降、住居群東側に袋状土坑群が継続して設置されたようで全体が環状を呈する。幸畑（7）遺跡C地区（青森県教育委員会 1993）も袋状土坑群のみが単独で検出されている。田面木平遺跡（八戸市教育委員会 1988）では中央に住居群が構築され、その西側約50mの所に袋状土坑が分布する（図43）。これらの遺跡は居住域とフラスコ・袋状土坑群の配置を分けている点で中期の集落形態を受け継いでいるのかもしれない。ただし、フラスコ・袋状土坑群は中期と比較すると、次第に底径が縮小し袋状になり小形化している。さらに後葉の鬼沢猿沢遺跡（青森県教育委員会 1991）では瘤付土器期の袋状土坑がまとまって分布する区域があるが、袋状土坑の小形化が顕著である。

　東北地方北西部の前葉は秋田県白長根館I遺跡（熊谷 1984）、大湯遺跡B区（鹿角市教育委員会 1986）・D区（鹿角市教育委員会 1988、1989、1994）・F区（鹿角市教育委員会 1990、

第5節　後期

1991)・G区（鹿角市教育委員会 1992）、猿ヶ平Ⅰ遺跡（秋田県教育委員会 1982）、腹鞍の沢遺跡D地点（永瀬 1982）など類例は多く、フラスコ・袋状土坑は大形が一般的でる。中葉の秋田県赤坂A遺跡（鹿角市教育委員会 1994）では重複を含む5軒の住居の回りに袋状土坑が分散し、前葉の袋状土坑と比べると、底部が縮小し小形化する。後期後葉から晩期前葉の案内Ⅱ遺跡（秋田県教育委員会 1982）は大形のフラスコ状土坑が存在するが、底部の縮小化、小形化の傾向がある。

　東北中部はフラスコ・袋状土坑の検出遺跡は少なく、前・中期に見られたような群集化傾向は見られなくなる。ただし、中葉の卯遠坂遺跡（岩手県教育委員会 1979）ではフラスコ・袋状土坑が住居に近接している。

　南東北地方では日本海側、浜通り・中通りも中期の後半（大木9期）以降、フラスコ状土坑が減少する（仲田 1996）。この点、東北地方北部とは異なり、北関東、東関東の様相に近い。東関東でも後期以降のフラスコ・袋状土坑の衰退は顕著である。初頭の千葉県堀之内遺跡（花輪 1987）堀之内A区拡張区、権現原地区などの袋状土坑は小形化が顕著である。

　しかしながら西関東の後期前葉には底径、深さ2m前後の大形のフラスコ・袋状土坑が出現する（桐生 1985）。このような大形のフラスコ・袋状土坑の底には小ピットを伴うものが多い。東京都では野川中洲北遺跡（伊藤 1989）、平尾台原遺跡（小谷田 1981）、なすな原遺跡（成田 1984）、埼玉県では赤城遺跡（新屋 1988）、丸山台遺跡（和光市教育委員会 1992・1993）、神奈川県では川和向原遺跡（石井 1995）、華蔵台南遺跡（石井1993）、稲ヶ原遺跡A地点（平子・橋本 1992）、山田大塚遺跡（石井 1990）、三の丸遺跡（倉沢 1985）などがある。これらの遺跡のフラスコ・袋状土坑の数は多くない。袋状土坑が群集している可能性がある例としては時期の詳細が不詳であるが、神奈川県荒立遺跡（中川 1938）がある。

　丸山台遺跡は後期前葉を中心とする住居36軒、フラスコ・袋状土坑が40基検出され、西関東の1遺跡でフラスコ・袋状土坑がこれだけ検出された遺跡はない。フラスコ・袋状土坑は住居から離れているものと、近接して分布するものがある。川和向原遺跡・原出口遺跡はほぼ全面調査されており、後期初頭から前葉にかけていわゆる環状の集落跡が形成されるが、フラスコ・袋状土坑は個別の住居跡に伴うようで、群集化、あるいは居住域と貯蔵域が明確に区分されてはいない（図44）。山田大塚遺跡では貯蔵穴群が地点ごとにA・B・C・Dの4群に分かれ、A群～C群が堀の内期で、D群が称名寺期である。小丸遺跡（石井 1999）はやせ尾根台地に位置し、後期前葉後半から中葉にかけて住居群の内側に墓域が設けられ、住居に近接して袋状土坑、掘建柱建物跡が分布する。港北ニュータウン地域では堀之内2期以降、フラスコ・袋状土坑が減少するが、これに対して石井寛（1989）は掘立柱建物跡が倉庫として貯蔵穴に変換すると指摘している。港北ニュータウン地域では中葉以降、貯蔵穴の消息が不明になり、西関東全体で

— 82 —

● 台地型貯蔵穴（フラスコ・袋状土坑など）

○ 低地型貯蔵穴

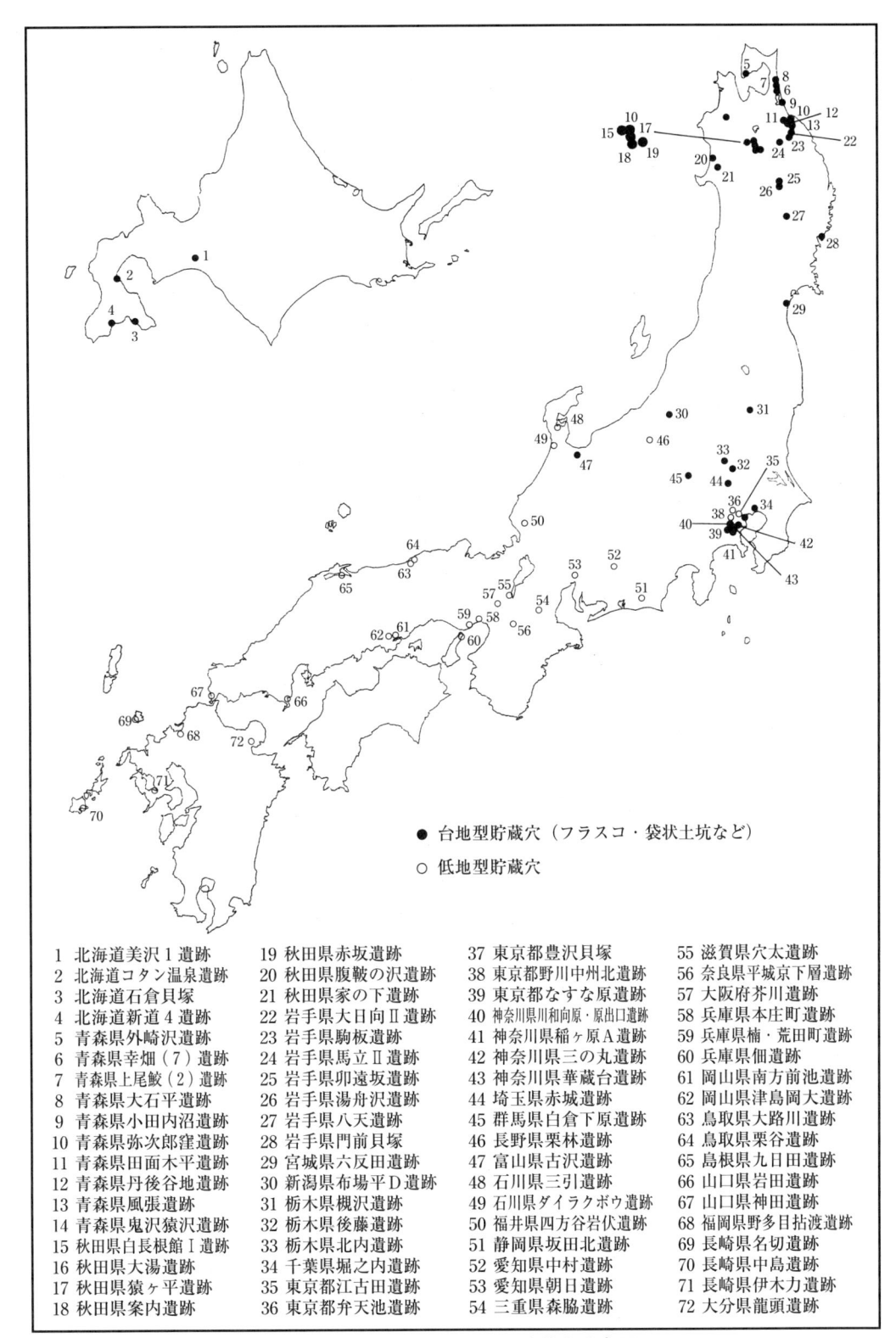

1 北海道美沢1遺跡	19 秋田県赤坂遺跡	37 東京都豊沢貝塚	55 滋賀県穴太遺跡
2 北海道コタン温泉遺跡	20 秋田県腹鞍の沢遺跡	38 東京都野川中州北遺跡	56 奈良県平城京下層遺跡
3 北海道石倉貝塚	21 秋田県家の下遺跡	39 東京都なすな原遺跡	57 大阪府芥川遺跡
4 北海道新道4遺跡	22 岩手県大日向Ⅱ遺跡	40 神奈川県川和向原・原出口遺跡	58 兵庫県本庄町遺跡
5 青森県外崎沢遺跡	23 岩手県駒板遺跡	41 神奈川県稲ヶ原A遺跡	59 兵庫県楠・荒田町遺跡
6 青森県幸畑（7）遺跡	24 岩手県馬立Ⅱ遺跡	42 神奈川県三の丸遺跡	60 兵庫県佃遺跡
7 青森県上尾鮫（2）遺跡	25 岩手県卯遠坂遺跡	43 神奈川県華蔵台遺跡	61 岡山県南方前池遺跡
8 青森県大石平遺跡	26 岩手県湯舟沢遺跡	44 埼玉県赤田遺跡	62 岡山県津島岡大遺跡
9 青森県小田内沼遺跡	27 岩手県八天遺跡	45 群馬県白倉下原遺跡	63 鳥取県大路川遺跡
10 青森県弥次郎窪遺跡	28 岩手県門前貝塚	46 長野県栗林遺跡	64 鳥取県栗谷遺跡
11 青森県田面木遺跡	29 宮城県六反田遺跡	47 富山県古沢遺跡	65 島根県九日田遺跡
12 青森県丹後谷遺跡	30 新潟県布場平D遺跡	48 石川県三引遺跡	66 山口県岩田遺跡
13 青森県風張遺跡	31 栃木県槻沢遺跡	49 石川県ダイラクボウ遺跡	67 山口県神田遺跡
14 青森県鬼沢猿沢遺跡	32 栃木県後藤遺跡	50 福井県四方谷岩伏遺跡	68 福岡県野多目拈渡遺跡
15 秋田県白長根館Ⅰ遺跡	33 栃木県北内遺跡	51 静岡県坂田北遺跡	69 長崎県名切遺跡
16 秋田県大湯遺跡	34 千葉県堀之内遺跡	52 愛知県中村遺跡	70 長崎県中島遺跡
17 秋田県猿ヶ平遺跡	35 東京都江古田遺跡	53 愛知県朝日遺跡	71 長崎県伊木力遺跡
18 秋田県案内遺跡	36 東京都弁天池遺跡	54 三重県森脇遺跡	72 大分県龍頭遺跡

図42　縄文時代後期の主な貯蔵穴分布図

第5節　後期

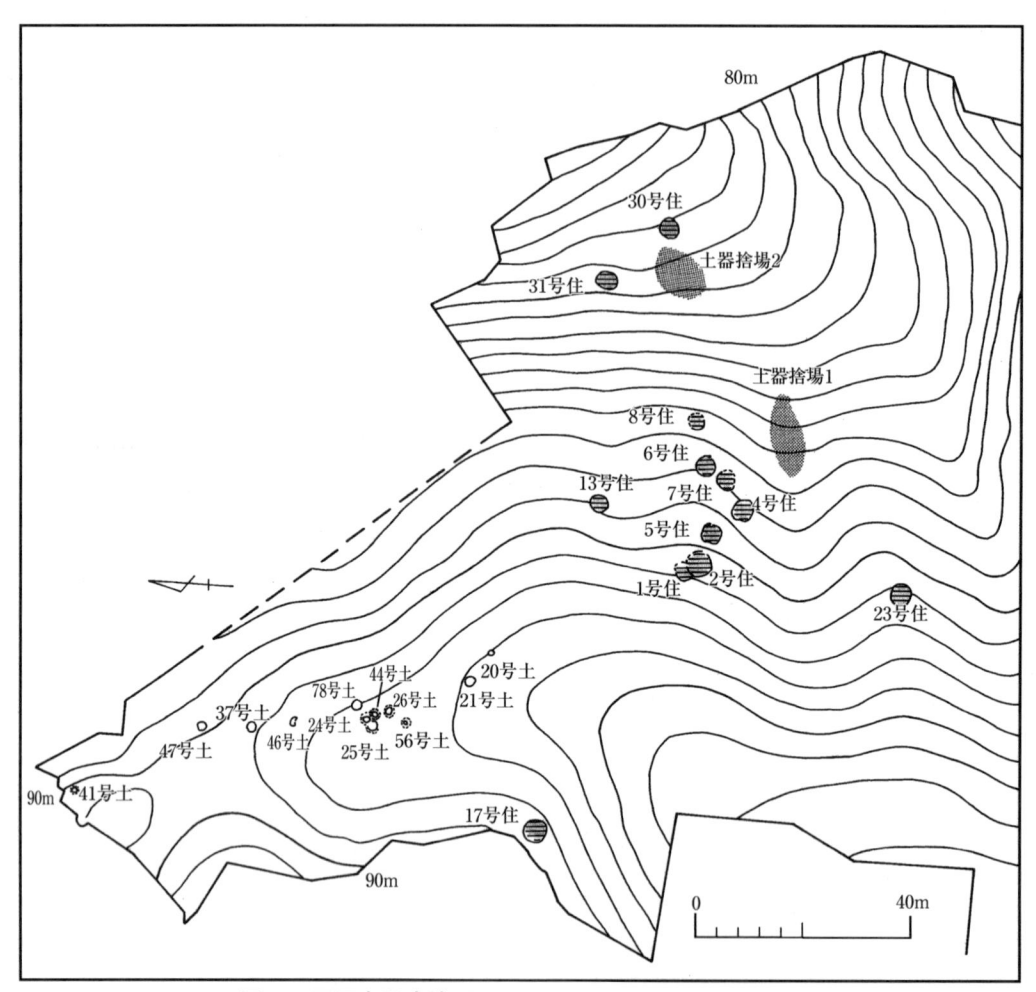

図43　田面木平遺跡（八戸市教育委員会 1988から作成）

第2章　縄文時代の貯蔵穴の変遷

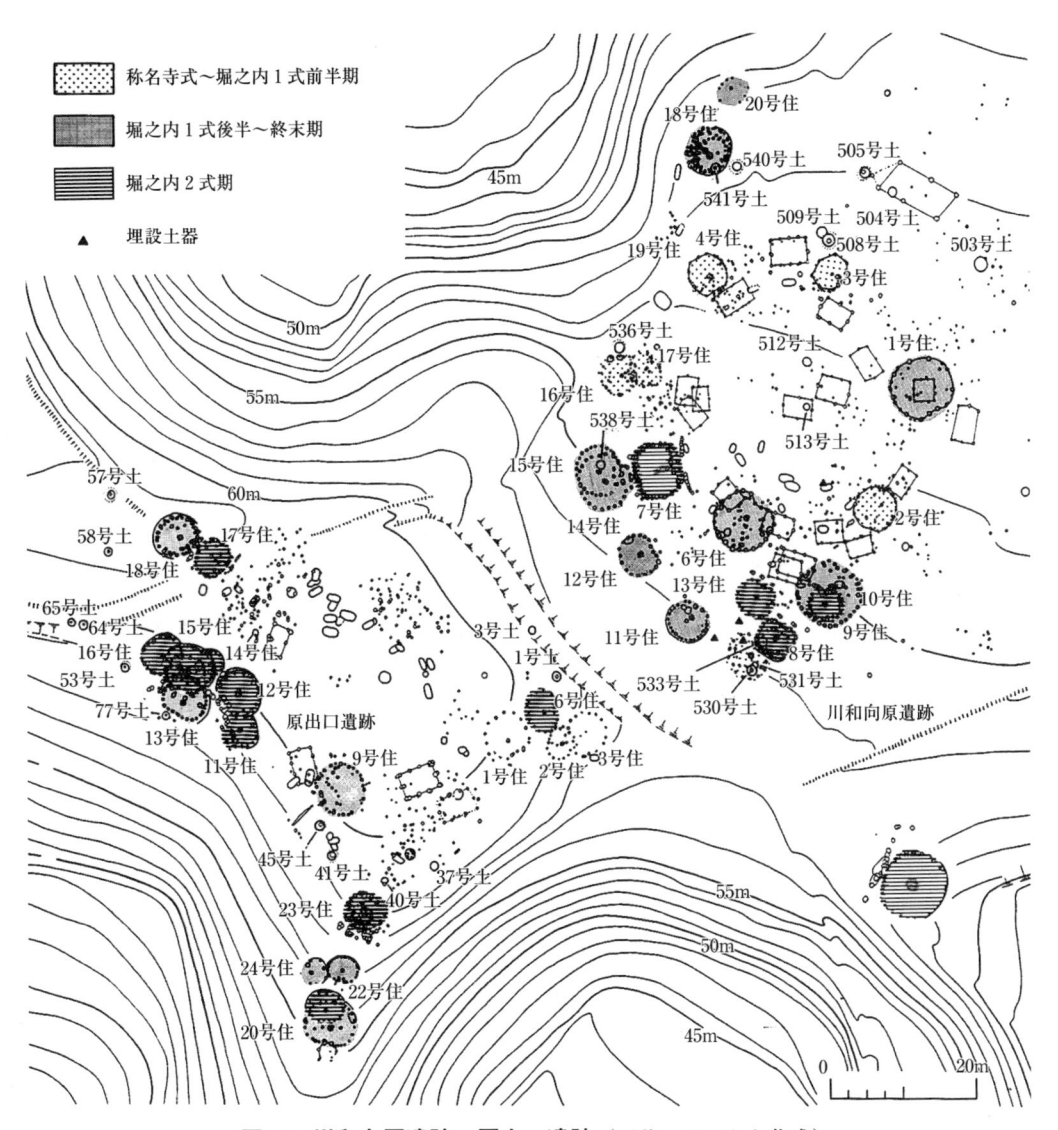

図44　川和向原遺跡・原出口遺跡（石井　1995から作成）

第5節 後期

も同様な傾向がある。

一方、近年は低地遺跡の調査に伴い東京都北江古田遺跡（高野・中西 1986）、伊奈砂沼遺跡（武川 2001）、弁天池低湿地遺跡（川本 1989）など[4]、低地の貯蔵穴の類例が増えている。新潟県大武遺跡（春日 1997・1998）、北江古田遺跡、栗林遺跡の低地型貯蔵穴の貯蔵対象堅果類はクルミがほとんどで、貯蔵対象堅果類を除けば小形であるという点は西日本低地型貯蔵穴と共通している。このように西日本で一般的な低地の貯蔵穴が東日本でも後期以降、出現してくることが注意される。

中部高地の長野県栗林遺跡F地区（岡村 1994）もその一つで、段丘崖の低地から後期初頭から中葉の78基の貯蔵穴が検出されている。後期初頭は段丘斜面に敷石住居が1軒、貯蔵穴は谷部から6基検出されている。前葉は段丘斜面に敷石住居が2軒、谷部に貯蔵穴が23基、テラス状平坦面に住居が1軒、貯蔵穴および土坑が11基検出され、貯蔵穴が最も増えている。しかしながら、中葉には谷部で貯蔵穴が7基検出されているが、住居は検出されず、集落としての機能は失っていたのかもしれない。木枠組みの「水さらし場状遺構」は段丘崖の湧水と流水が流れる小河川の谷部に設けられている。後期初頭・前葉は住居の数は少ないながら、居住区域は段丘に、貯蔵区域は谷部にあり、居住・貯蔵区域が地形により区画され、低地型貯蔵穴の集落構成を示唆する興味深い事例といえる。

東海から北陸では該期に低地型貯蔵穴が普及していく様子が窺える。前葉以前の愛知県朝日遺跡（石黒 1991）は標高2m前後の微高地に立地し、谷Aの溝状遺構から2基の貯蔵穴が検出され、SK01からはアベマキ、クヌギが出土している。後葉では静岡県坂田北遺跡、愛知県中村遺跡、三重県森脇遺跡が存在する。坂田北遺跡（広川1997・1998）では沖積地から3基の小形貯蔵穴が検出されドングリが出土している。中村遺跡（増子 1999）では山地から低地にいたる湧水地点から計8基の貯蔵穴が検出され、多量のコナラ属コナラ亜属などの果実が出土している。中村遺跡、後期後半の植生はコナラ属コナラ亜属、クリ属を主とした落葉広葉樹林帯で、低地型貯蔵穴でも太平洋沿岸の照葉樹林帯の低地に位置する遺跡とは貯蔵対象の堅果類が異なっている。近畿地方以西の縄文時代貯蔵穴出土堅果類はイチイガシが圧倒的多数を占めるが、東海地方ではコナラ、アベマキ、クヌギが主で、貯蔵対象堅果類に相違がみられる。森脇遺跡1次調査（前川・田中 1995）では旧河道から低地型貯蔵穴が検出され[5]、SK73・74・75・77・80は1㎡を越え、朝日遺跡などの貯蔵穴と比べると大形である。貯蔵されていた堅果類はカシ類が主であるが、SK73・79からはトチが検出されている。

北陸では前半の遺跡は少ないが、後半には増加し、貯蔵穴検出例も増える。後葉では石川県チカモリ遺跡、ダイラクボウ遺跡、福井県四方谷岩伏遺跡などがある。チカモリ遺跡（金沢市教育委員会 1983）では河道からクリ、トチ、クルミの殻などが多量に出土し、貯蔵穴が2基検

第2章 縄文時代の貯蔵穴の変遷

出されている。クルミ果実の大形化、クリが存在することから、人為的な二次林の形成が考えらる（古池 1986）。ダイラクボウ遺跡（垣内 1994）では山の裾部に沿って、21基の貯蔵穴が検出され[6]、17基からアラカシとコナラ属のドングリ類を中心に少量のトチが出土している。容量は小形で断面は丸底状、袋状に近いものなど、バラエティーに富んでいる。四方谷岩伏遺跡（山本孝 1997）では自然流路から貯蔵穴が約40基、検出され、トチ、ドングリ類、クルミなどが出土している。貯蔵穴の規模は径が1m前後の円形、楕円のプランで深さは50cm前後である。

　西日本では貯蔵穴の検出が増加してくる。初頭の島根県九日田遺跡（岡崎雄 2000）は山裾に接した中海の西岸に位置し、23基の全体的に小形の貯蔵穴群が検出されている。堅果類はアカガシが多いが、一部の貯蔵穴からはトチ、クルミが出土している。前葉の兵庫県本庄町遺跡（兵庫県教育委員会 1991）では旧河道、ないし谷部から6基が検出され、イチイガシが出土している。岡山県津島岡大遺跡は6次調査（山本悦 1995）では旧河道に沿って13基、隣接する9次調査（小林・野崎 1998）では10基が検出されている。容量は6次調査では平均0.2㎥、9次調査では平均は0.4㎥で、同じ後期前葉でも地点により大小がみられる。貯蔵穴内部からアラカシを主体にコナラ、トチなどが少量出土している。5次調査（阿部芳 1994）では後期中葉の貯蔵穴がやはり旧河道に沿って7基、晩期が3基、それぞれ異なった地点から検出され、中葉の貯蔵穴sp1では深鉢を貯蔵に用いている。津島岡大遺跡の場合、地点によって貯蔵穴の位置が異なるので、一度に配置する貯蔵穴の数が推定できる可能性がある。鳥取県栗谷遺跡（谷岡 1989・1990）の立地は沖積地で小形の37基の貯蔵穴が検出され、クルミ・ドングリが主に出土している。

　近畿・中国・四国では貯蔵穴は小形のものが一般的であるが、九州では大形もみられる。初頭の福岡県野多目拈渡遺跡（山口 1983、大庭 1993）では河道に沿って50基検出され[7]、イチイガシを中心にタデも出土している。初頭の貯蔵穴容量は1.4㎥～7㎥の大小差が顕著、平均3.4㎥で、西日本では極めて大形である。佐賀県坂の下遺跡（森 1975）は扇状地の谷部に位置し、後期初頭の21基の貯蔵穴が検出され、カシ類を主体とし、チヤンチヤンモドキは特定の貯蔵穴に限られている。

　前葉の大分県龍頭遺跡（吉田寛 1999）は八坂川左岸の沖積地に立地し、60基以上の貯蔵穴が検出され、出土した堅果類はすべてイチイガシである。多くは洪水で埋没した状態で、当時の貯蔵方法と貯蔵量を推定できる。貯蔵方法は底に葉を敷きドングリを入れ、その上に重しとして石をのせ、再びドングリを詰め最後に石で覆うようで、多くの低地型の貯蔵方法と共通している。編物が検出されているが、堅果類は編物には収納されておらず、運搬などに使用されたことが指摘されている。貯蔵量はドングリの出土量が1万個を越えるものは11基、このうち容量が1㎥を越えるのは5基ある。この5基の各容量・ドングリ出土数はSK6が2.02㎥/29645個、SK17が3.08㎥/64220個、SK45が1.51㎥/12133個、SK52が2.55㎥/11850個、SK53が1.91㎥/17612

― 87 ―

個である。容量が1m³を越えるとドングリの出土量も1万個を越えるものが多く、ドングリの出土量と貯蔵穴の容量が比例する傾向を示す[8]。さらに龍頭遺跡の貯蔵穴は洪水により埋没し、完存状態で検出されたものがあるが、洪水は台風シーズン前後の7月から9月におこる可能性が高く、貯蔵穴の中には冬季を越えて、春・夏まで消費されづに残存していたものがあったことが推定される。中葉は岡山県百間川沢田遺跡、上述の津島岡大遺跡に限られる。百間川沢田遺跡四元調査区（平井 1993）は沖積地に位置し、可能性のあるものも含めて5基の貯蔵穴がある。

　後半には兵庫県佃遺跡、滋賀県穴太遺跡、奈良県平城京左京三条五坊三坪下層遺跡など例が増える。佃遺跡（深井 1999）は淡路島北部浦川左岸の段丘から低湿地に位置し、下層（後期前葉と元住吉山I期の間）では台地斜面に住居、低地に貯蔵穴が構築され、中層（後期後葉）では逆に台地側に貯蔵穴が設けられるようになる。上層（晩期）では住居、土坑墓、土器棺墓が検出され、居住域と墓域に変化していく。後期中葉の丸木舟を転用した「木道」とされる板材が検出されている。貯蔵穴からは多量のイチイガシのほか、トチの出土が注意される。穴太遺跡（仲川 1998）は後期後葉の低地遺跡であるが、調査区東側から住居跡4軒、住居跡に近接する小川から貯蔵穴が2基検出されている（図45）。貯蔵穴1の下層からはコナラ、上層ではヒシ、クルミ、トチが層を成し、詰めた順番を示している。貯蔵穴2は元住吉山期の深鉢が倒立し、その中に、トチが単層で詰まっていた。イチイガシの根株が多く検出され、その果実はアク抜き不要で食用にでき（渡辺誠 1975）、有用な樹木が人為的に選択されていた可能性もある。奈良県平城京左京三条五坊三坪下層遺跡（宮原 1996）では宮滝期の貯蔵穴と住居が重複して検出されている。後期後葉～晩期前葉の山口県岩田遺跡（潮見 1974）では扇状地の谷部に重複した33基の貯蔵穴が検出され、アカガシを中心にシラカシ、イチイガシが出土している。

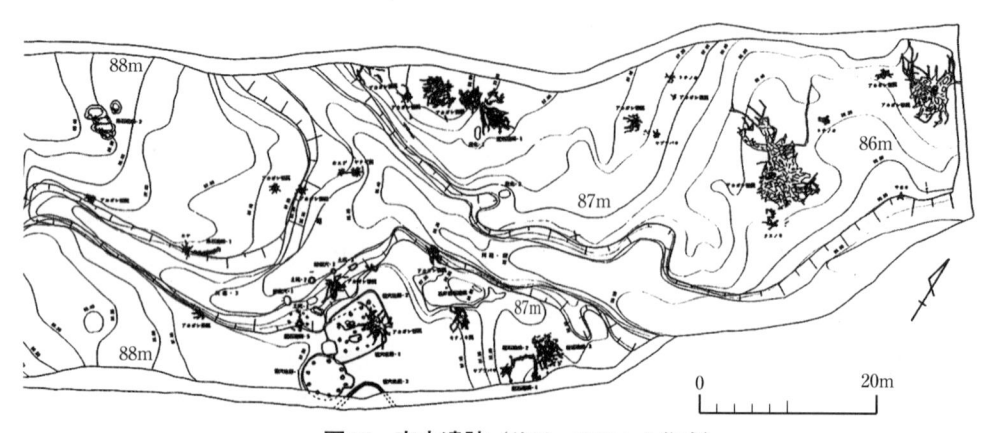

図45　穴太遺跡（仲川　1998から作成）

第2章 縄文時代の貯蔵穴の変遷

　西日本で低地型貯蔵穴が河道、谷部に設置されることが多いことは既述の通りであるが、島嶼部においても同様である。長崎県中島遺跡（村川 1987）は五島列島海岸部に位置し、貯蔵穴は湧水の豊富な岩盤に掘りこまれている点など、名切遺跡と共通している。時期は不詳ながら、貯蔵穴は12基確認され、その内4基が調査されている。その後の範囲確認調査ではさらに3基が確認され、貯蔵穴が後背湿地に広がることが指摘されている（川道 1997）。南西諸島の沖縄県前原遺跡（知名 1999）9～12層は貝塚時代前期（縄文時代後期並行）であるが、海抜0m前後の湧水地点に貯蔵穴23基が検出され、規模は1m前後で断面は袋状、U字状がある。貯蔵穴からはオキナワウラジロガシ、水場遺構も検出され、木製品、編物も出土している。海抜0m前後、汀線間際の湧水点という立地は名切遺跡、中島遺跡と共通しており、島嶼部海岸集落における堅果類貯蔵方法の一つのあり方を示唆している。

第6節　晩期（図46）

　北東北地方では後期中葉以降、袋状土坑の減少が著しいが、青森県右エ門次郎窪遺跡、石ノ窪（2）遺跡、長森遺跡のように袋状土坑が見られる遺跡もわずかながら存在する。中葉の右エ門次郎窪遺跡（青森県教育委員会 1982）では袋状土坑が住居の近辺にまとまって分布し、大洞C1期～C2期の長森遺跡（塩谷1985）では住居跡と小形の袋状土坑が近接して検出されている。また、石ノ窪（2）遺跡（青森県教育委員会 1985）のように住居は検出されていないが、数少ない袋状土坑群だけが単独で検出されている例がある。

　東北北西部では後期後葉以降、袋状土坑が小形化の傾向をみせるが、貯蔵穴が晩期まで用いられているという点は一貫している。前葉から中葉の鳶ヶ長根Ⅲ遺跡（庄内 1981）では住居群に近接して袋状土坑群が検出されている（図47）。前葉の上猪岡遺跡（武藤祐 1991）、明堂長根遺跡（秋田県教育委員会 1984）、中葉の松木台Ⅱ遺跡（秋田県教育委員会 1985）、石坂台Ⅷ遺跡B地区（秋田県教育委員会 1986）、砂沢期前後の湯ノ沢Ⅰ遺跡（石郷岡・西谷 1986）、狸崎B遺跡（西谷 1993）では袋状土坑が単独、ないし群在する地区がある。結局、東北地方北西部では晩期の終末まで貯蔵穴が用いられていたことを示している。

　中部東北の後期後半以降はフラスコ・袋状土坑の検出遺跡の減少が著しい。晩期では前葉の杉ノ堂遺跡（水沢市教育委員会 1983）、中葉の馬場野遺跡（山本典 1992）で袋状土坑が検出されているのみである。杉ノ堂遺跡は調査面積が限られ、その配置についてはよくわからない。一方、馬場野遺跡は単独で検出されている。

　南東北の福島県下谷ヶ地平C遺跡（芳賀 1986）では晩期の終末に近い円筒状の貯蔵穴SK06からクルミ、クリ、トチが多量に出土している。住居2軒は台地の縁辺、貯蔵穴と土坑は台地の

— 89 —

第 6 節　晩期

1 青森県長森遺跡	11 秋田県上猪岡遺跡	20 愛知県見晴台遺跡	30 岡山県舟津原遺跡
2 青森県石の窪遺跡	12 秋田県小田Ⅴ遺跡	21 愛知県下前津遺跡	31 岡山県宮の前遺跡
3 青森県右ヱ門次郎窪遺跡	13 秋田県梨ノ木塚遺跡	22 愛知県トトメキ遺跡	32 鳥取県宇代横平遺跡
4 秋田県家ノ後遺跡	14 岩手県馬場野遺跡	23 三重県森脇遺跡	33 愛媛県船ヶ谷遺跡
5 秋田県鳶ヶ長根Ⅲ遺跡	15 岩手県杉ノ堂遺跡	24 奈良県布留遺跡	34 山口県岩田遺跡
6 秋田県狸崎遺跡	16 福島県久世原館・番匠地遺跡	25 京都府寺界道遺跡	35 長崎県黒丸遺跡
7 秋田県湯ノ沢遺跡	17 福島県仲平遺跡	26 京都府北白川追分町遺跡	36 鹿児島県上野原遺跡
8 秋田県風無台遺跡	18 福島県下谷ヶ地平C遺跡	27 岡山県南方前池遺跡	37 鹿児島県上加世田遺跡
9 秋田県松木台遺跡	19 新潟県館の内遺跡	28 岡山県津島岡大遺跡	
10 秋田県石坂台遺跡		29 岡山県百間川遺跡	

● 台地型貯蔵穴（フラスコ・袋状土坑など）

○ 低地型貯蔵穴

図46　縄文時代晩期の主な貯蔵穴分布図

第2章 縄文時代の貯蔵穴の変遷

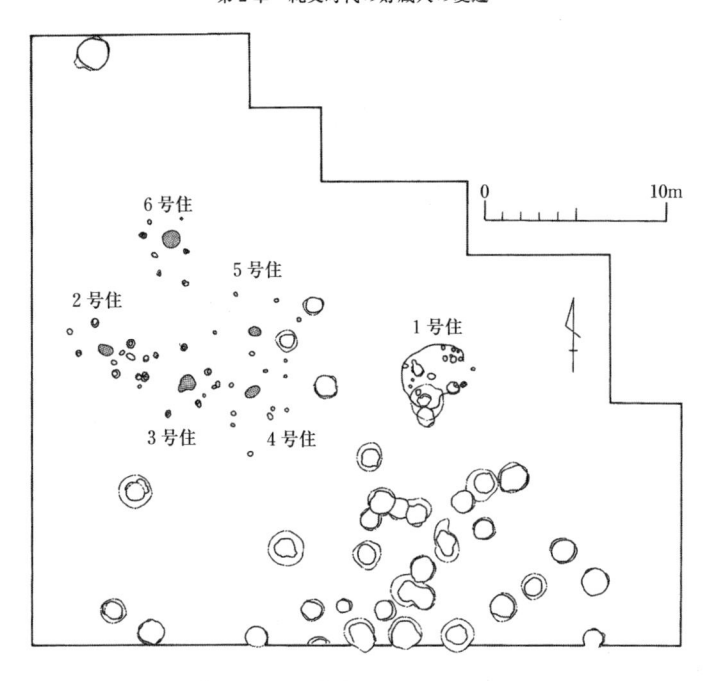

図47 鳶ヶ長根Ⅲ遺跡（庄内 1981から作成）

内側から検出されている。日本海側では新潟県館ノ内遺跡D地点（田中耕 1992）の4・18・29号土坑は袋状土坑で、住居の近くから検出されている。

　東海から北陸地方の事例は少ない。中葉では愛知県下前津遺跡（吉田 1970）で1基、見晴台遺跡（吉田 1968）では低地から堅果類出土の貯蔵穴が3基検出されている。後葉のトトメキ遺跡（立松 1988）は海岸の平地に立地するが、貯蔵穴が1基検出され、コナラ属を中心とする堅果類が出土している。

　西日本では後期に続き検例例は多い。奈良県布留遺跡三島地区（太田 1989）では自然流路に沿って晩期中葉の平均1.5㎥の大形の貯蔵穴が7基検出されている。岡山県宮の前遺跡（二宮 1976）では旧河道に沿って41基検出され、このうち10基の容量は平均1.3㎥で晩期の中では大形である。舟津原遺跡（下澤 1988）土坑1の底では若干浮いた状態で編物が土坑を覆うように検出され、編物の上下の層からは堅果類を含む植物遺体が出土している。愛媛県船ヶ谷遺跡（阪本 1984）は低地遺跡で、1号ピットから多量のイチイガシが出土している。中葉～後葉の岡山県南方前池遺跡（近藤 1995）は丘陵谷部の湿地に小形の10基の貯蔵穴が発見され、湧水地点に設置していたものと考えられる。径約1mの不整の円形が多く、断面はU字形、その他バラエティーがあり、いずれの貯蔵穴からもイチイガシ、トチが出土している。貯蔵方法は底に堅果類をつめ、その上に木枝、木の皮で覆い石を重しにしている。後葉には岡山県津島岡大遺跡、

― 91 ―

鳥取県宇代横平遺跡、枇杷谷遺跡など類例が多い[9]。津島岡大遺跡3次調査（山本悦 1992）では河道跡斜面に沿って貯蔵穴が7基、宇代横平遺跡（西川 1996）は段丘端部の湧水地から1基検出されている。枇杷谷遺跡（岡田 1987）は善棚山の谷部に位置し、旧河道近辺のA区SK03・04の下層から多量のカシの種子が出土している。

　九州は北部九州で低地型貯蔵穴、南九州では台地型貯蔵穴が知られている。長崎県黒丸遺跡（町田 1997）は標高2ｍの低地に立地し、晩期中葉～後葉にかけて62基が検出されている。断面は袋状・円筒状があり、その中には板や木枠で囲み枝で蓋をしたものが見られる。3号貯蔵穴からはイチイガシが手付かずの状態で検出され、土嚢袋で17袋分の量がある。また、16号貯蔵穴ではクリの実が出土している。一方、南九州では台地型の貯蔵穴が一般的であった可能性がある。前葉の鹿児島県上加世田遺跡は1次調査地点（加世田市教育委員会 1971）、Ⅰ地点（加世田市教育委員会 1985）で各1基の小形の貯蔵穴が検出され、両貯蔵穴ともに、ドングリ、シイが出土し、Ⅰ地点では住居から5・6ｍ前後離れている。中葉～後葉の鹿児島県上野原遺跡（弥栄 1997）では黒川期の住居跡が2軒（2軒の住居は約40ｍ離れている）、1号住居の西側約50ｍの所に6基、調査区北側に1基があり、いずれもドングリが出土しているようである。九州では低地に貯蔵穴を設けることが多いが、東黒土田遺跡に加え、上加世田遺跡、上野原遺跡は台地に所在し、南九州では貯蔵穴の立地が異なる可能性を示唆している。

第7節　縄文時代の植生史と貯蔵穴の変遷

　以上、貯蔵穴のあり方も時期と地域により多様である。既に指摘されているように（佐々木 1979、今村 1988）、大きく東日本の台地の貯蔵穴、西日本の低地の貯蔵穴という傾向がみられ、これらの地域性は環境、生態系が深く関係していると考えられる。貯蔵穴の主な貯蔵対象と考えられる堅果類は植生が密接にかかわっていたのであり、次に植生史と貯蔵穴の変遷の検討が必要となる。安田喜憲（1980:109）によると、草創期前後の植生は北海道中央部の日本海側から渡島半島の日本海側、並びに東北地方から中部地方の山地部には亜寒帯針葉樹林帯、東北地方の低地部から関東平野、西日本の低地にかけては冷温帯林の分布域で、照葉樹林は九州南部から四国南部それに紀伊半島南部に生育していたようである（図48の1）。鹿児島県東黒土田遺跡の貯蔵穴、貯蔵穴の可能性のあるフラスコ状土坑が検出されている新潟県卯ノ木南遺跡が最も古い段階のものである。東黒土田遺跡の貯蔵穴からは落葉性堅果類が検出されており、前期以降、西日本では主に照葉樹林の堅果類が貯蔵対象となっていたのとは大きく異なる。

　早期の植生は北海道ではツンドラが道央部の山地に後退し、かわって亜寒帯針葉樹林帯が拡大し、北海道の日本海側と渡島半島には針広混交林が生育するようになる。亜寒帯針葉樹林帯

第2章 縄文時代の貯蔵穴の変遷

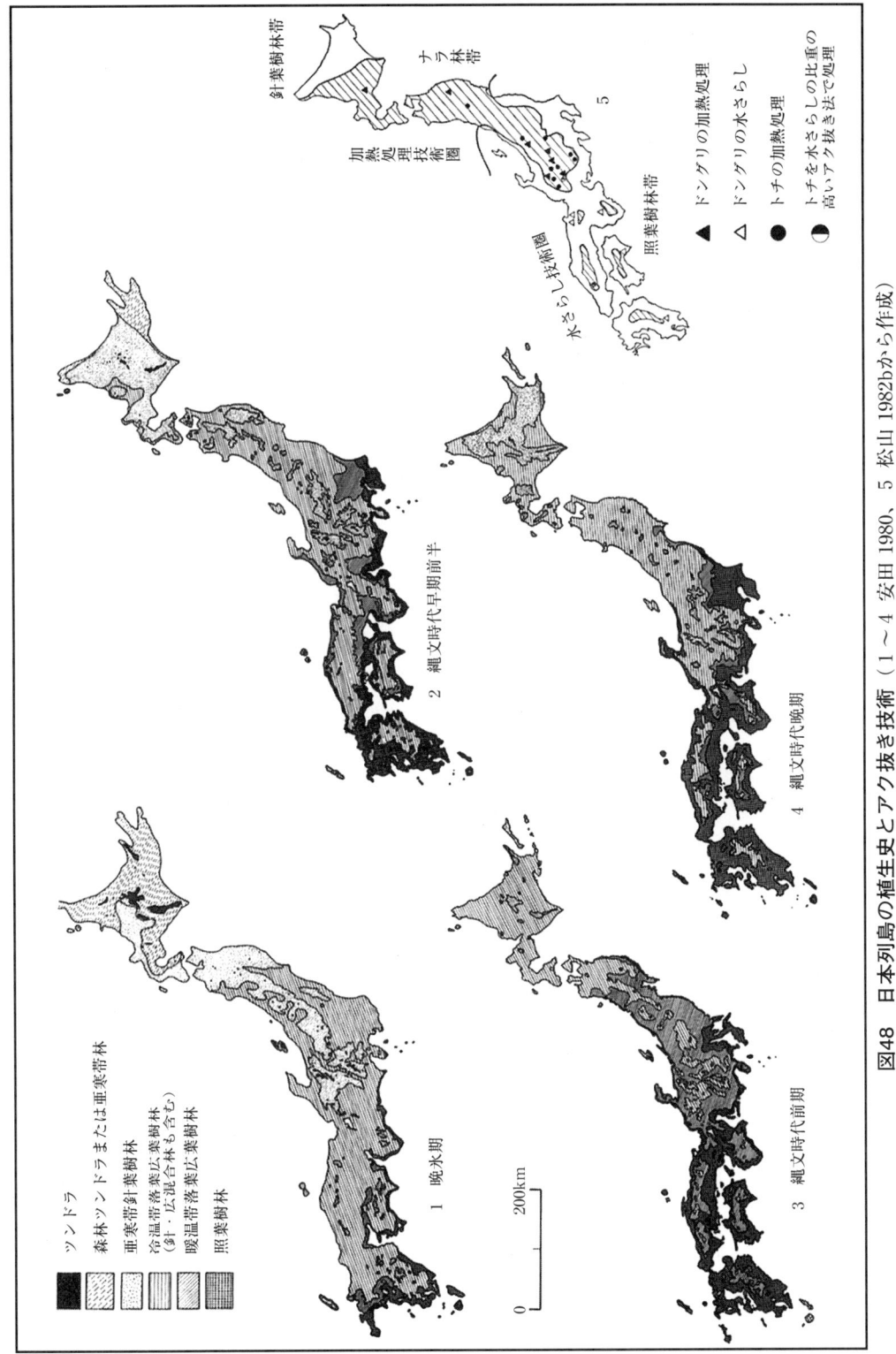

図48 日本列島の植生史とアク抜き技術（1〜4 安田 1980、5 松山 1982bから作成）

第7節 縄文時代の植生史と貯蔵穴の変遷

は東北地方の山地と中部地方の山岳部に主たる分布域を後退する。東北地方の低地にはこの時期ミズナラを中心とする冷温帯落葉広葉樹林が生育する。一方、関東平野から西日本の低地には、コナラを中心とする暖温帯落葉広葉樹林が拡大し、照葉樹林は九州の低地から瀬戸内地方に生育地を拡大していたようである（安田 1980:112）。フラスコ・袋状土坑は北海道南部から中部高地にかけて分布しており、北・東日本に偏りが見られる。該期においてはフラスコ・袋状土坑の検出遺跡自体が少なく、底径が1m前後のものが一般的で、前・中期のものと比べると小形である。また、フラスコ・袋状土坑配置の継続性がみえにくく、住居とセットで検出されている遺跡は中野B遺跡、川汲B遺跡、原遺跡に限られ、貯蔵穴が少ないのは居住を安定させるための技術、施設がいまだ未発達であったことを示唆している。また、集落自体が小規模、並びに活動区域の形成が未発達で、集落内空間の分節化は進んでいない。一方、西日本では該期の貯蔵穴は現在まで未検出である。西日本早期の遺跡立地は特に、九州から近畿地方まで山間部に分布するものが多く、前期以降は低地遺跡が増加していくので、早期と前期の相違は極めて大きい。

　南木睦彦（1994）は縄文時代遺跡出土のクリの大きさについて、早期のもの（粟津湖底遺跡早期包含層資料）は現在の野生種と同様の大きさで、前・中期に大きくなり、後・晩期には野生の倍ほどの大きさになり、現在の栽培品種と同様なものが現われることを指摘している。岐阜県打越遺跡P1・39から検出されたクリの大きさはP1の場合、小さいもので幅13mm／高さ12mm／厚さ8mm、平均的なもので幅15mm／高さ14mm／厚さ8mm、大きいもので幅16mm／高さ11mm／厚さ8mmである。P39のクリの大きさは小さいもので幅13mm／高さ11mm／厚さ9mm、平均的なもので幅15mm／高さ15mm／厚さ9mm、大きいもので幅21mm／高さ20mm／厚さ11mmである（田中彰 1996）。福島県関林D遺跡SK15で検出されたクリは渋皮が取り除かれていることが指摘されているが、その大きさは横幅1.2cm〜1.5cmのものがほとんどのようである（芳賀 1999:74）。打越遺跡、関林D遺跡SK15のクリは全体的に小形で、早期のクリが野生の可能性を傍証する事例といえるのかもしれない[10]。また、前期以降に指摘されるクリ花粉などの増加を示すデータは、管見では未見なので早期の段階では堅果類のコントロール、ないし植物資源、植生への干渉は前期以降と比べると弱かったと考えられる。

　前期前半は北海道では亜寒帯針葉樹林帯が道央部などの山地に後退し、冷温帯落葉広葉樹林が拡大し、本州では冷温帯落葉広葉樹林が東北地方北部、あるいは山地に後退し、暖温帯落葉広葉樹林が拡大する。照葉樹林は海岸に沿うように、太平洋側と日本海側に広がっていくようである（安田 1980:112-16）。早期と同様に、現在、フラスコ・袋状土坑が検出されているのは南東北地方と関東地方である。早期の段階でフラスコ・袋状土坑が検出されていた北海道南部、東北地方北部では該期の遺跡自体が少ないためか、フラスコ・袋状土坑の検出は少ない。関東

第2章 縄文時代の貯蔵穴の変遷

地方では北関東の群馬県で類例が多いが、住居の回りに分散する袋状土坑が一般的で、貯蔵区域は形成されない。東・西関東地方ではフラスコ・袋状土坑はきわめてまれで、関東地方内で地域性がみられる。西日本では今の所、伊木力遺跡、湯納遺跡に限られる。大村湾の奥部の背後に山地をひかえた伊木力遺跡はイチイガシを貯蔵しており、低地型貯蔵の先駆ともいえる。西日本の貯蔵穴検出遺跡は限られているが、富山県太閤山Ⅰ遺跡（岸本・山本 1986）のように、前期前葉を中心とする低地遺跡からクルミ、クリが多量に検出されている遺跡も存在することから、堅果類の利用が積極的であったことが推定される。

前期後半はフラスコ・袋状土坑の大形化が北海道南部から東北地方北部で顕著になる。それとともに住居の規格化、大形住居の出現に見られるように、住居構造が安定化していく。また居住域、墓域、貯蔵域、捨場というように、地域ごとに集落内で空間の分節化が発達し、集落の多様化と複雑化が顕著になる。また、土器の増加、漆製品の出現にみられるように物質文化の充実が進む。辻誠一郎（1995・1997）によると、三内丸山遺跡の植生史はヒトの居住が始まる前は台地や、斜面にコナラ属コナラ亜属が主要素でブナやカエデ属を随伴する落葉広葉樹林がひろがり、ヒトの居住が始まってからは落葉広葉樹林の規模が縮小し、クリが局所的に増加し、ニワトコ属、クワ科、ウルシ属、キハダ属が目立つようになり、森林伐採とそれによる裸地の出現、二次林の成立とクルミ、クリなど特定種の保護、育成が考えられるという。前期後半期はクリの激増期、中期はクリの優先期で、二次的植生は貯蔵対象である堅果類のみでなく、ニワトコ属、クワ属、キイチゴ属、キハダ属、ブドウ属、マタタビ属などの果実類にまで及んでいる。特に、貯蔵対象であるクリ、クルミなどは二次的植生で、特定の植物を継続的に利用するために二次的植生の人為的な維持が図られ（辻誠 1998）、定住化に伴い資源の調整（resources manage）が強化され、人為的環境（built environment）が構築されたと考えられる。このような二次的植生は池内遺跡でも認められ、東日本の定住的で大規模遺跡では共通していたであろう。

しかしながら、日本列島内での地域性も顕著である。北海道ではフラスコ・袋状土坑が検出されるのは渡島半島が中心で、それ以北・東ではほとんどみられない。西日本では該期に低地型貯蔵穴が普及してくることは重要である。なぜなら、早期の遺跡は山間部、丘陵部に分布する傾向があり、前期以降に低地遺跡が増加していくことを考慮すると、早期から前期にかけての居住形態の変化は大きいと考えられるからである。東日本での台地の貯蔵穴、西日本での低地の貯蔵穴という対照的なあり方を示す傾向は該期から顕著になる。

中期は東北地方南部、関東地方までフラスコ・袋状土坑の拡散が進むと共に大形化も顕著になる。また、地域ごとに集落内で空間の分節化が発達し、集落の多様化と複雑化が顕著になる。中期末には南東北地方から関東地方まで集落遺跡が小規模化することが指摘されているが、北

第7節 縄文時代の植生史と貯蔵穴の変遷

東北地方、大木10期の集落遺跡では富ノ沢（2）遺跡、御所野台地の遺跡群などのように、大規模遺跡もみられ地域により大きな相違がみられる。また南東北地方では中期末前後の複式炉の普及とともにフラスコ・袋状土坑の小形化、減少が進むが、これらの相関性が未解決の問題として残されている。一方、西日本では中期の貯蔵穴は更良岡山遺跡、目久美遺跡、名切遺跡、黒橋貝塚などが知られるものの数は限られている。フラスコ・袋状土坑の形態変化、集落内での配置などに地域性、多様性が見られる東日本に比べると、低地遺跡という点において大きな変化はない。しかしながら、粟津湖底遺跡第3貝塚（伊庭 1997）のように中期前葉の段階で、堅果類を中心とする植物遺体が多量に検出された遺跡もある。同貝塚ではイチイガシ、ヒシ属と共にトチの殻が多量に出土していることから、この地域では中期前葉からトチが利用されていたことが明らかになった[11]。

　後期は東北地方北部を除くと渡島半島から関東地方まで小形化、減少し、中葉以降はさらにその傾向が顕著になる。ただし西関東では後期の前葉に一時的に大形化する傾向が確認される。貯蔵穴の小形化と減少が集落論から指摘される（富樫 1993）、後期以降のいわゆる環状集落の崩壊、あるいは集落跡の分散化現象と関係するのかどうか。関東地方でも後期以降のフラスコ・袋状土坑の減少と、多くの研究者（山本輝 1986・1992など）によって指摘される中期末住居跡数の減少と集落の小規模化との関係が残された大きな課題である。しかしながら、北海道から関東地方まで墓域が大きくなり、集落から分離、独立するという傾向が認められ、問題は複雑である。遺跡立地の変化も大きく、前・中期の台地の集落から低地へ展開し、小河川、谷部などを積極的に開発していると考える説もある。辻誠一郎（1996）が指摘するように、縄文時代後期の海退期に低地では森林が繁殖し、縄文人が生活できる環境が整い、そこに縄文人が進出していった可能性も高い。一方、北海道では後期以降、クリの北上（山田悟 1986）、イノシシ骨の出土（西本 1985）にみられるように、植物と動物が自然の分布域を越えて分布する現象が認められ、植物・動物相にはヒトの干渉が強く反映されている。西日本では後期以降に貯蔵穴の検出される遺跡が増加する。このことは遺跡、および住居跡検出の増加と連動しているように思われる。ただし、主な貯蔵対象の堅果類（カシ・シイ類）、貯蔵穴の立地（低地、河道、谷部）、北部九州を別にすれば規模などには大きな変化がみられない。

　晩期の北海道では道央部の山地と東部には亜寒帯針葉樹林、低地には針広混交林が生育している。渡島半島から東北地方北部はブナを中心とする冷温帯落葉広葉樹林が拡大し、一方、照葉樹林は現在に近い分布域までに拡大した。これに対し、縄文時代前期に広く分布していた暖温帯落葉広葉樹林はブナ林と照葉樹林に生育地をうばわれて、東北地方南部の太平洋岸、中国地方の内陸部、近畿地方から四国の山間部にわずかに残る。こうして、日本列島は東日本のブナを中心とする冷温帯落葉広葉樹林と、西日本の照葉樹林との分布が明瞭になる（安田 1980:117）。

第2章 縄文時代の貯蔵穴の変遷

後期から続くフラスコ・袋状土坑の衰退により、東北地方北西部を除く北・東日本ではほとんど見られなくなる。北西東北地方だけは例外的で、住居と共に、あるいは袋状土坑群単独の遺跡がしばしば見られる。しかしながら、①後・晩期にはそれ以前と比べると「特殊（人為的－引用者）泥炭層」（甲野1930）遺跡が多く検出されていること（渡辺誠 1979、1983）。②データは少ないが、晩期のクリの果実が大形化すること（古池 1986、南木 1989、1994）。③関東地方では後・晩期のクリ、トチ属花粉の増加が植生史研究から指摘されている（吉川 1997など）ことから、これらの現象は堅果類の積極的な利用を示し、植生への干渉が強まった証拠と考えられる。1章3節でも検討したように、砂クリの貯蔵穴は冷蔵庫の普及に伴い冷蔵庫に変わり、機能が転化している。このように新たな技術革新、あるいは住居構造などの生活形態の変化に伴い貯蔵方法も変容しやすい[12]。貯蔵穴の小形化と減少とは逆に、堅果類の利用強化の現象については貯蔵穴の機能の転化、堅果類の保存・処理方法の変化などを考慮する必要があるように思われる。この点、前者では後・晩期の遺跡で類例が増加している掘立柱建物跡、後者では赤山遺跡（金箱 1989）などで検出されているような木造施設の出現に注意する必要があろう。特に近年、赤山遺跡、栗林遺跡など、堅果類処理のための木造施設の類例も増え、技術の水準の高さがうかがえる。後晩期に「特殊泥炭層」遺跡が著しく増加するのは、先に述べた堅果類の利用活動が活発化し累積したためで、むしろ植物質食料の獲得の集中化（intensification）が進行した結果と思われる。つまり貯蔵穴の小形化、減少が貯蔵の減少と単純に関係するのでなく、新たな貯蔵方法や技術を今後、検討していく必要がある。

西日本では晩期後葉（弥生早期）に大きな変化がみられ、弥生時代前期には九州、瀬戸内西部で大形の台地型貯蔵穴の出現、貯蔵対象物、集落形態の変化が著しく、貯蔵構造の変容がみられる。

図29・30・35・42・46には主な貯蔵穴の時期別分布を示した。フラスコ・袋状土坑は北海道南部、東日本、そして中部高地を除くと日本海側では新潟県南部、太平洋側では千葉県西部まで分布している。北海道では渡島半島を中心に分布し、日本海側では元和遺跡、噴火湾では入江貝塚を北限とし、道央に入ると急速に減少していく。北海道の早期には、後に貯蔵対象になる堅果類のブナ、クリ、トチノキなどは未だ進出していない（山田悟 1991b）。花粉分析から東北地方でブナ属が急増するのは約8000年～7000年前頃からで（塚田・中村 1988:114）、北海道でブナ属が進出するのはそれより新しい前・中期と推定されている（山田悟 1991b）。一方、道央、道東、道北のような非ブナ帯地域ではフラスコ・袋状土坑という貯蔵方法は未発達であったと推定される。ブナ属の普及とフラスコ・袋状土坑の普及する時期と分布（中部高地、北西関東などを除く）がおおよそ重なる傾向は両者の密接な関係を示し、フラスコ・袋状土坑という貯蔵方法は落葉広葉樹林帯で発達したといえる。逆に、低地型貯蔵穴は日本海側では富山県、東

第7節 縄文時代の植生史と貯蔵穴の変遷

表3 主な西日本照葉樹林帯貯蔵穴出土の堅果類

遺跡名	遺構	時期	出土堅果類	同定	文献
野多目拉渡遺跡	竪穴4	後期	イチイガシ	不明	山口 1983
野多目拉渡遺跡	竪穴10	後期	イチイガシ	不明	山口 1983
野多目拉渡遺跡	竪穴11	後期	イチイガシ	不明	山口 1983
野多目拉渡遺跡	竪穴12	後期	イチイガシ	不明	山口 1983
野多目拉渡遺跡	竪穴14	後期	イチイガシ	不明	山口 1983
野多目拉渡遺跡	竪穴56	後期	イチイガシ	不明	山口 1983
黒橋貝塚	C6区1号土坑	中期（阿高式）	イチイガシ、コナラ属、アラカシ	渡辺誠	高木・村崎 1998
黒橋貝塚	D6区1号土坑	中期（阿高式）	コナラ属、イチイガシ、アラカシ	渡辺誠	高木・村崎 1998
黒橋貝塚	D6区2号土坑	中期（阿高式）	イチイガシ、コナラ属	渡辺誠	高木・村崎 1998
黒橋貝塚	G10区1号土坑	中期（阿高式）	イチイガシ、コナラ属	渡辺誠	高木・村崎 1998
黒橋貝塚	I9区1号土坑	中期（阿高式）	イチイガシ、コナラ属、アラカシ	渡辺誠	高木・村崎 1998
黒橋貝塚	J7区1号土坑	中期（阿高式）	イチイガシ	不明	町田 1997
黒丸遺跡	IV-9区3・6号土坑	晩期	イチイガシ、アカガシ、シラカシ	渡辺誠	高木・木下 1985
西岡台貝塚	1号貯蔵穴	前半	トチ、クヌギ亜属（シラカシでベマキ、シラカシでないしウラジロガシ）	パリノサーベイ	西川 1996
宇代横平遺跡	Sk01	晩期後半	アカガシ亜属	粉川昭平	山本悦 1992
津島岡大遺跡3次	SP01	晩期	アカガシ亜属（シラカシでないレイチイガシ）、コナラ亜属（クヌギないしでベマキ）、トチ	粉川昭平	山本悦 1992
津島岡大遺跡3次	SP02	晩期	アカガシ亜属（シラカシでないレイチイガシ）、コナラ亜属（クヌギないしでベマキ）、トチ	粉川昭平	山本悦 1992
津島岡大遺跡3次	SP04	晩期	アカガシ亜属	粉川昭平	山本悦 1992
津島岡大遺跡3次	SP07	晩期	アラカシ、コナラ、トチ、アベマキ・クヌギ、シラカシ	沖陽子	阿部芳 1994
津島岡大遺跡5次	SP1	後期	アラカシ、コナラ、トチ、アベマキ・クヌギ、シラカシ	沖陽子	阿部芳 1994
津島岡大遺跡5次	SP2	後期	アラカシ、コナラ、アベマキないしクヌギ、ナラガシワ	沖陽子	阿部芳 1994
津島岡大遺跡5次	SP3	後期	アラカシ、コナラ、トチ、オニグルミ	沖陽子	阿部芳 1994
津島岡大遺跡5次	SP4	後期	アラカシ、コナラ、アベマキないしクヌギ、ナラガシワ	沖陽子	阿部芳 1994
津島岡大遺跡5次	SP5	後期	アラカシ、コナラ、シラカシ	沖陽子	阿部芳 1994
津島岡大遺跡5次	SP6	後期	シラカシ	沖陽子	阿部芳 1994
津島岡大遺跡5次	SP7	後期	アラカシ	沖陽子	阿部芳 1994
津島岡大遺跡5次	SP8	晩期	アラカシ	不明	阿部芳 1994
津島岡大遺跡5次	SP10	晩期	アラカシ	不明	阿部芳 1994
津島岡大遺跡6次	SP02	後期前半	イチイガシ	不明	山本悦 1995
菅生小学校裏山遺跡	土坑3	晩期	コナラ属、イチイガシ	不明	中野 1993
菅生小学校裏山遺跡	土坑4	後期前葉	イチイガシ、コナラ属、アカガシ、シラカシ	渡辺誠	中野 1993
菅生小学校裏山遺跡	土坑5	後期前葉	コナラ属、イチイガシ、アカガシ	渡辺誠	中野 1993
船ヶ谷遺跡	1号ピット	後期前葉	コナラ属、イチイガシ	不明	阪本 1984
木庄町遺跡	Sk3	後期前葉	イチイガシ	渡辺誠	兵庫県教育委員会 1991
木庄町遺跡	Sk6	後期前葉	イチイガシ	渡辺誠	兵庫県教育委員会 1991
木庄町遺跡	Sk7	後期前葉	イチイガシ	渡辺誠	兵庫県教育委員会 1991
木庄町遺跡	Sk9	後期後半	イチイガシ	渡辺誠	兵庫県教育委員会 1991
讃良川遺跡	貯蔵穴1	中期？	クリ	不明	塩山 1991
芥川遺跡	土坑102	後期	アラカシ、イチイガシ主体	松江実千代	橋本 1995
平城京下層遺跡	SK05	後期後半	イチイガシ主体	粉川昭平	宮原 1996
穴太遺跡	貯蔵穴1	後期後半	ヒシ、クルミ、トチ、コナラ	不詳	仲川 1998
穴太遺跡	貯蔵穴2	後期後半	トチ	不詳	仲川 1998
朝日遺跡	SX01	後期前半	アベマキ、クヌギ	渡辺誠	石黒 1991

第2章 縄文時代の貯蔵穴の変遷

海地方では静岡県まで分布範囲に含み、照葉樹林帯の分布と重なり、改めて植生と貯蔵方法との関連性が認識される。ただし、前期から晩期の太平洋側では、関東地方まで照葉樹林が広がっていたが、関東地方で貯蔵穴から検出される堅果類はクリ、トチ、クルミが多く照葉樹林のものが少ないのは、貯蔵対象の堅果類の選択性や、嗜好性との関係を考慮に入れる必要がある。

松山利夫（1982a・b）などの民俗調査例によれば落葉広葉樹林帯の堅果類は加熱によるアク抜きが圧倒的で、照葉樹林帯では水さらしによるアク抜きが卓越することから（図48の5）[13]、縄文時代においても同様であったことを指摘しているが、台地型のフラスコ・袋状土坑と低地型貯蔵穴の分布が加熱処理技術の卓越する地域と水さらし技術の卓越する地域に重なる傾向は興味深い。さらに松山、渡辺誠（1987など）は縄文時代においては堅果類の加熱処理は土器で行った可能性を指摘しているが、一般的に縄文時代において北・東日本で土器の出土量が多く、西日本では後・晩期を除くと出土量が少ないのはこのようなアク抜き技術の相違が背景にあるのかもしれない。事実、西日本で遺跡、あるいは貯蔵穴から出土する堅果類（表3）はアク抜きが不要か、水さらしによるアク抜きが可能なアカガシ亜属が主体的である（渡辺誠1987など）。

注

1) 以下、本論では貯蔵穴の容量はエリアカーブメーターで計測を行った。計測方法などについては3章2節を参照していただきたい。

2) ただし、花積下層期の埼玉県打越遺跡（富士見市教育委員会 1983）のように調査区北側、住居群から60m前後、離れた南側で袋状土坑などがまとまって5基検出されている例もある。また、これらの内277号～279号土坑の容量は1.53㎥、2.11㎥、3.51㎥で、大形のものが含まれる点も注目される。

3) 吉峰遺跡は4次調査区（富山県教育委員会 1974）では前期中葉に台地の西側に8軒の住居跡が分布し、この内、10・12・13・15号住居跡の南側隅には袋状土坑が設置されている。前期後葉の住居跡の南側隅には16・17・32号住居跡のように袋状土坑が設置されているものもあるが、35号住居跡のように袋状土坑が住居跡に近接するものも見られる。中期初頭には住居跡は1軒に減少し、袋状土坑は住居跡の主柱穴内側に設置されている。このことから、貯蔵穴の位置関係について貯蔵穴が住居の隅に設置されるもの（前期中葉）→貯蔵穴が住居の付近に設置されるもの（前期後葉）→貯蔵穴が住居の主柱穴内側に設置されるもの（中期初頭）という変遷が指摘されている。6次調査（森・北川 1989）1・2号住居跡は前期中葉で、4次調査の住居跡と同様に南側隅に土坑が設置されている。

4) 弁天池低湿地遺跡1・2号土坑は径約0.8m、深さ20cm～30cm、容量は0.1㎥前後で、いずれも底からは埋設された籠が検出されている。低地型貯蔵穴の底から編物が検出された事例は少なくない。

5) 報告者により貯蔵穴の時期は滋賀里Ⅰ期であることが指摘されている。近年の土器研究

（大塚 1995）では滋賀里Ⅰ期は後期後葉に位置づけられているので、本論では後期後葉として扱っている。
6）　貯蔵穴の時期は植物遺体の理化学的年代測定から、後期末から晩期前葉に相当すると考えられている（山本直 1999）。
7）　このうち3次調査分（小林義 1987）は後期後半から晩期と思われる。
8）　このことから遺跡、貯蔵方法により貯蔵量が異なることが予測されるが、低地型貯蔵穴の容量がわかれば貯蔵量も推測できる可能性が出てきた。今後の研究課題であるが、照葉樹林堅果類生産量の生態調査を行うことにより、貯蔵のためにどれだけの樹木、テリトリーを必要とするか、それと関連して労働量、あるいは人口支持量（carrying capacity）にもアプローチが可能になってくるだろう。
9）　後葉は北部九州で、既に水稲耕作が始まり、岡山平野でも水稲耕作が開始されていた可能性が指摘されている（平井 1987、神谷 1992、根木 1992）だけに、堅果類の貯蔵穴の存在が注意される。
10）　元野遺跡の貯蔵穴の可能性が高いピット状遺構から検出されたクリの大きさもどれを計測したかは不明であるが、1.24cm×1.63cm×0.96cmで小さい（沼津市教育委員会 1975:10）。ただし報告書の第6図をみるとクリの大きさにはバリエーションがみられる。
11）　ただし、松井章（2001:46）は京都府松ヶ崎遺跡からトチが多量に出土していることから、トチの利用は前期初頭まで遡ることを指摘している。
12）　辻稜三（1990:38）によると、近畿地方山村のトチの貯蔵はイロリの上のアマやツシ、クドでされていたが電気、エネルギー革命の波及に伴ってイロリやクドが改造されたため、トチは物置、納屋、冷凍庫などで貯蔵されるようになった。住居、生活形態の変化に伴い貯蔵方法が変容する1例である。
13）　図48の5の松山の加熱処理技術圏、水さらし技術圏について、岡恵介（1987:102-107）は北上山地ではトチ、シタミの水さらし技術が分布することから、落葉広葉樹林帯＝加熱処理技術圏、照葉樹林帯＝水さらし技術圏という説に批判を加え、加熱処理、水さらしは目的に応じた堅果類食品化の工程の違いであることを指摘している。辻稜三（1987）も中部地方でもトチを水さらしだけでアク抜きする事例が存在することから、堅果類素材の形状を重視して粒・加熱処理（水さらし）型、粉・水さらし型に分類している。また近藤日出男（1984）により高知県池川町、大川村、本川村、物部村のトチの加熱処理が報告されているので、落葉広葉樹林帯＝加熱処理技術圏、照葉樹林帯＝水さらし技術圏という説は成り立たなくなった。ただし、落葉広葉樹林帯では加熱処理、照葉樹林帯では水さらしが卓越していることは事実なので本論ではこの点を重視して用いている。

第3章　縄文時代貯蔵穴の形態と容量

第1節　北・東日本貯蔵穴底部形態の地域性

　縄文時代の日本列島の貯蔵穴が北・東日本の台地型貯蔵穴と西日本の低地型貯蔵穴という地域性が形成されることは既述のとおりである。西日本の低地型貯蔵穴は時期的な形態的変遷は少ないが、北・東日本の台地型貯蔵穴の変遷は時期的、地域的差が著しい。それ故、北・東日本台地型貯蔵穴の特に底部施設の形態について検討する。

　底部施設は草創期・早期では未発達で、わずかに早期の蛍沢遺跡76号土坑の底部中央ピットなどがみられるにすぎない。前期後半はフラスコ・袋状土坑の形態が多様化する時期で、フラスコ・袋状土坑2類（底部中央ピット）は北海道渡島半島から東北地方北部を中心に分布し、南東北地方では少ない（図49）。東北地方北部でも水木沢遺跡、熊ヶ平遺跡、畑内遺跡、大日向Ⅱ遺跡、池内遺跡のように数多く検出されている遺跡も存在するが、ほとんどの遺跡では数基程度にとどまるる。北東北地方を中心にフラスコ・袋状土坑4・5類（溝を設置するもの、中央ピットと溝を組み合わせるもの）が出現している。円筒状土坑は少なく、底部施設との結びつきは弱い。

　中期ではフラスコ・袋状土坑2類（底部中央ピット）は東北地方南部・関東地方に拡散していく。袋状・円筒状土坑3類（中央でなく片隅にピットが存在するもの）は北東関東、東関東で主に分布する（図50）。フラスコ状土坑3類は那須野台地から東京湾右岸まで阿玉台期には未発達で、袋状土坑3類は中期でも後半から出現し、加曽利E期の終末には消滅していくようである。また、フラスコ・袋状土坑3類～5類は北東北地方でも少数ながら分布している。

　後期にはフラスコ・袋状土坑2類（底部中央ピット）は東北地方北部から検出されるのみで、分布は縮小する。しかしながら、前葉の西関東ではフラスコ・袋状土坑の出現に伴い、2類が多くなる（図51）。袋状土坑5類（中央ピットと溝の組み合わせ）は東北地方北部では依然として検出されている。

　既述の通り、フラスコ・袋状土坑の大形化は前期後半に進み、底面にピットが付属するようになる。中期にさらに発達、拡散し、フラスコ・袋状土坑が減少していく後・晩期には減少していくので、底部施設はフラスコ・袋状土坑の大形化と連動している可能性がある。後期前葉の西関東でフラスコ・袋状土坑の出現に伴い、2類が数多く検出されている事実もこの傍証となるかもしれない。

なお、底部施設についてはピットのレベルが低い位置にあり、溝はピットに向かい低く傾斜しているものが見られることから、水抜施設であることが指摘されている[1]（村上 1992:162）。中国西安半坡遺跡の底部に周溝をめぐらすフラスコ状ないし、袋状土坑H115は排水施設と指摘されている（下條 1995:120）。また、唐の窖底には水はけを良くするため溝を設置している（余・叶 1983:217）。中国大陸の窖と同様に、底に溝を設置し水はけを良くするための工夫と推定される。

第2節 貯蔵穴の容量

（1）貯蔵穴容量の計測方法

貯蔵穴容量（体積）については平面形、深さが調査時の遺構確認面や遺構状態に左右され、遺構自体が構築当時のままではないという問題を抱え、そのまま妥当というわけにはいかない。容量の問題は貯蔵穴の変遷、並びにその地域的相違を把握する上で重要である。従来、貯蔵穴の大きさを比較する場合は口径、底径、深さなどを比較せざるをえなかったのである。貯蔵穴にはフラスコ・袋状土坑のような断面が屈曲する形態が含まれ、容量の計測は困難である。しかしエリアカーブメーターを用いることで、この困難を克服しえるようになってきた。このエリアカーブメーターの利点は遺構断面図をトレースするだけで、その計測が可能となる。また、ソフトアプリケーションを用いエクセルに連結することで、多量のデータを短時間で処理できる。ただし、エリアカーブメーターを用いる方法には若干の問題が残されている。エリアカーブメーターを用い容量を計測する場合、断面図上に中心となる回転軸を設定し計測を行う。回転軸は全方位対称を前提とするが、実際の貯蔵穴は不整形のものが多く、あくまで近似値にとどまる。また、回転軸を設定する場合、口径の中心に設定するのか、あるいは底径の中心に設定するのかという問題が残り、計測者の判断に左右されやすい。

エリアカーブメーターを用い容量を計測する方法にどれくらいの精度があるかを検討するために、貯蔵穴容量が提示されている龍頭遺跡・品川台遺跡貯蔵穴容量のデータとエリアカーブメーター[2]で計測した数値を対照してみた（付表1）。計測は品川台遺跡・龍頭遺跡報告書のデータと同様に小数点2桁まで行った。

品川台遺跡の場合（付表1-1）、誤差が0.1㎥未満は1例、0.2㎥未満は4例、0.3㎥未満は3例、0.3㎥以上は1例あった。龍頭遺跡（付表1-2）で誤差が0.1㎥未満は14例、0.2㎥未満は9例、0.3㎥未満は1例、0.3㎥を越えたのは2例あった。龍頭遺跡貯蔵穴は容量が小形のため誤差が0.1・0.2㎥未満に集中するのに対し、品川台遺跡では貯蔵穴が大きく、断面の屈曲が強いため誤差が大きくなったと思われる。

第 3 章　縄文時代貯蔵穴の形態と容量

フラスコ状土坑

4　北海道釜谷遺跡
5　北海道新道 4 遺跡
9　青森県熊ヶ平遺跡
13　青森県尾上山（3）遺跡
14　青森県津山遺跡
19　青森県畑内遺跡
28　秋田県池内遺跡
35　山形県吹浦貝塚

袋状土坑

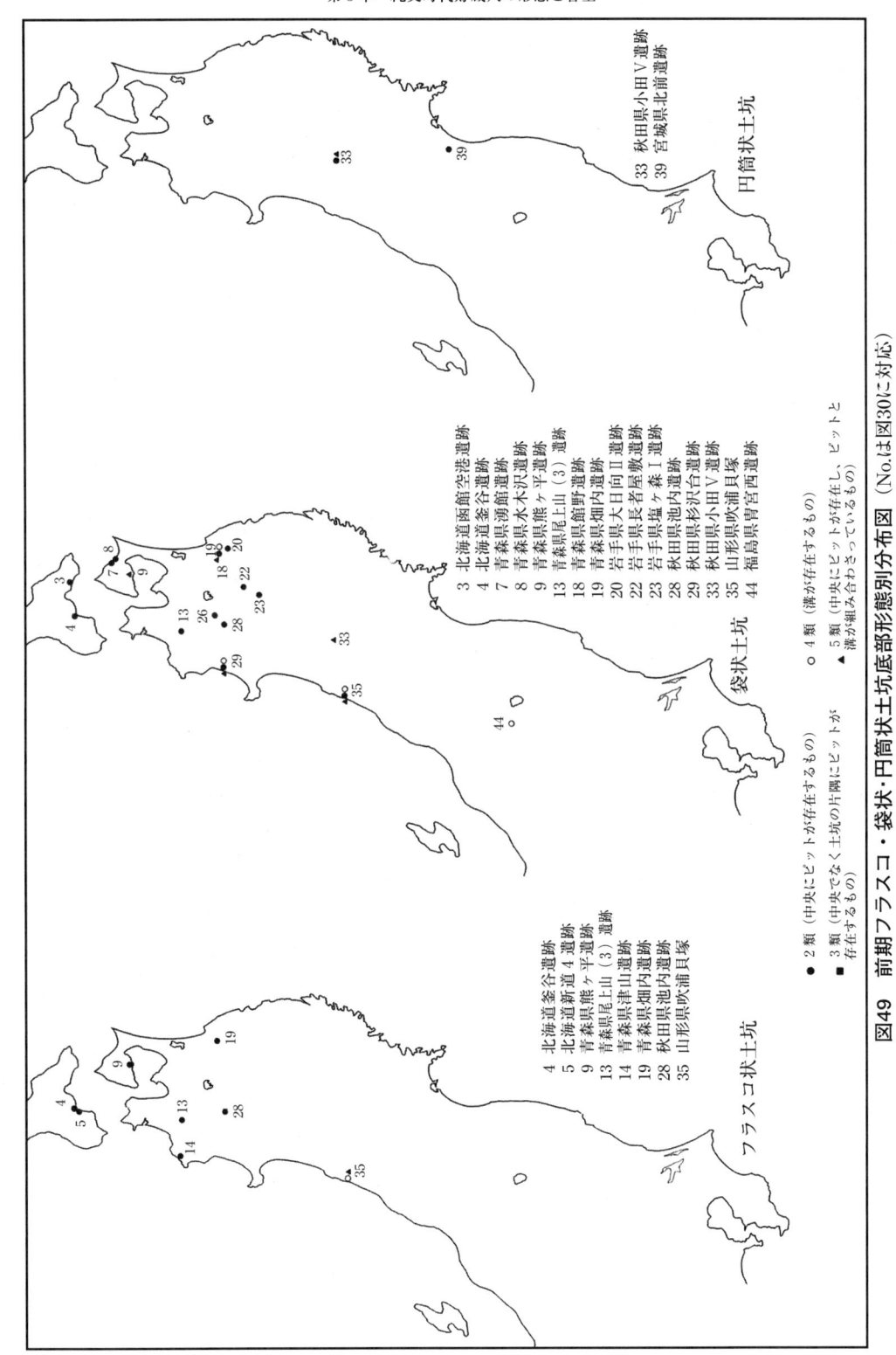

3　北海道函空港遺跡
4　北海道釜谷遺跡
7　青森県湧舘遺跡
8　青森県木木沢遺跡
9　青森県熊ヶ平遺跡
13　青森県尾上山（3）遺跡
18　青森県舘野遺跡
19　青森県畑内遺跡
20　岩手県大日向Ⅱ遺跡
22　岩手県長者屋敷遺跡
23　岩手県塩ヶ森Ⅰ遺跡
28　秋田県杉沢台遺跡
29　秋田県小田Ⅴ遺跡
33　秋田県小田Ⅴ遺跡
35　山形県吹浦貝塚
44　福島県胄宮西遺跡

円筒状土坑

33　秋田県小田Ⅴ遺跡
39　宮城県北前遺跡

● 2類（中央にピットが存在するもの）
● 3類（中央でなく土坑の片隅にピットが存在するもの）
○ 4類（溝水が存在するもの）
▲ 5類（中央にピットが存在し、ピットと溝が組み合わさっているもの）

図49　前期フラスコ・袋状・円筒状土坑底部形態別分布図 (No.は図30に対応)

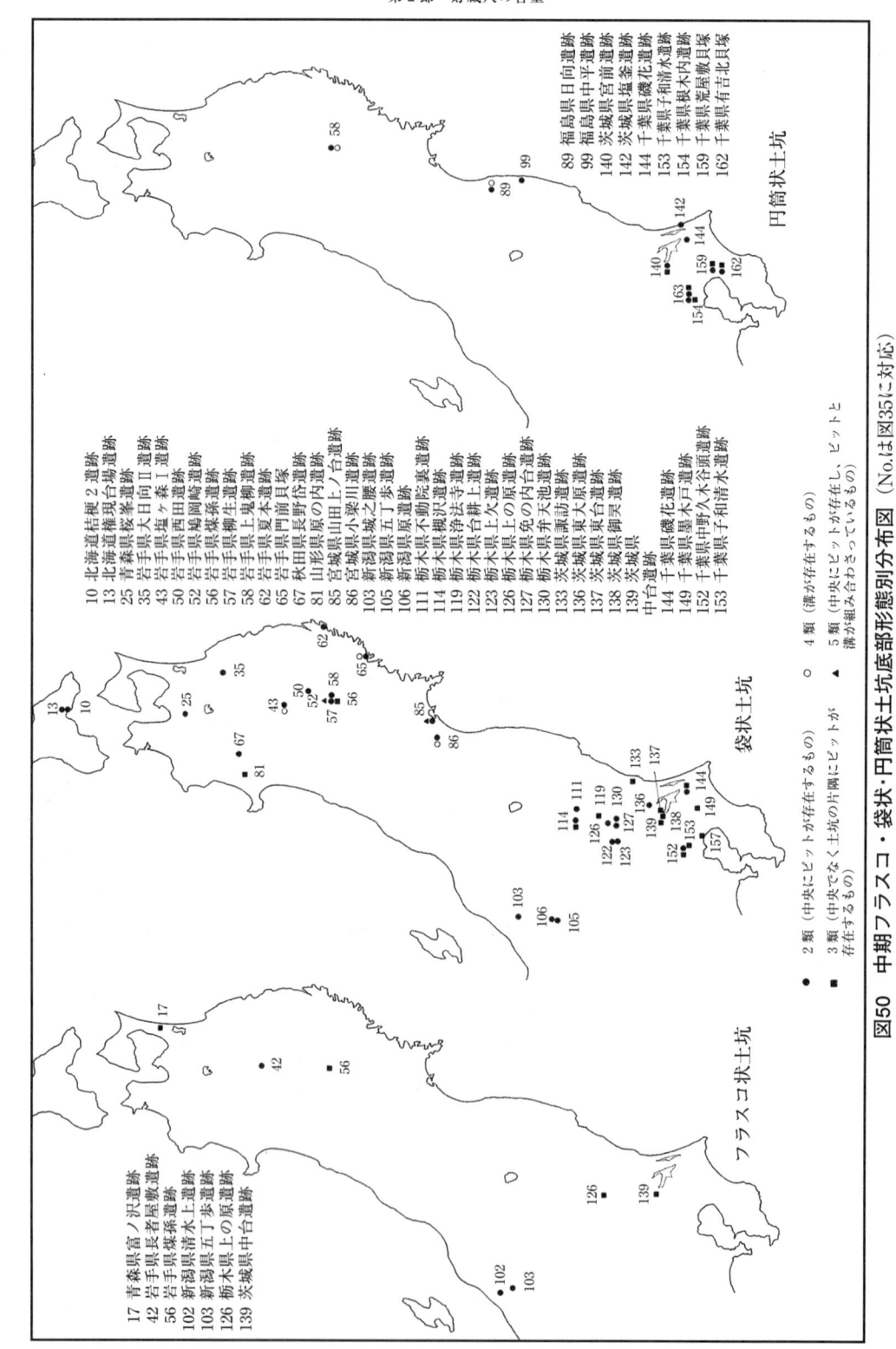

第 2 節　貯蔵穴の容量

フラスコ状土坑
17 青森県富ノ沢遺跡
42 岩手県長者屋敷遺跡
56 岩手県煤粂遺跡
102 新潟県清水上遺跡
103 新潟県五丁歩遺跡
126 栃木県上の原遺跡
139 茨城県中台遺跡

袋状土坑
10 北海道桔梗2遺跡
13 北海道権現台場遺跡
25 青森県桜峯遺跡
35 岩手県大日向Ⅱ遺跡
43 岩手県塩ヶ森Ⅰ遺跡
50 岩手県西田遺跡
52 岩手県鳩岡崎遺跡
56 岩手県煤粂遺跡
57 岩手県柳生遺跡
58 岩手県上鬼柳遺跡
62 岩手県門前貝塚
65 岩手県夏木遺跡
67 岩手県長野岱遺跡
81 秋田県原の内遺跡
85 山形県山田上ノ台遺跡
86 宮城県小梁川遺跡
103 新潟県城之腰遺跡
105 新潟県五丁歩遺跡
106 新潟県原遺跡
111 栃木県不動院裏遺跡
114 栃木県槻沢遺跡
119 栃木県浄法寺遺跡
122 栃木県台耕上遺跡
123 栃木県五丁歩遺跡
126 栃木県上の原遺跡
127 栃木県上矢遺跡
130 栃木県免の原遺跡
133 茨城県諏訪遺跡
136 茨城県弁天池遺跡
137 茨城県東大原遺跡
138 茨城県東台遺跡
139 茨城県御霊遺跡
中台遺跡
144 千葉県磯花遺跡
149 千葉県堂木戸遺跡
152 千葉県野久木大谷頭遺跡
153 千葉県上和清木遺跡

円筒状土坑
89 福島県日向遺跡
99 福島県中平遺跡
140 茨城県宮前遺跡
142 茨城県塩釜遺跡
144 千葉県磯花遺跡
153 千葉県上和清木遺跡
154 千葉県根木内遺跡
159 千葉県荒屋敷貝塚
162 千葉県有吉北貝塚

● 2類（中央にピットが存在するもの）
○ 3類（中央でなく土坑の片隅にピットが存在するもの）
▲ 4類（溝が存在するもの）
■ 5類（中央にピットが存在し、ピットと溝が組みあわさっているもの）

図50　中期フラスコ・袋状・円筒状土坑底部形態別分布図（No.は図35に対応）

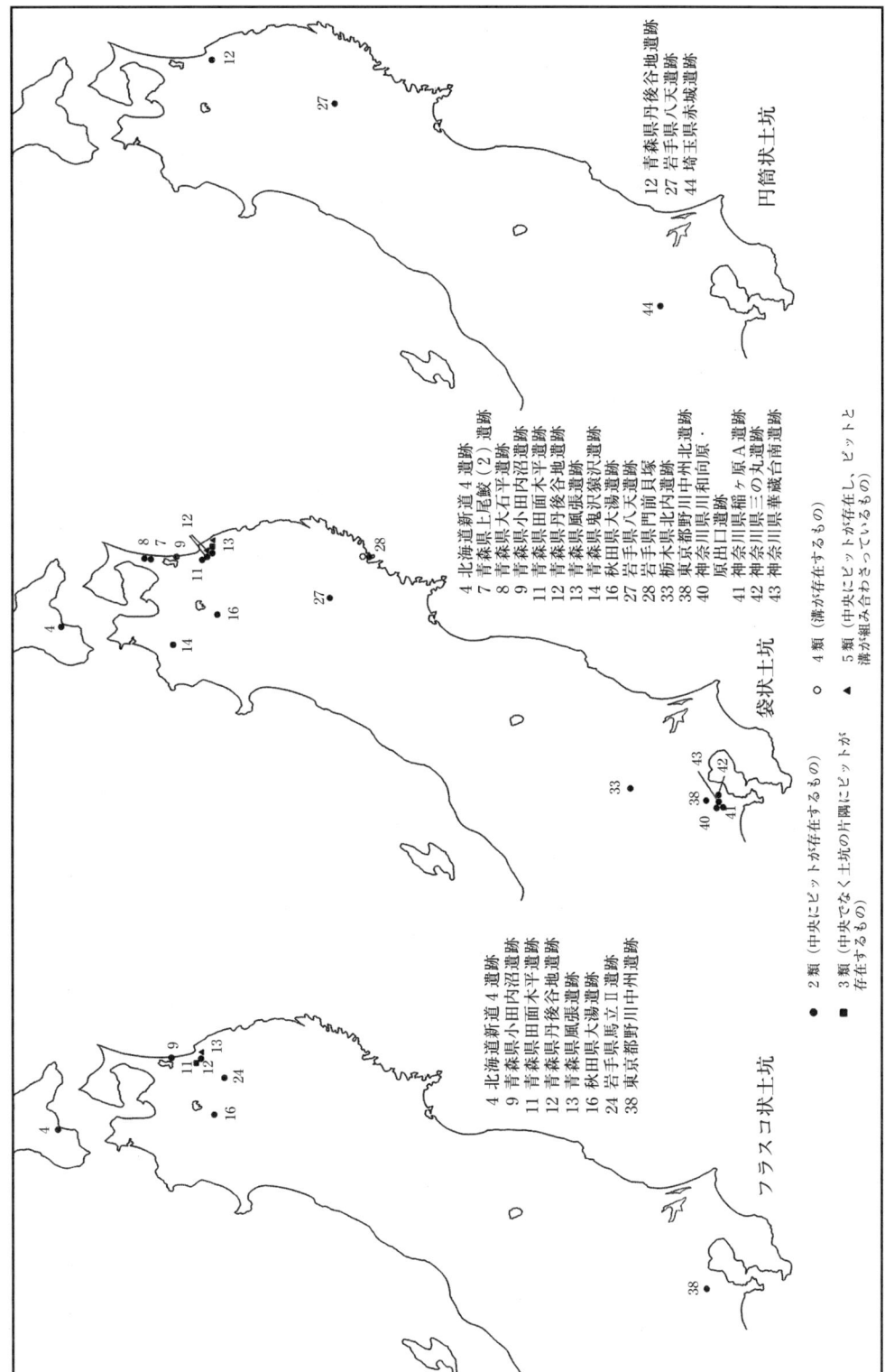

第3章　縄文時代貯蔵穴の形態と容量

フラスコ状土坑
4　北海道新道4遺跡
9　青森県小田内沼木平遺跡
11　青森県田面木平遺跡
12　青森県丹後谷地遺跡
13　青森県鳳張遺跡
16　秋田県大湯遺跡
24　岩手県馬立Ⅱ遺跡
38　東京都野川中州遺跡

袋状土坑
4　北海道新道4遺跡
7　青森県上尾鮫（2）遺跡
8　青森県大石平遺跡
9　青森県小田内沼木平遺跡
11　青森県田面木平遺跡
12　青森県丹後谷地遺跡
13　青森県鳳張遺跡
14　青森県鬼沢猿沢遺跡
16　秋田県大湯遺跡
27　岩手県八天遺跡
28　岩手県門前貝塚
33　栃木県北内遺跡
38　東京都野川中州北遺跡
40　神奈川県和向原・原出口遺跡
41　神奈川県稲ヶ原A遺跡
42　神奈川県三の丸遺跡
43　神奈川県華蔵台南遺跡

円筒状土坑
12　青森県丹後谷地遺跡
27　岩手県八天遺跡
44　埼玉県赤城遺跡

● 2類（中央にピットが存在するもの）
● 3類（中央でなく土坑の片隅にピットが存在するもの）
○ 4類（溝が存在するもの）
▲ 5類（中央にピットが存在し、ピットと溝が組み合わさっているもの）

図51　後期フラスコ・袋状・円筒状土坑底部形態別分布図（No.は図42に対応）

— 105 —

第2節　貯蔵穴の容量

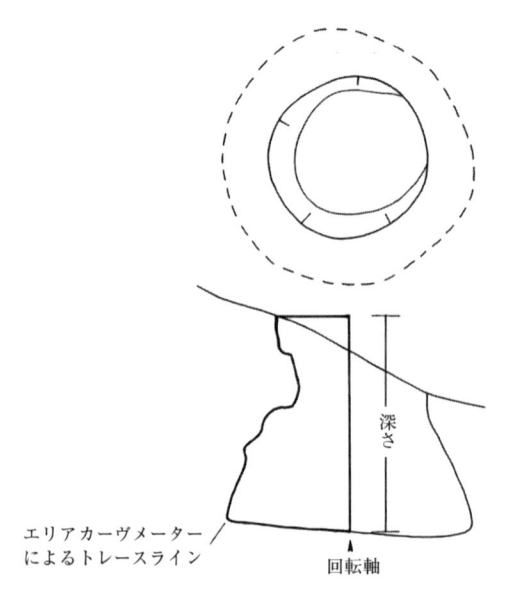

図52　エリアカーヴメーターによる容量の計測方法模図

　誤差の原因は①貯蔵穴の容量計測方法が異なっていることである。品川台遺跡貯蔵穴の容量計測方法は袋状土坑のように屈曲が強い場合、袋状土坑を円錐形を輪切りにしたものの集合と考え、輪切りにした円錐形の上底の径をx、下底の径をy、高さをhとし$1/3\pi h(x2+xy+y2)$で計算し、分割したそれぞれの容量を合計した値を容量としている（塚本 2001）。龍頭遺跡報告書の貯蔵穴容量計測方法は（検出面の面積＋底面の面積）÷2×深さである[3]。②断面図が複数存在する場合、断面図によって計測値が異なってくる。③深さは最も深い所か、あるいは最も浅い所で測るのかといった計側点にもかかわる。品川台遺跡の場合、8号の計測値が大きくずれた原因は次のような理由が考えられる。フラスコ・袋状土坑の断面は左右対称でないものが多いため、エリアカーブメーターでどちらの断面を計測するかによって計測値がずれるのである。龍頭遺跡・品川台遺跡報告書の計測方法と著者の方法では上述の①②③の統一がされていないことが誤差が生じる原因となっていると思われる。特に、エリアカーブメーターで計測する場合、誤差の問題を解決していくためには計側点を変えながら計測回数を増やし、その平均値を求めて誤差を少なくする必要がある。断面図が複数存在する場合は断面図選択の統一、あるいはその平均値を求めていく必要があろう。

　龍頭遺跡・品川台遺跡報告書の計測値とを比較すると、エリアカーブメーターで計測する方法では誤差が0.2㎥前後で収まり、有効性は高いと判断される。本論ではエリアカーブメーターを用い、以下のように計測を行うこととした（図52）。断面図で確認面に高低がある場合は深い

第3章 縄文時代貯蔵穴の形態と容量

方で測ることにした。円筒状土坑については計測が容易であるが、フラスコ・袋状土坑の計測は困難が伴うため、回転軸を設定して計測した場合、原則的に大きな誤差が生じないと判断されるものを中心に計測を行った。貯蔵穴の底部施設の容量については基本的に計測を行っていない。計測は原則的に小数点2桁まで測り、平均値も小数点2桁まで算定した。前章で既述したとおり、北・東日本と西日本では貯蔵穴容量の差異が大きいため、図53～55のグラフの目盛は1㎥を越えるものが主体になる場合は1㎥おきに、1㎥未満が主体となる場合は0.1㎥おきで、小数点2桁を四捨五入した。平均値も同様である。図53～55のもとになった個別の貯蔵穴容量については付表2－1～7を参照していただきたい。

（2）縄文時代貯蔵穴容量の変遷と地域性

草創期・早期

　草創期の貯蔵穴は鹿児島県東黒土田遺跡（河口 1982）の貯蔵穴、フラスコ状土坑が検出されている新潟県卯ノ木南遺跡の2例が最も古い段階のものである。東黒土田遺跡の貯蔵穴は直径40cm、深さ25cmで、0.1㎥未満の小形であるのに対し、卯ノ木南遺跡のフラスコ状土坑の規模は確認面で径1m、底径1.8m、推定1㎥前後で対照的な大きさを示す。

　早期の北海道中野B遺跡平成6年度調査区A地区（高橋和 1996b）の袋状・円筒状土坑は2.1㎥～7.8㎥で幅があるが（図53-1）、平均値は4.2㎥と全体的にきわめて大形である。川汲B遺跡（小笠原 1986）UP2～5の各容量は1.06㎥、1.6㎥、1.41㎥、4.22㎥である。青森県鶴ヶ鼻遺跡（鈴木克 1989）の袋状土坑50・51・59・60・65号は各1.09㎥、0.68㎥、0.88㎥、1.76㎥、0.47㎥で、平均は1.0㎥ある。蛍沢遺跡（塩谷 1979）の早期袋状土坑76・87・92号は各1.14㎥・0.89㎥・1.23㎥である。福島県原遺跡（堀・斎藤 1995）の袋状・円筒状土坑は1号が1.11㎥、6号が0.56㎥、9号が0.17㎥、13号が0.42㎥、17号が0.55㎥、1㎥未満が主体的で、平均0.6㎥である。岐阜県打越遺跡（田中彰 1996）のP1・39は0.08㎥、0.07㎥で小形である。鶴ヶ鼻遺跡、蛍沢遺跡、原遺跡、打越遺跡と比較すると中野B遺跡の容量が極めて大きいことがわかり、早期の段階でこれほどの大形の袋状・円筒状土坑が出現していることが注目される。

前期

　前期後半の北海道ハマナス野遺跡、青森県畑内遺跡平成5年度調査区（青森県教育委員会 1993）、秋田県池内遺跡（櫻田 1997）のフラスコ・袋状・円筒状土坑の容量は1㎥以下から8㎥前後まで幅があるが、各平均値は2.1㎥（図53-2）、2.2㎥（図53-5）、1.9㎥（図53-10）である。早期に比べ、2倍前後大きくなっていることがわかる。宮城県北前遺跡（佐藤 1982）、前期末葉袋状・円筒状土坑15・16・21・23号は0.88㎥、3.06㎥、1.11㎥、2.24㎥である。前期後葉、福島県冑

第2節　貯蔵穴の容量

　宮西遺跡（会津高田町教育委員会 1984）の24・27・34・40号袋状土坑は各0.53㎥、1.07㎥、0.71㎥、1.92㎥である。後葉の鹿島遺跡（福島県文化センター 1991）4号大形住居に近接して分布する2・4・6号袋状土坑は各0.26㎥、0.17㎥、0.12㎥である。北東北地方では平均2㎥前後であるが、南東北地方の場合、1㎥前後、あるいは1㎥未満のものが多く、北東北地方に比べ小形であることがわかる。

　北陸地方のフラスコ・袋状土坑は前期後葉の富山県安田古宮遺跡（小島俊 1978）ピット5・6の場合、各0.4㎥、0.5㎥である。中期の不動堂遺跡3次調査（小島俊 1982）10号ピットは0.8㎥で、前・中期を通して1㎥未満が一般的である。中部高地の荒神山遺跡（長野県教育委員会 1975）、前期後葉の袋状土坑は1㎥を越えるものも存在するが、0.5㎥以下が主体で平均は0.6㎥である（付表3-1）。前期後葉から中期初頭を中心とする扇平遺跡（岡谷市教育委員会 1974）の袋状土坑は1㎥未満が主体、平均は0.6㎥である（付表3-2）。このように北陸地方、中部高地のフラスコ・袋状土坑は小形で、大きさ、その空間的配置など北海道南部から関東地方とは異なる様相を示している。

　図55-1〜10は西日本の主な低地型貯蔵穴の容量を遺跡ごとにグラフ化したものである。前期、熊本県曽畑貝塚（江本 1988）は0.4㎥以下が主体で、平均は0.2㎥である（図55-1）。長崎県伊木力遺跡A地点（長崎県教育委員会 1997）は5号が約0.2㎥、7号が約0.4㎥、8号が約0.7㎥、19号が約0.5㎥で、いずれも1㎥未満の小形である。熊本県西岡台貝塚（高木・木下 1985）では1号が0.91㎥、5号が0.23㎥である。福岡県湯納遺跡（栗原 1976）ドングリピットH1の径は0.6m、深さ0.15m、H2もH1とほぼ同じ大きさで、いずれも0.1㎥未満と推定される。兵庫県神鍋山遺跡（藤井・阿久津 1970）の貯蔵穴は大きい方の上場の長・短軸は2.3m×1.9m、下場は2.5m×2.0mで3㎥前後、小さい方の上場は長・短軸が1.7m×1.2m、下場は1.8m×1.5mで1㎥前後であろう。該期においては大形、底の強くオーバーハングする土坑で、西日本では異例の存在である。

中期

　北海道栄浜1遺跡B地点（三浦・柴田 1983）、臼尻B遺跡（小笠原 1986〜1988）昭和60〜62年度調査の各平均は4.0㎥（図53-4）、2.0㎥（図53-3）である。北東北では青森県富ノ沢（2）遺跡（青森県教育委員会 1993）B地区、岩手県西田遺跡（岩手県教育委員会 1980）、大畑Ⅱ遺跡（渡辺・酒井 1995）の各平均は2.9㎥（図53-6）、2.9㎥（図54-1）、2.0㎥（図54-2）である。南東北地方では福島県妙音寺遺跡（中島 1996）2次調査（図54-4）、法正尻遺跡（松本 1991）大木8a期（図54-5）、山形県吹浦遺跡（渋谷孝 1984・1985・1988）3・4次調査区（図54-6）の各平均は3.0㎥、3.6㎥、2.5㎥である。しかしながら、中期末葉前後の福島県中平遺跡（福島県文化センター 1989）、北向遺跡（福島県文化センター 1990）の各平均は1.5㎥（図54-8）、0.7㎥（図54-7）で、

特に北向遺跡では1㎥未満が主体的で、小形化が顕著である。北東関東では栃木県品川台遺跡（塚本1992）、山苗代A遺跡（進藤1996）のフラスコ・袋状・円筒状土坑の各平均は2.6㎥（図54-9）、1.6㎥（図54-10）である。東関東では茨城県諏訪遺跡（日立市教育委員会 1980）、千葉県墨木戸遺跡（印旛郡市文化財センター 1995）のフラスコ・袋状・円筒状土坑容量の各平均は2.3㎥（図54-11）、2.9㎥（図54-12）である。

このように容量には遺跡、時期により相違があるが、北海道から北関東まで、前・中期には早期と比べると総じて大形化の傾向がみられる。しかしながら、北関東では中期の後半、加曽利E3期以降、大形のフラスコ・袋状土坑が減少し（初山1980、鈴木実1985、海老原1986）、円筒状が一般的になり数も減少する。付表4は槻沢遺跡報告書（後藤1996）684・685図 槻沢遺跡土坑の変遷（1）・（2）に掲載されている図をもとにフラスコ・袋状土坑容量の計測を行ったものである。Ⅰ期〜Ⅴ期の中期前葉から後葉にかけては1㎥を越えるものが一般的であるが、Ⅶ期の後期初頭以降、1㎥未満が主体になり、北東関東における貯蔵穴容量の変遷が大方、把握できるであろう。

西日本の鳥取県目久美遺跡（米子市教育委員会 1986）では大形の1.4㎥が存在するが、0.2㎥以下が主体で平均は0.2㎥である（図55-6）。大阪府更良岡山遺跡（宮野1992）の貯蔵穴の容量は0.1㎥で小形である。熊本県黒橋貝塚（高木・村崎 1998）のC-10区1号土坑（58号）が1.17㎥、I-9区1号土坑（67号）が2.35㎥で該期では大形である。長崎県名切遺跡（安楽・藤田1985）では0.5㎥以下が主体で、平均は0.3㎥である（図55-4）。

後期

東北地方でも後期以降は北西東北地方を除くと、フラスコ・袋状・円筒状土坑は小形化する。後期前葉の青森県田面木平遺跡（八戸市教育委員会 1988）では大小があるが平均1.9㎥である（図53-7）。蛍沢遺跡（塩谷1979）では1㎥未満が増加し、平均1.3㎥（図53-8）、上尾鮫（2）遺跡（青森県教育委員会 1988）では2㎥以下が主体、平均1.2㎥で（図53-9）小形化を示す。一方、後期前葉の秋田県腹鞁の沢遺跡（永瀬1982）、袋状土坑の平均は3.3㎥で、大形である（図53-13）。

北西関東、後期前葉の野川中洲北遺跡（伊藤1989）、山田大塚遺跡（石井1990）のフラスコ・袋状・円筒状土坑の各平均は1.5㎥（図54-13）、1.6㎥（図54-14）で大形化している。

東海地方では前葉以前の愛知県朝日遺跡SK01は0.5㎥前後である。後葉の静岡県坂田北遺跡（廣川1998）1・3号ピットは0.01㎥前後、0.06㎥前後である[4]。三重県森脇遺跡1次調査（前川・田中1995）のSK72・78が0.8㎥前後、SK73・77が2㎥前後、SK74が1.5㎥前後、SK75が1.4㎥前後、SK76が0.61㎥、SK80が1.1㎥前後で、1㎥を越えるものが多いという点において西日本的な低地型貯蔵穴の中では大形である。

第2節 貯蔵穴の容量

　近畿地方では後期前葉の兵庫県本庄町遺跡（兵庫県教育委員会 1991）SK3〜7・9は0.16㎥、0.23㎥、0.19㎥、0.25㎥、0.11㎥、0.05㎥である。後葉では兵庫県佃遺跡南区下層の容量の平均は0.24㎥、北・中央区縄文中層の容量の平均は0.48㎥である[5]（図55-10）。北・中央区縄文中層の平均が南区下層の2倍ほど大きくなっているのは北・中央区ではSK325・338など1㎥を越える貯蔵穴が含まれるためである。奈良県平城京左京三条五坊三坪下層遺跡（宮原 1996）SK05は1.07㎥である。滋賀県穴太遺跡（仲川 1998）貯蔵穴1は直径80cm、深さ50cmで0.3㎥前後、貯蔵穴2は直径50cm、深さ10cmで0.02㎥前後と推定される。兵庫県楠・荒田町遺跡（神戸市教育委員会 1990）SK09は0.27㎥である。詳細な時期は不明であるが、大阪府芥川遺跡（橋本 1995）土坑102は0.19㎥である。このように近畿地方の容量は1㎥未満が主で小形である。

　中国地方では初頭の九日田遺跡（岡崎雄 2000）は1㎥を越えるものが存在するが、0.5㎥以下が主体で、平均0.36㎥ある（図55-7）。前葉の岡山県津島岡大遺跡6次調査（山本悦 1995）の場合は0.3㎥以下が主体で、平均0.2㎥（図55-8）、9次調査地点（小林・野崎 1998）SP01〜07・09は0.5㎥以下が主体で、平均0.4㎥である。鳥取県栗谷遺跡（谷岡 1989・1990）2 TSK01・28・29は0.27㎥、0.73㎥、0.31㎥、4 TSK03・06は0.46㎥、0.15㎥で、平均0.4㎥である。後葉から晩期前半の山口県岩田遺跡（潮見 1974）では重複した33基があるが、貯蔵庫1・2号は0.5㎥前後であろう。

　一方、九州の大分県龍頭遺跡（吉田寛 1999）は1㎥以上が増えているが、1㎥以下が主体で平均0.8㎥で、前・中期のものと比較すると大形化している（図55-2）。また、龍頭遺跡では植物遺体の保存がよく、容量が1㎥を越えるとドングリの出土量も1万個を越えるものが多く、ドングリの出土量と貯蔵穴の容量が比例する傾向がある。福岡県野多目拈渡遺跡（山口 1983）は1.4㎥〜7㎥のものまで大小あるが（図55-3）、平均3.4㎥で西日本低地型貯蔵穴の中では特大といえよう。佐賀県坂の下遺跡（森 1975）の2次調査2号貯蔵穴は長径2.56m、短径1.95mで、容量は1.5㎥前後あり、1㎥を越えるものが増えている。長崎県中島遺跡（村川 1987）の1号は0.55㎥、2号は0.67㎥、3号は0.6㎥、6号は0.48㎥である。龍頭遺跡、野多目拈渡遺跡、坂の下遺跡の例からすると、島嶼部を除く九州の北部では後期に大形化していると考えられる。

　縄文時代後期に並行する沖縄貝塚時代早・前期の前原遺跡（知名 1999）の低地型貯蔵穴は18号が223cm×96cm×68cm、20号が247cm×107cm×47cm、21号が210cm×165cm×32cmで、1㎥前後である。しかしながら、5・17号が約0.2㎥、16号が0.1㎥未満で、その他もこれと前後すると考えられ、全体的に小形である。前原遺跡とは異なり、台地上で4基の貯蔵穴が検出されている苦増原遺跡（新田 1977）の場合、貯蔵穴No.3は0.1㎥前後、No.1・2・4の容量は0.1㎥未満と推定され、台地遺跡においても容量は小形である。

　従来、低地型貯蔵穴は西日本に多かったが、近年は東日本でも後期を中心に低地型貯蔵穴が

第3章　縄文時代貯蔵穴の形態と容量

増えつつある。図55-12〜14は北陸地方、中部高地と関東地方の低地型貯蔵穴の容量をグラフ化したものである。石川県ダイラクボウ遺跡（垣内 1994）は後期から晩期で大小があるが、1㎥未満が主体で、平均0.5㎥である（図55-12）。後期前葉の長野県栗林遺跡F地区（岡村 1994）は2㎥に近いものが存在するが、1㎥以下が主体で、平均0.7㎥である（図55-13）。東京都北江古田遺跡（高野・中西 1986）は中期後葉から後期前葉が含まれるが、0.5㎥以下が主体、平均0.2㎥である（図55-14）。東京都伊奈砂沼遺跡（武川 2001）貯蔵穴SK04〜06・08の各容量は約0.9㎥、1.4㎥、0.2㎥、0.2㎥である。北陸から関東地方にかけての低地型貯蔵穴の大きさには、ばらつきがみられるが1㎥以下が主体を占め、小形の点は西日本低地型貯蔵穴と大きな差はない。

晩期

　後期から続くフラスコ・袋状土坑の衰退のため、北西東北地方を除く北日本、東日本ではほとんどフラスコ・袋状土坑は見られなくなる。北西東北地方だけは例外的に、袋状土坑群が単独で検出される遺跡がしばしば見られる。秋田県鳶ヶ長根Ⅲ遺跡（庄内 1981）の袋状・円筒状土坑の平均は1.2㎥（図53-14）である。福島県下谷ヶ地平C遺跡（芳賀 1986）SK06の容量は1.3㎥である。このように晩期には小形化していることがわかる。

　西日本の場合、奈良県布留遺跡三島地区（太田 1989）は大小があるが、1㎥〜2㎥が多く平均1.5㎥である（図55-11）。同県寺界道遺跡（宇治市教育委員会 1987）SK01・02は0.91㎥、1.99㎥である。岡山県宮の前遺跡（二宮 1976）では一部の貯蔵穴についてしか計測ができないが、1㎥未満から3㎥未満があり（図55-9）、平均1.3㎥で晩期では大形である。しかしながら、津島岡大遺跡3次調査（山本悦 1992）の1・2・4・7号貯蔵穴はすべて0.1㎥未満、5次調査8〜10号貯蔵穴は各0.4㎥、0.1㎥、0.5㎥である。菅生小学校裏山遺跡（中野 1993）の2・3・5号貯蔵穴は0.2㎥、4号が0.1㎥未満である。舟津原遺跡（下澤 1988）土坑1は0.5㎥前後である。南方前池遺跡（近藤 1995）K1貯蔵穴は約0.1㎥、I・K2貯蔵穴は約0.2㎥、N・T貯蔵穴は約0.5㎥と推定される。鳥取県枇杷谷遺跡（岡田 1987）の各容量は0.02㎥、0.06㎥で小形である。愛媛県船ヶ谷遺跡（阪本 1984）1号ピットは0.1㎥である。

　長崎県黒丸遺跡（町田 1997）では0.8㎥以下が主体で、平均0.4㎥である（図55-5）。西日本では低地遺跡例が多いが、南九州では台地遺跡で貯蔵穴が検出されている。ただし、容量は低地型貯蔵穴と同様に小形である。鹿児島県上加世田遺跡第Ⅰ地点貯蔵穴（加世田市教育委員会 1985）は0.1㎥前後、1次調査（加世田市教育委員会 1971）の貯蔵穴は円形プランで、口径約1mの小形である。このように晩期の低地型貯蔵穴は1㎥未満が多く、総じて小形であるが、布留遺跡、寺界道遺跡、宮の前遺跡のように大形のもみられる。

　以上の貯蔵穴容量の定量的分析で容量の変遷が具体的に把握することが可能になった。草創

第2節 貯蔵穴の容量

期は類例が少ないのでさておき、早期に北日本、東日本では中野B遺跡を除き1㎥前後の貯蔵穴が出現する。前期前半は各地で散発的であるが、後半期には北日本を中心に2㎥～3㎥前後と大形化する。中期にはフラスコ・袋状土坑が南東北・関東地方に普及し、大形化する。しかし、中期の後葉前後に南東北・関東地方では小形化し、容量の減少も著しくなる。一方、西日本では草創期・早期は類例が少なく前期から低地型貯蔵穴が普及するが、前・中期は0.5㎥未満が一般的である。後期の北部九州では1㎥を越えるものが増加し、大形化傾向が窺えるが、その他の地域では前・中期と大きな差はない。晩期は、宮の前遺跡では1㎥を越えるものが多いようであるが、その他の地域では前・中期と変わらず、遺跡により相違がみられる。北・東日本ではフラスコ・袋状土坑の盛期の前・中期の容量の平均は2㎥～3㎥前後で、西日本縄文時代と比べると、前・中期では10倍～15倍前後大きい。後期では特に大形の野多目拁渡遺跡を除けば西日本では0.5㎥以下が一般的で、北・東日本のフラスコ・袋状土坑は西日本の2倍～3倍前後の大きさである。すでに東日本の台地の貯蔵穴、西日本の低地の貯蔵穴という傾向が指摘されてきたが（佐々木 1979、今村 1988）、容量の定量的分析では大きな差があるとともに、貯蔵穴出現のピークに時期的差異があることも明らかになってきた。

既述のように、アレキサンダー（Alexander 1992:132）はキャッシェピットの大きさを規定する要因として①土壌、②集団の規模、③食物の種類、④貯蔵期間を指摘している。土壌に関していえば、北・東日本の貯蔵穴の立地は一般的にロームの堆積の厚い台地に立地するため、大形でしかもフラスコ・袋状に底を深く広く掘削することが可能である。王禎『農書』、荘綽『雞肋編』は窖が中国大陸の北方で発達したのは地層が厚く堅いことを指摘しており、この点は日本列島でも同様なのであろう。一方、西日本の貯蔵穴は谷、河川などの低地に立地するためフラスコ・袋状のように底の拡大、あるいは深く掘削することが困難で規模も小規模にせざるをえなかったと推定される。さらにこのような地形的要因のみでなく、集団の規模、貯蔵期間すなわち越冬期間も容量の規模と密接にかかわるのであろう。

龍頭遺跡では各貯蔵穴の大きさ、容量とドングリの出土量が比例している。従って、堅果類が出土していない場合でも容量が大きくなればその貯蔵量も多くなるとみるのが妥当であろう。ただし、1章で検討したヒダッツア、チビの貯蔵穴が示唆するように、フラスコ状土坑の頸部から口部は貯蔵するための空間ではなく、貯蔵物を密封するための空間であった可能性がある。そのような場合、貯蔵穴の容量がそのまま貯蔵量を反映しているとは限らず、容量についてはこのような点も今後、吟味していく必要があろう。

第3章 縄文時代貯蔵穴の形態と容量

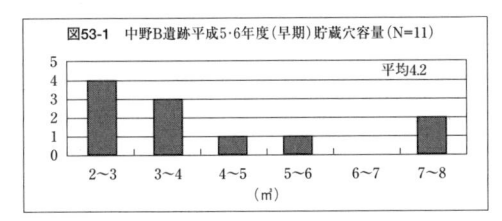

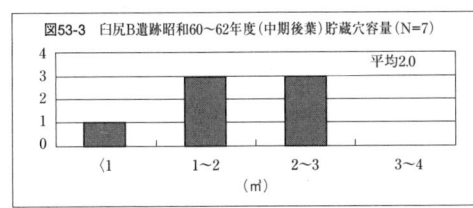

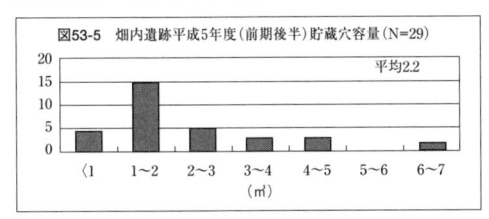

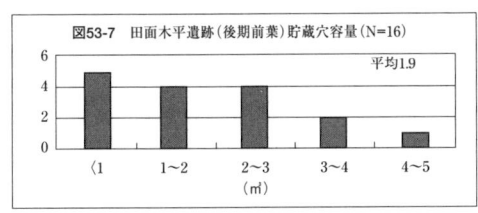

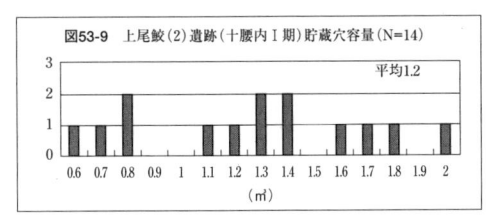

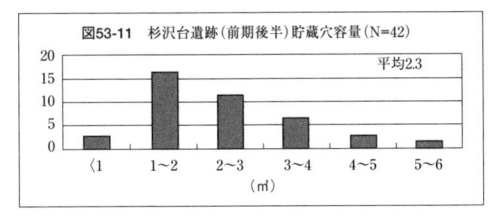

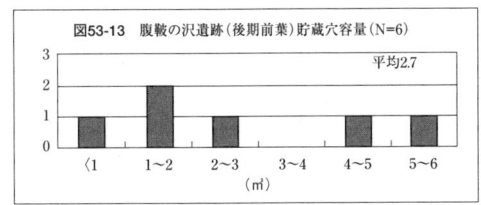

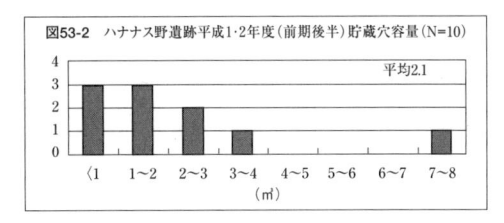

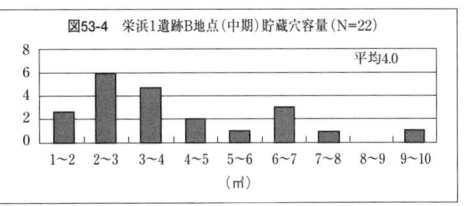

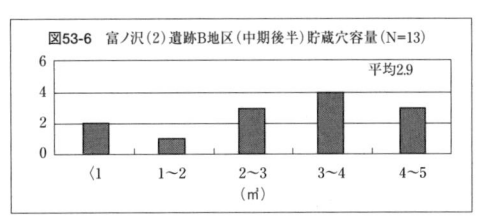

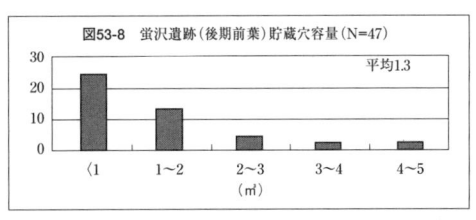

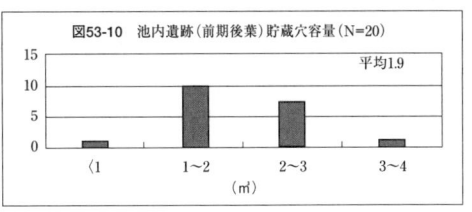

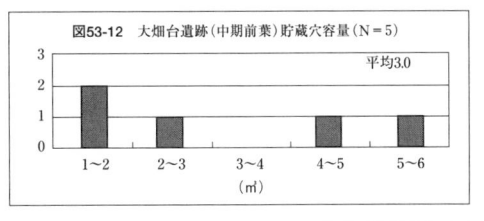

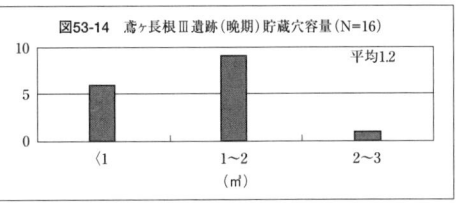

図53-1 中野B遺跡平成5・6年度(早期)貯蔵穴容量(N=11)

図53-2 ハナナス野遺跡平成1・2年度(前期後半)貯蔵穴容量(N=10)

図53-3 臼尻B遺跡昭和60～62年度(中期後葉)貯蔵穴容量(N=7)

図53-4 栄浜1遺跡B地点(中期)貯蔵穴容量(N=22)

図53-5 畑内遺跡平成5年度(前期後半)貯蔵穴容量(N=29)

図53-6 富ノ沢(2)遺跡B地区(中期後半)貯蔵穴容量(N=13)

図53-7 田面木平遺跡(後期前葉)貯蔵穴容量(N=16)

図53-8 蛍沢遺跡(後期前葉)貯蔵穴容量(N=47)

図53-9 上尾鮫(2)遺跡(十腰内Ⅰ期)貯蔵穴容量(N=14)

図53-10 池内遺跡(前期後葉)貯蔵穴容量(N=20)

図53-11 杉沢台遺跡(前期後半)貯蔵穴容量(N=42)

図53-12 大畑台遺跡(中期前葉)貯蔵穴容量(N=5)

図53-13 腹鞍の沢遺跡(後期前葉)貯蔵穴容量(N=6)

図53-14 鷹ヶ長根Ⅲ遺跡(晩期)貯蔵穴容量(N=16)

第2節　貯蔵穴の容量

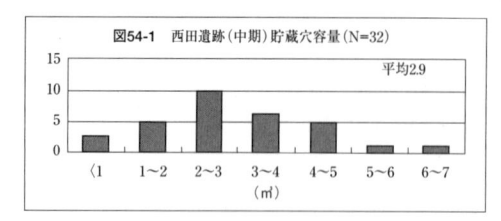

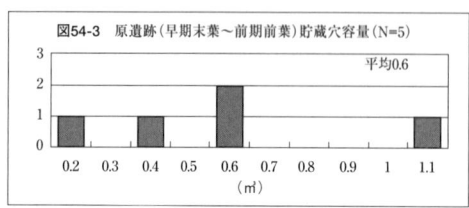

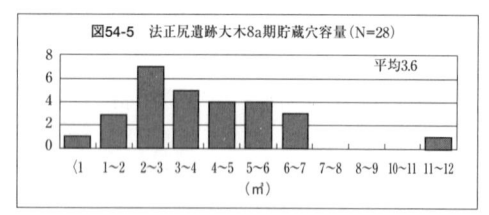

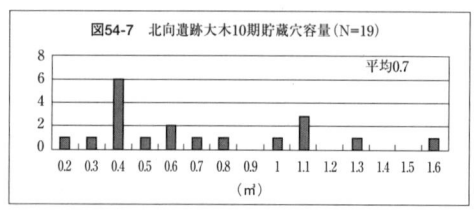

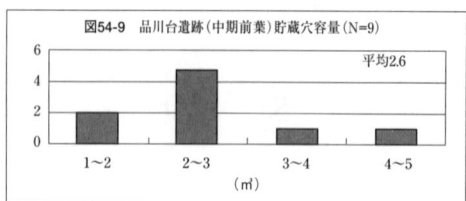

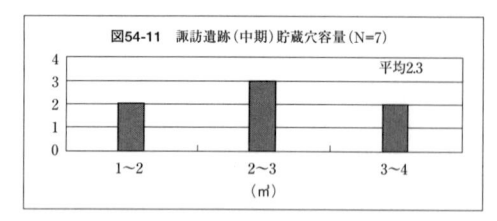

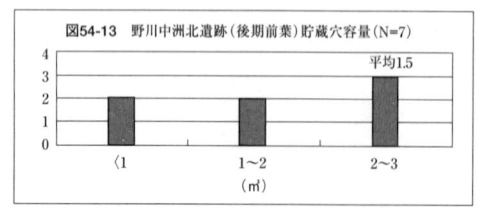

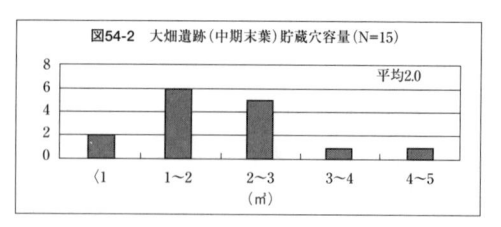

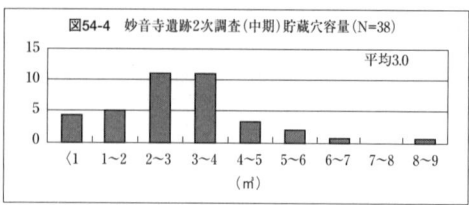

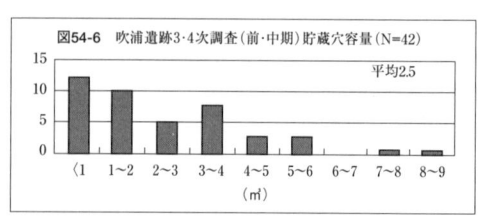

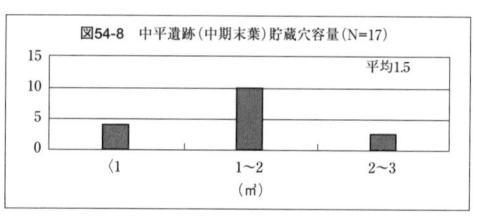

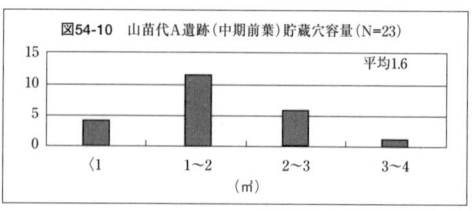

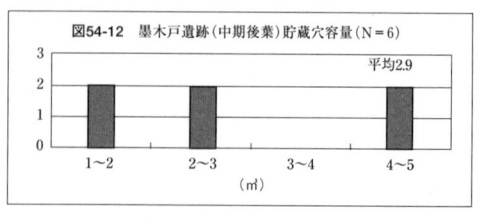

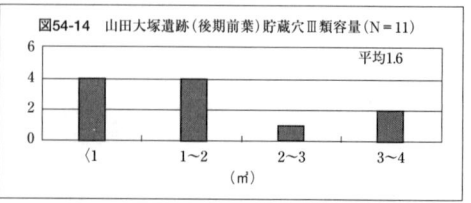

図54-1　西田遺跡(中期)貯蔵穴容量(N=32)　平均2.9

図54-2　大畑遺跡(中期末葉)貯蔵穴容量(N=15)　平均2.0

図54-3　原遺跡(早期末葉〜前期前葉)貯蔵穴容量(N=5)　平均0.6

図54-4　妙音寺遺跡2次調査(中期)貯蔵穴容量(N=38)　平均3.0

図54-5　法正尻遺跡大木8a期貯蔵穴容量(N=28)　平均3.6

図54-6　吹浦遺跡3・4次調査(前・中期)貯蔵穴容量(N=42)　平均2.5

図54-7　北向遺跡大木10期貯蔵穴容量(N=19)　平均0.7

図54-8　中平遺跡(中期末葉)貯蔵穴容量(N=17)　平均1.5

図54-9　品川台遺跡(中期前葉)貯蔵穴容量(N=9)　平均2.6

図54-10　山苗代A遺跡(中期前葉)貯蔵穴容量(N=23)　平均1.6

図54-11　諏訪遺跡(中期)貯蔵穴容量(N=7)　平均2.3

図54-12　墨木戸遺跡(中期後葉)貯蔵穴容量(N=6)　平均2.9

図54-13　野川中洲北遺跡(後期前葉)貯蔵穴容量(N=7)　平均1.5

図54-14　山田大塚遺跡(後期前葉)貯蔵穴Ⅲ類容量(N=11)　平均1.6

第 3 章　縄文時代貯蔵穴の形態と容量

図55-1　曽畑遺跡（前期）貯蔵穴容量（N=28）　平均0.2

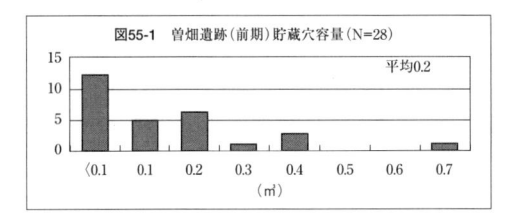

図55-2　龍頭遺跡（後期前葉）貯蔵穴容量（N=48）　平均0.8

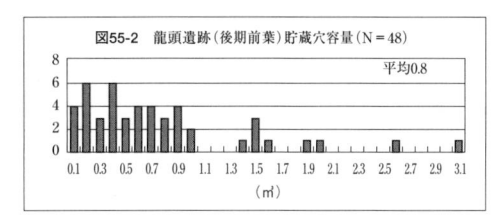

図55-3　野多目拈渡遺跡（後期初頭）貯蔵穴容量（N=10）　平均3.4

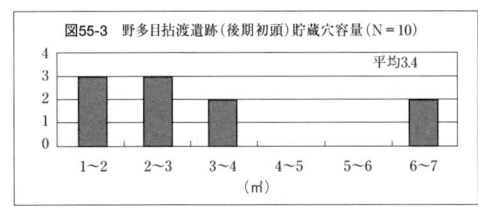

図55-4　名切遺跡（後期初頭）貯蔵穴容量（N=22）　平均0.3

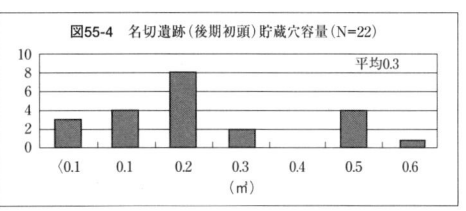

図55-5　黒丸遺跡（晩期）貯蔵穴容量（N=53）　平均0.4

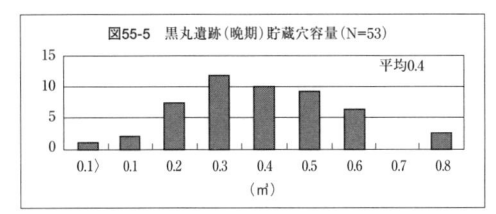

図55-6　目久見遺跡（中期）貯蔵穴容量（N=30）　平均0.2

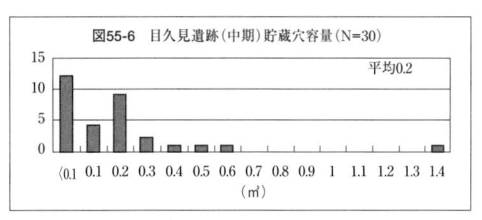

図55-7　九日田遺跡（後期初頭）貯蔵穴容量（N=19）　平均0.7

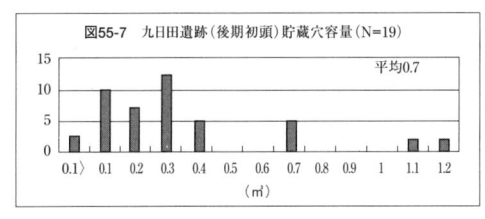

図55-8　津島岡大遺跡6次調査（後期前葉）貯蔵穴容量（N=12）　平均0.2

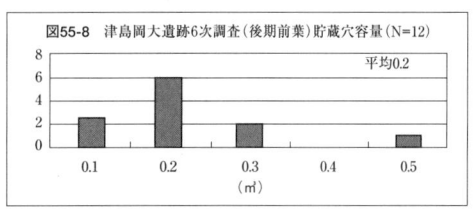

図55-9　宮の前遺跡（晩期）貯蔵穴容量（N=10）　平均1.3

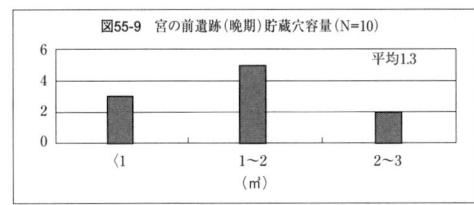

図55-10　佃遺跡（後期後半）貯蔵穴容量（N=22）　平均0.4

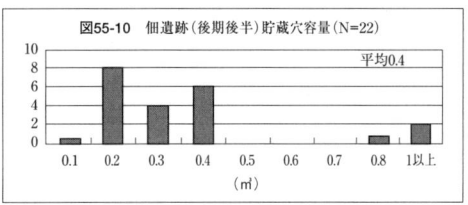

図55-11　布留遺跡（晩期中葉）貯蔵穴容量（N=7）　平均1.5

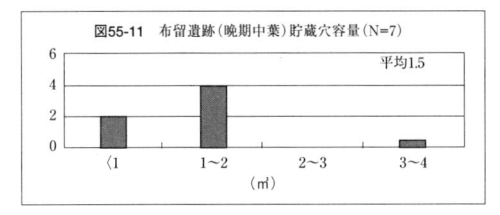

図55-12　ダイラクボウ遺跡（後期〜晩期）貯蔵穴容量（N=13）　平均0.5

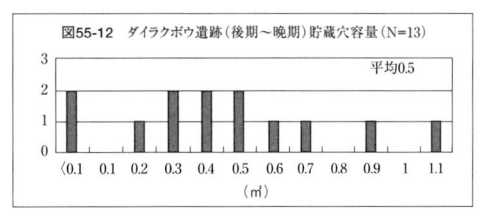

図55-13　栗林遺跡（後期前葉）貯蔵穴容量（N=29）　平均0.7

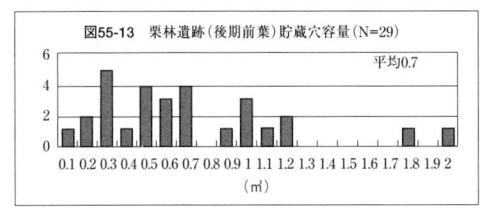

図55-14　北江古田遺跡（中期後葉〜後期前葉）貯蔵穴容量（N=27）　平均0.2

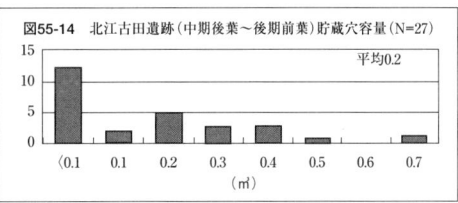

第2節　貯蔵穴の容量

（3）縄文時代貯蔵穴容量の比較検討

　本項では縄文時代貯蔵穴容量と民俗誌などにみえる近世、近現代の飛騨・中部地方、東北地方の貯蔵量、並びに、農耕社会の弥生時代、中国窖穴、および英国鉄器時代リトルウッドベリー遺跡の貯蔵穴容量と縄文時代のそれとを比較検討してみることにする。

　明治6年に刊行された地誌『斐太後風土記』（蘆田 1930）には明治初期の村単位の戸数、人口、産物の生産量が克明に記録されている。特に、産物は植物・動物質食糧の生産量が詳細で、堅果類にまで及んでいる。当時の飛騨地方では現在の高山市周辺、飛騨地方の南側の益田川流域で水田による稲作も行われていたが、それらよりも奥深い山間部では焼畑、採集が重要な役割をしていた（松山 1982b）。『斐太後風土記』の全415村のうちクリの採集村は225村、ナラは156村、トチは151村、クルミは12村で（小山 1981）、クルミの採集村は少なかったようである。水稲耕作と焼畑の比重が高い大野郡、益田群の村々では産物の項にほとんど堅果類についての記述がみられないか、生産量も記述されていないのに対し、吉城郡ではその生産量も具体的に示されている。

　そこで吉城郡高原郷（現吉城郡上宝村）をもとに堅果類の生産量について検討していきたい。表4には高原郷の村々の戸数、人口、主な植物質食糧の生産量を示した。高原郷では上宝川下流の米・雑穀（特に稗）の生産の高い村では堅果類の比重が低く、上流の米・雑穀の比重が低い村（赤桶村、田頃家村、下佐谷村など）では堅果類の生産が高い傾向がある（図56・57）。また楢、栃の生産量は10石を越える例が多いのに対し、栗が10石を越えるのは下佐谷村、岩井戸村、双六村、吉田村に限られ、堅果類の中でも栗の比率は低い。赤桶村は15戸、人口80余人で稗10石5斗、粟1石、蕎麦8石1斗、大麦1石2斗、小麦3石、大豆7石1斗、小豆1石2斗に対し、栗2石、栃40石、楢50石の生産量があり、堅果類が雑穀の生産量を大幅に上回っている。栗、栃、楢を合わせた92石を15戸、人口80余人で割ると、1戸あたり約6石（1.08㎥）[6]、1人あたり約1.2石になる。その他の堅果類の生産量が多い村で栗、栃、楢の生産量と戸数、人口の関係をみると栃尾村で23石2斗、1戸あたり約1.5石（0.27㎥）、1人あたり約0.3石、柏當村で22石1斗、1戸あたり約3.1石（0.56㎥）、1人あたり約0.7石、田頃家村で58石、1戸あたり約2.5石（0.45㎥）、1人あたり約0.5石、芋生茂村で28石、1戸あたり約3.1石、1人あたり約0.6石、下佐谷村で50石、1戸あたり約6.3石（1.13㎥）、1人あたり約1.3石である。

　中部地方の昭和のトチの実年間使用量と採集量は、岐阜県坂上村5〜6人家族で1年に4斗俵で4俵（0.29㎥）〜5俵（0.36㎥）、同村10人家族で1年に7俵（0.51㎥）〜8俵（0.58㎥）、徳山村[7]の多く用いる家で20俵（1.44㎥）、愛知県富山村の多い家で3俵（0.22㎥）〜4俵（0.29㎥）、秋山郷の1戸平均5斗（0.09㎥）〜1石（0.18㎥）である。また、調査時期が不明であるが、須坂西高校郷土部調査による秋山郷各集落のトチの採集量は小赤沢、上ノ原で0.5石（0.09㎥）、屋

第3章　縄文時代貯蔵穴の形態と容量

表4　高原郷の村々の戸数、人口、主な植物質食糧の生産量

村名	戸数	人口	米	粟	稗	蕎麦	小麦	大麦	大豆	小豆	栗	楢	栃
平湯村	14	70余人			38石2斗	23石4斗			8斗	1斗			
一重ヶ根村	39	190余人		8石1斗	111石	1石7斗	30石		81石	4石8斗			
福地村	33	60余人		16石	81石6斗	26石	30石	10石	51石	12石8斗			
中尾村	12	30余人		2石2斗	16石2斗	19石	9石		14石	2石		1石	2石
神坂村	9	60余人		5石	7石	20石	4石	4斗	14石	2石	8斗	4石	6石
栃尾村	17	80余人	8斗	6石8斗	28石	12石	8石	4石	20石4斗	4石	3石2斗	8石	12石
今見村	10	70余人	1石2斗	12石	22石	20石	12石	2石4斗	24石	14石			
稲當村	7	30余人		15石	50石	2石5斗	5石	2石	5石	1石	5石	12石	5石1斗
蓼俣村	3	20余人		3石2斗	6石1斗	4石	1石8斗	8斗	3石2斗	4斗	1斗3升	5斗	1斗
田頃家村	23	120余人	1石	3石6斗	32石	20石	12石	4石	20石	2石	6石	40石	12石
赤鳥村	15	80余人		1石	10石5斗	8石1斗	3石	1石2斗	1石2斗	1石2斗	1石4斗	50石	40石
芋生茂村	6	40余人	6斗	1石2斗	8石	5石2斗	6斗	1石	7石1斗	3斗	7石	7石	3石
葛山村	9	50余人		4石2斗	18石	8石	6石	5石9斗	1石4斗		3石	10石	15石
下佐谷村	14	80余人	4斗	6石6斗	22石6斗	6石	2石6斗	5石9斗	9石4斗	1石2斗	2石	量不明	量不明
長倉村	8	40余人		1石7斗	13石5斗	40石	2石1斗		5石5斗	8石	15石	10石	25石
岩井戸村	41	210余人	20石	26石	80石	1石5斗	24石	12石	32石	1石6斗	最不明	最不明	最不明
中山村	16	100余人	11石3斗	10石5斗	34石	8斗	10石	6石1斗	10石5斗	7斗	16石		
双六村	14	60余人	5石6斗	5石3斗	16石3斗	8斗	5石6斗	1石5斗	7石1斗	8斗	2石5斗		20石
鼠持村	12	140余人	15石2斗	7石2斗	22石6斗	8石	4石	1石2斗	8石	1石	30石	量不明	
新田村	25	160余人	18石	2石	50石	2石	6石	4石	12石	1石	1石		量不明
上灘村	7	50余人	10石	2石	6石	5斗	1石	2石	1石4斗	1斗	4石		
宮原村	8	50余人	3石1斗	2石	9石2斗	1石2斗	2石	1斗	2石4斗	4斗	5石		量不明
見座村	37	180余人	60石	20石	70石	4石	18石	2石	20石	2石	1石		
在家村	37	160余人	10石5斗	35石	55石	10石8斗	5石5斗	1石	20石	8石	5石		量不明
本郷村	43	180余人	52石	12石	40石	16石	10石	6石	16石	10石	1石	量不明	
吉野村	49	250余人	110石	50石	150石	3石	25石	10石	40石	4石		栃・楢24石	
荒原村	69	310余人	48石	24石	120石	12石	23石	12石	28石	1石			20石
蔵柱村	24	150余人		5斗	150石	5石	5斗	1石5斗	40石		3石	20石	20石
阿曽保村	139	640余人	316石余	10石	233石	20石	1.8石		2石	3斗8升	8斗5升	6石	2石5升
野首村	6	30余人	15石2斗		4石2斗	8斗4升	2石		6石	2石	2石3斗		2石5升
丸山村	26	140余人	81石	4石8斗	52石	3石2斗	12石		5石3斗	2石1斗余	3石5斗	12石3升	3石2斗4升
小萱村	19	100余人	29石2斗	4石5升	9石	2石8升	4石1斗		48石7斗	5石4斗	量不明	11石5斗	8斗
東雲村	47	230余人	81石2斗	9石1斗	121石余	8石1斗	15石7斗	1石7斗	7石2斗	1石4斗	5石	4石4斗	1石2斗
釜崎村	11	70余人	50石6斗	7石	7石	1石6斗2升	7石2斗	2石6斗3升	11石1斗	1石2斗余			
吉田村	11	70余人	52石2斗	4石2斗余	27石余	2石5斗8斗余	14石6斗4升余	9石4斗4升	17石4斗余	3石3斗余	12石3斗		
	84	460余人	300石	2石8斗余	30石								

第2節 貯蔵穴の容量

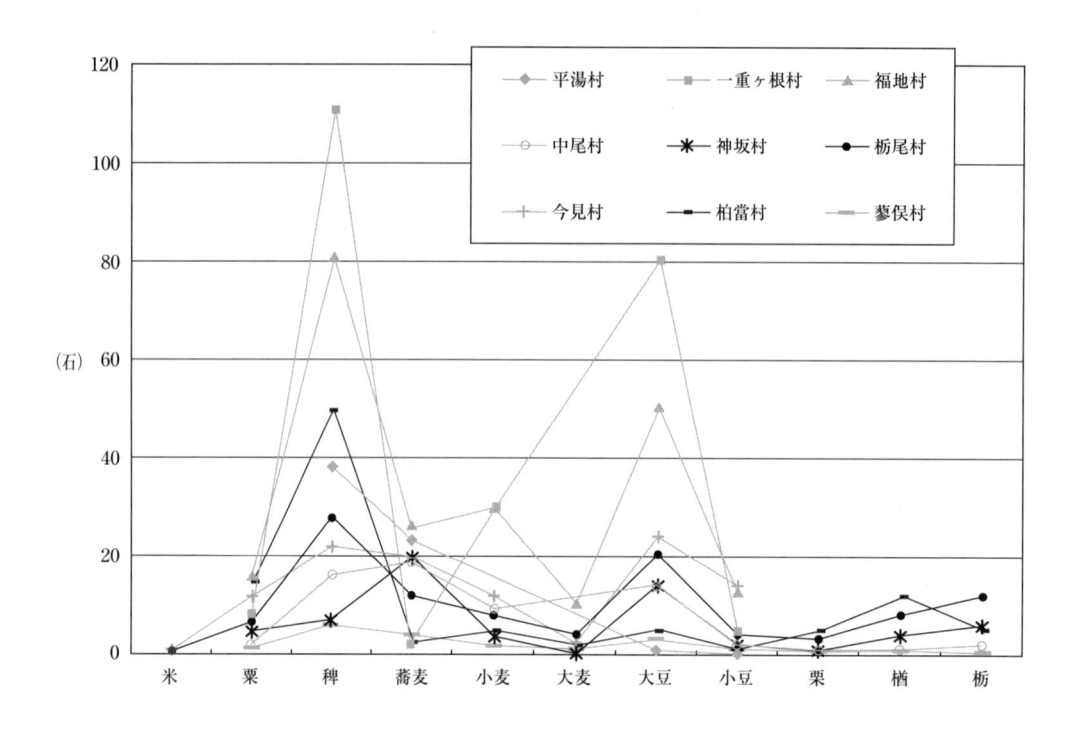

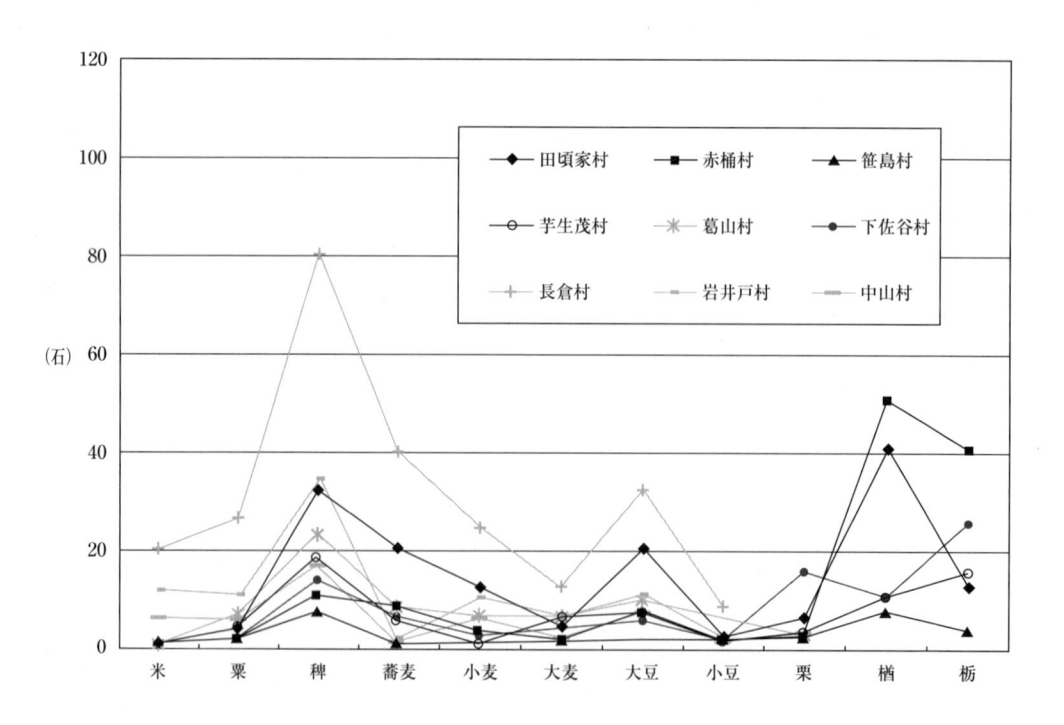

図56 高原郷の村々の主な植物質食糧の生産関係（1）

第3章 縄文時代貯蔵穴の形態と容量

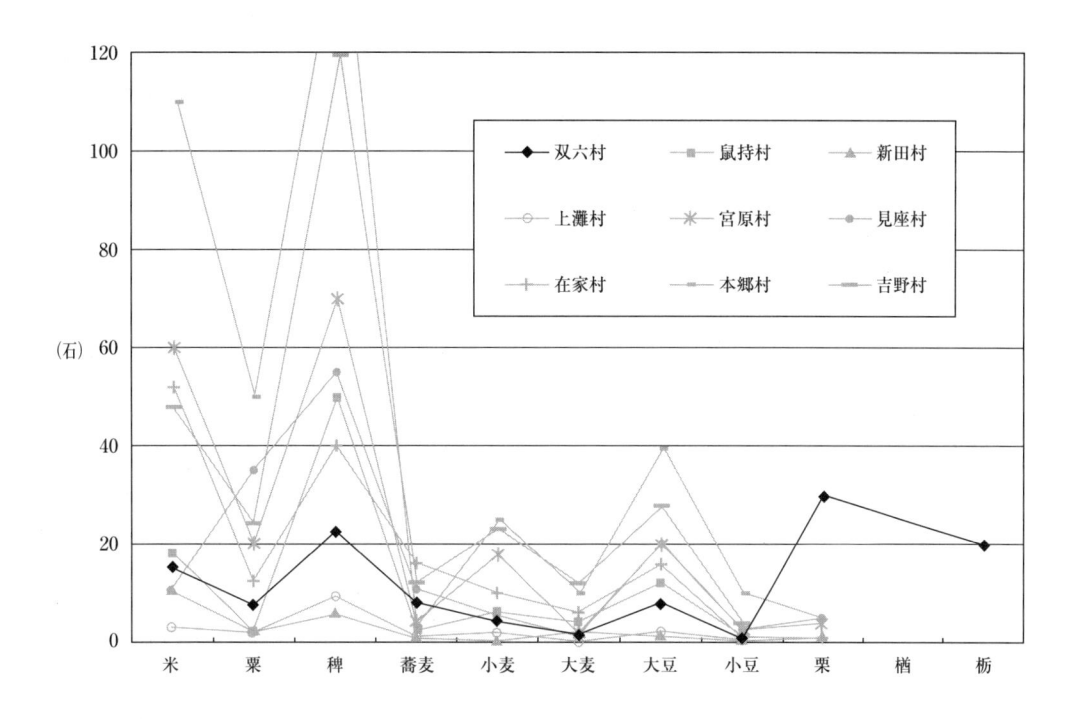

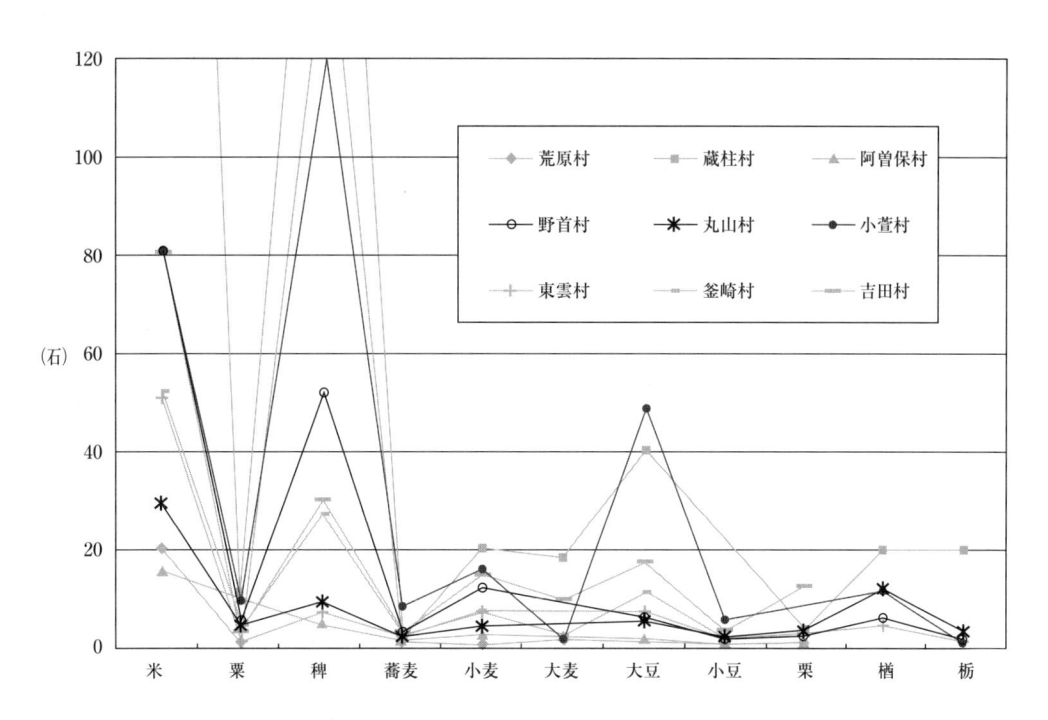

図57 高原郷の村々の主な植物質食糧の生産関係（2）

第2節　貯蔵穴の容量

敷で0.6石（0.11㎥）、和山で1石（0.18㎥）である（千葉徳 1966）。徳山村の20俵（1.44㎥）を除くと、他の地域は1㎥未満で少なめの印象を受ける。明治初期の飛騨と比べると、昭和ではトチの採集・使用料が減少しているのであろう。

終戦前後の石川県白峰村のトチ・クリの採集量は家により差がみられるが[8]、トチの平均は1石6斗、クリの平均は1石2斗である（橘 1989:12-13）。岐阜県白川村の10人前後の家族ではトチを7俵〜8俵（江馬 1975:474）、長野県安曇村番所・大野川のミズナラを主とする貯蔵量は2俵〜30俵（約0.14㎥〜約2.16㎥）（河西 1965:58）、岐阜県清見村江黒方面では楢を10俵（0.72㎥）以上採集していた（江馬 1975:480）。山形県小国町樽口ではクリは30俵、西川町大井沢ではクリは1年間の食糧として各家で10俵以上採集していた[9]（赤羽 2001:193・199）。

天保2年（1831年）に書かれた鈴木牧之（1979:66・99）の『秋山紀行』でも小赤沢では「十月より春迄は栃を喰い、年中の事にしては粟・稗・或小豆も少々づつ交ぜれば味よく、（中略）上の原・和山抔では、年中栃勝に、又楢がまの實抔たべ、夏秋時分は、雑すいに蕪の根葉共に刻、粟少し振り交ぜ、或家内三四人の者なれば、右の通り蕪大刻、雑水の畠い立時、稗の粉一二合も入れて掻廻したべる。」和山では「此地は年中食物は、何が澤山に用ひし哉と聞に、栃を飯にしたり、稀に餅にも栃を搗く」というように上の原、和山のような上流にいけば年間を通してトチを食べ、トチの食糧としての重要性が高くなっていたようである。岐阜県白川村木谷ではトチは冬中食べて春すぎまであり（江間 1937:295）、飛騨地方でも冬の食糧として重要であった。

飛騨・中部地方などと同様に堅果類が食糧として重要な位置を占めていた北上山地の現岩泉町では、昭和初期の農家のシタミ（コナラ・ミズナラ・カシワのドングリ類）、トチなどの堅果類採取量は安家本村より安家川上流域、有芸、栃ノ木、皆川、大川の大渡より小本川、接待川の上流域、小川の三田貝より上流域では1戸あたり4石〜8石（0.72㎥〜1.44㎥）、下流域の乙茂・安家川口周辺、肘葛、中倉、猿沢などでは2石〜4石（0.36㎥〜0.72㎥）、さらに下流域では減少する（畠山剛 1997:141）。同町年々地区では大正から昭和にかけて山林を多くもつ家ではクリを8石〜10石（1.44㎥〜1.8㎥）、山林をあまりもたない家では5石〜6石（0.9㎥〜1.08㎥）、シタミは3石〜4石（0.54㎥〜0.72㎥）採集していた。クリの量がシタミに比べ多いのは商品にもなっていたためである（岡 1992）。クリについては豊作年で多く拾う家で2石〜3石（0.36㎥〜0.54㎥）、畑仕事が忙しい家では1石（0.18㎥）前後が一般的という指摘もある（畠山剛 1997:196）。北上山地ではシタミが主食のためクリよりシタミの採集量のほうがはるかに多かったようである（畠山剛 1997:128）。地域、家族、堅果類により地域差がみられるが、北上山地では「冬の四か月ほどはシタミを食べていた」（岡 1987:97）というように堅果類は冬の食糧として重視されていた[10]。飛騨ではトチが主食であったのに対し、北上山地ではシタミが主食、トチが救荒食

として位置づけられており（岡 1987:99-100）、嗜好性もみられる。

　かつての山形県奥三面における食料としてのヤマノモノ（堅果類、山菜）、焼畑の雑穀、米への依存度はそれぞれ三分の一と伝えられ（赤羽 2001:177）、この点は多かれ少なかれ飛騨・中部地方、東北地方でも共通していた可能性が高い。採集の比重の高かったと考えられる縄文時代においては、その量は上述した飛騨・中部地方、北上山地の堅果類の採集量をさらにうわまわっていたであろう。先に、北・東日本の前・中期フラスコ・袋状土坑の容量の平均は2㎥〜3㎥前後であることを述べた。では2㎥〜3㎥は具体的にどのくらいの量なのであろうか。岡恵介（1987:97）のシタミの食品化の実験によれば、成人1人当たり1日に必要な熱量を1800カロリー、ミズナラ100g当たりの熱量は287カロリーとすると、1日約627gのシタミでその必要量を満たすことができる。約1升2合の乾燥貯蔵したシタミから1470gのシタミが精製され、アク抜きで目減りする量を10%、1家族10人とした場合、4石の貯蔵で約70日分の栄養量が確保されるという。単純に2㎥〜3㎥前後（約11石〜17石）を換算すれば193日〜298日の栄養量になる。岩手県岩泉町安家ではシタミを1日、1人約2斗〜3斗採集しているので（岡1987:96）、これに基づき単純に計算すれば5人が10日間、採集すれば10石〜15石拾うことができ、約11石〜17石という量はあながち無理な量ではない。

　また、『斐太後風土記』の野生食糧の比率、並びに、栄養素の供給を分析した小山修三（1984:87）は1年間、5人家族で野生食糧だけで生活するのにクズかワラビが約4斗（約0.07㎥）、クリ、トチ、ナラなどの木の実が8石6斗（約1.5㎥）、ウグイ、ハエ、アユなどが2000匹、イノシシ、シカが1頭〜2頭、ヤマドリが5羽〜6羽などが必要としている。前・中期の平均2㎥〜3㎥は小山の指摘する木の実8石6斗を越える量である。それに対し、堅果類の種類は異なるが、西日本の容量は1㎥未満が一般的であるから、その分、多くの貯蔵穴が必要ということになる。

　西日本の民俗誌では堅果類の貯蔵量に関するデータは少ないが[11]、安政・文久の中川延良が対馬について記述した『楽郊紀聞』（中川延1977:115）には以下のような「ほな」という石造りの貯蔵穴に関する事柄がある。

「樫の実を家別拾ふて、儲蓄とす。川縁にほなを作りて蔵め置也。其ほなの下は、水常に流れ通る様にして置也。流れ通らず、水溜まる時は、樫実くさりて用立たずと云。（後略）」

「樫ノ実、家別ほな二ツより少なく持たる者なし。是は去年の分と、今年の分とを、急度二ツはたぼい置く也。手前の好キものは、去年の分より手を掛ざる故、ほな三ツも有。是を多く持たるを能事とす。拠其ほなは、二間角も堀、石を築キ廻して、其中に直に樫の実を入るる也。一トほなに、凡樫実弐石余は納るべしと見ゆ。大小少しづゝは異なるべし。（後略）」

　この記述から江戸時代後半の対馬では家ごとに少なくとも二つ（0.72㎥）、多い場合には三つ（1.08㎥）「ほな」を構築し、その貯蔵量は1年間で消費される量を上回っていたことがわかる。

第2節　貯蔵穴の容量

　長崎県樫ぼの遺跡（立平 1992a）は対馬南端の扇状地、権現川河川敷末端に位置する江戸時代の低地型貯蔵穴であるが、『楽郊紀聞』の記述と一致し、貯蔵施設の時期・機能が検証できる。樫ぼの遺跡の発掘調査ではA群、A'群、B群の3群が確認されている。A群では1号の大きさが径1.2m、2号が2m×1.35m、3号が2.1m×1.8m、4号が2.3m×1.4m、5号が1.4m×2m、深さ1.3m～1.6m、6号が1.2m×1.6m、7号が1m×1.3m、8号が1.4m×1.4m である。B群では1号が1.4m×1.5m、2号が1.4m×1.5m、3号が2.5m×1.5m、4号が2.5m×1.1m、5号が2.3m×1.1m、6号が1m×1.6m、7号が東西1.1m×1.3mである。A'群の1号が2.6m×2.5m、2号が1.8m×2m、3号が東西2m×1.5mである。この内、容量が推定し得るのはA群5号のみである。その床面積をエリアカーブメーターで計測すると2.62㎡で、深さを最も深い所の1.6mで容量を計算すると4.192㎥である。上述のように、樫ぼの遺跡の貯蔵施設の大きさはこのA群5号の前後が多いので、4㎥前後と推定される。

　容量、石造りによる構築方法の差異はみられるが、「ほな」は西日本縄文時代低地型貯蔵穴の立地と共通し、ほぼ同じ機能と推定される（立平 1992b）。ただし、西日本縄文時代貯蔵穴の容量は後期の九州を除くと1㎥未満が一般的であるから、容量の差は大きい。江戸時代後半の対馬の食糧事情は焼畑農耕による雑穀、魚貝類、芋常食、堅果類が主食で、豆酘でも人口は千人を越えていたらしく（城田 1992）、それだけ大形の貯蔵施設を必要としたのであろう。

　次に農耕社会の貯蔵穴の容量について検討する。図58-1は弥生前期の長崎県里田原遺跡（正林 1974、安楽・藤田1975、安楽 1976・1992）低地型貯蔵穴の容量をグラフ化したものである。大きさにはばらつきがあるが、1㎥未満が主体で、平均0.6㎥である。同じく弥生前期の長崎県津吉遺跡（萩原 1986）第1～3号貯蔵穴は各0.3㎥、0.6㎥、1.0㎥である。弥生後期の福岡県門田遺跡（井上 1979）A群ドングリ貯蔵穴1～6号は形態が不定形で測定不可能のものが多いが、1㎥未満が主体であろう。B群ドングリ貯蔵穴7～9号は長軸が2m前後、短軸が1m～1.5mの楕円で深さも7・8号は1mを越え、1㎥を越えていると思われ、10号は1.7㎥、11号は0.4㎥である。弥生時代の低地型貯蔵穴は門田遺跡を除くと、総じて1㎥未満が主体を占め、小形の点は縄文時代低地型貯蔵穴とほとんど変わらない。

　図58-2・3は北部九州、弥生時代初期農耕社会の貯蔵穴の容量をグラフ化したものである。福岡県周防灘沿岸の下稗田遺跡（長嶺・末永 1985）、高津尾遺跡16区南地区（柴尾 1991）の容量は2㎥～10㎥の幅があるが、各平均は6.2㎥（図58-2）、4.9㎥（図58-3）で、西日本縄文時代の低地型貯蔵穴と比べると数十倍も大きいことがわかる。弥生時代初期農耕社会の貯蔵穴の断面形態はフラスコ・袋状で大形のものが多く、西日本縄文時代の低地型貯蔵穴とは形態、容量、構造も異なっている。貯蔵対象も福岡県横隈山遺跡（浜田 1974）26号貯蔵穴から稲束が検出されていること、下稗田遺跡A地区12号貯蔵穴底面から炭化米層が検出されていることから、貯蔵の

第3章 縄文時代貯蔵穴の形態と容量

図58-1 里田原遺跡(弥生前期)貯蔵穴容量(N=9) 平均0.6

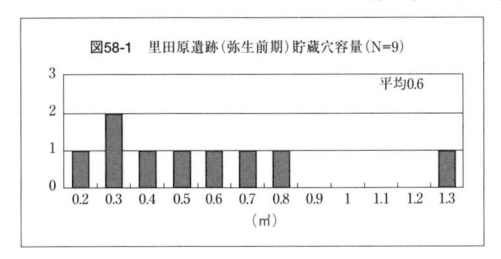

図58-2 下稗田遺跡A地区(弥生前・中期)貯蔵穴容量(N=11) 平均6.2

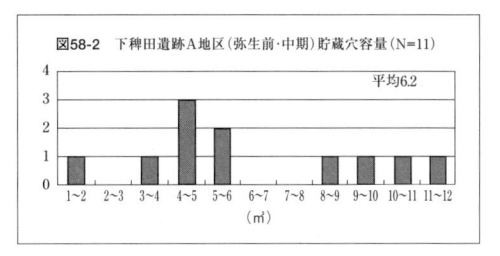

図58-3 高津尾遺跡16区南地区(弥生前期)貯蔵穴容量(N=12) 平均4.9

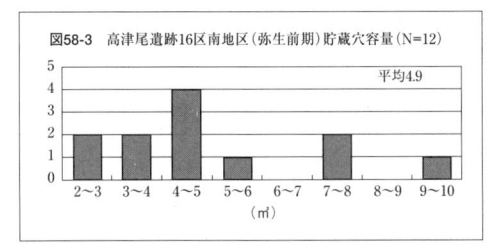

図58-4 リトルウッドベリー遺跡貯蔵穴容量(N=20) 平均2.7

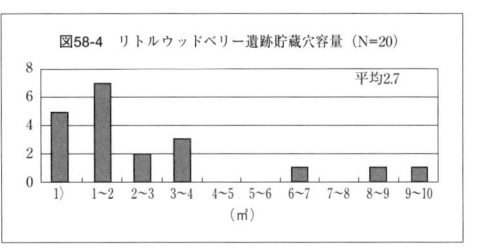

中心は米などの穀物であったと推定される。また、福岡県葛川遺跡（酒井 1984）では貯蔵穴群に環濠をめぐらせており、狩猟採集社会から農耕社会への移行に伴い貯蔵構造、集落の空間構成も大きく変容している。

中国窖穴の容量は初期段階早期の場合、定量的に計測できるデータはないが、磁山遺跡（邯鄲市文物保管所 1977、河北省文物管理処 1981）のH346は2.96㎥、H32は7.34㎥である。初期段階中期の西安半坡遺跡（中国科学院考古研究所 1963）H13は6.42㎥、H191は4㎥～6㎥、H126は0.32㎥、H74は0.55㎥、H115は0.97㎥である。初期段階晩期の鄭州旭旮王村遺跡（河南省文物工作隊第一隊 1956）のC20H82は4.77㎥である。成熟段階の洛陽漢代居住遺址の円形磚窖は7.82㎥である。『南齊書』巻五十七（蕭子顕 1972:984）には「太官八十餘窖、窖四千斛、半穀半米。」とあり、斛を10斗で計算した場合、720㎥になる。王禎『農書』には「小可数斛、大至数百斛」とあり、小さいもので約0.18㎥の数倍、大きいもので約0.18㎥の数百倍の大きさになる。荘綽『雞肋編』には「多至数千石」とあり、180.39㎥の数倍の大きさとなる。窖が国家の倉として管理されるにつれその容量は飛躍的に増え、隋・唐代にはピークに達したといえる。

英国鉄器時代のリトルウッドベリー遺跡の貯蔵穴容量は大小が著しいが、1㎥～4㎥が一般的で、平均は2.67㎥である（図58-4）。

弥生時代初期農耕社会、近世、近現代山間部の貯蔵量、中国窖穴、英国リトルウッドベリー遺跡の貯蔵穴容量をごく簡単に概略した。北・東日本縄文時代のフラスコ・袋状土坑の盛期である前・中期の容量の平均は2㎥～3㎥前後で、弥生時代初期農耕社会の貯蔵穴容量の半分前後、英国鉄器時代の貯蔵穴容量と大差なく農耕社会のものと比較しても遜色ない。1章で検討したカフィアのグラナリーの10ブッシェル～15ブッシェルの容量は0.352㎥～0.528㎥、ルイセーニョ

のグラナリー8ブッシェル〜12ブッシェルの容量は0.282㎥〜0.422㎥、ノーザンマイドゥのグラナリーの8ブッシェル〜10ブッシェル容量は0.282㎥〜0.352㎥で、北・東日本縄文時代の貯蔵穴の容量がこれらと比べても、如何に大きいかが理解される。

注

1) 底部施設が水抜施設であることは早く水木沢遺跡の報告書（青森県教育委員会 1977）などで指摘されている。
2) 本論では牛方商会X-PLAN380Fを用いた。
3) 龍頭遺跡担当者の吉田寛氏のご教示による。
4) 廣川 1998の図2の1号（直径21cm、深さ14cm）・3号（直径48cm、深さ22cm）ピットのスケールは誤記がみられるようなので、ピットの計測値から1号ピットは1/10、3号ピットは1/20で容量を計測した。
5) 深井明比古氏のご厚意により2001「佃遺跡」『関西縄文時代の生業関係遺構 第Ⅲ分冊』関西縄文文化研究会の資料から計測させていただいた。
6) 本論では新村出（編）『広辞苑第五版』（1998）に基づき1俵＝4斗、1斗＝10升、1升＝1.80391リットル、1リットル＝0.001㎥、したがって1升＝0.0018039㎥、1斗＝0.018039㎥、1俵＝0.072156㎥、1石＝10斗＝180.39リットル＝0.18039㎥で換算し、小数点3桁を四捨五入した。
7) 徳山村ではクリを多く用いる家で5・6俵（0.36㎥〜0.43㎥）、採集している（櫻田 1951:34）。
8) 最も多く採集しているのは大道谷五十谷の織田家（4人家族）で、その採集量はトチ2石〜3石、クリは2石〜2石5斗、合計4石〜5石5斗である。最も少ないのは河内谷まんぞう山の藤部家（2人家族）でトチ2斗、クリ2斗〜3斗、合計4斗〜5斗である。
9) 赤羽正春（2001:161）によると、山形県朝日村伊藤家の冬備えの食糧の貯蔵量はぜんまい5貫、わらび50把、こごめ1貫、うど5貫、ふき25把、かたくり1貫、みず25把、あそか200貫、あけび100個、ゆり根30個、柴栗5升、とちの実2升、山くるみ3俵、ぶどう酒5升、まいたけ2株、きのこ塩漬け10樽、やまいも1貫で、堅果類のみなでなく広く山菜にもわたっている点は注目される。
10) ただし、畠山剛（1997:168-170）による調査では夏、一年中シタミを食べている事例も報告されている。また「あまり仕事がなくて暇な冬はシタミ等のヤマのものでしのぎ、様々な重労働のある夏から秋は畑のものを食べるように、冬は畑のものは食べずに貯蔵していた」（岡 1987:97）というように季節的な生業の変化により、食糧も変えている点は注目される。
11) 高知県物部村百尾では昭和5年頃までトチをよく食べ、家の天井に3俵半位を毎年貯えていた（近藤 1984:25）。福井県小浜市上根来ではツシに2斗〜3斗のトチを貯えていた家もある（辻稜 1990:34）。

第4章　貯蔵空間からみた縄文時代集落構成の地域性

　縄文時代の貯蔵穴は時期、地域により多様であり、本章では貯蔵・居住・墓域などの集落構成の分析を通して、その地域性と意義について検討する。集落内における貯蔵穴の空間的配置については佐々木藤雄、永瀬福男、林謙作・桜井清彦、相原康二、桐生直彦の研究がある。佐々木（1973）は屋外貯蔵穴存在集落―①型集落、屋内貯蔵穴存在集落―②型集落、屋内・屋外貯蔵穴両例の共時的存在集落の3つに分類し、貯蔵空間の集落内の位置における屋内、あるいは屋外を重視する。ただし、住居跡との近接・対応関係について、貯蔵穴が住居群の内側に位置するタイプとして高根木戸遺跡、向台遺跡、逆に住居群の外側に位置するタイプとして埼玉県岩槻市上野遺跡をあげるなど、集落内配置についても注意をはらっている。永瀬（1981）は秋田県を中心に住居群の外側に群集する例（Aパターン）、住居群内と住居内に付設されるものが混在する例（Bパターン）、大部分が住居内に付設される例（Cパターン）に分類し、Aパターンは前期から中期の円筒土器圏との接触地域、B・Cパターンは中期以降、大木圏との接触地域に顕著となることを指摘する。林・桜井（1981）は岩手県内の中期以降について、1. 貯蔵施設が住居、墓地などと隔たった場所に集中する場合、2a. 同じ平面のうえで住居・墓地・貯蔵施設がそれぞれの区画に割り付けられている場合、2b. 貯蔵施設が入り混じっている場合、に3分類し、岩手県内で最も多い例は西田遺跡などの2aで、1、2bは少数であると指摘する。相原（1982）も林・桜井の分類をふまえ、岩手県内の集落遺跡は2aが主体で、中期末以降、2bが加わってくるとする。

　桐生（1988）は東京都について、Aタイプ―住居と近接する位置関係を示すもの、Bタイプ―住居内に付設されたもの、Cタイプ―居住域とはある程度離れ特定の区域にまとまって分布するもの、に分類する。そして都内ではAタイプが主流で、中期の特定期間（勝坂Ⅱ期～加曽利E1期）にBタイプがみられ、Cタイプは少なく後期の野川中洲北遺跡、北江古田遺跡を該当させる。換言すれば、都内では貯蔵空間に関する限り集中性と独立性が弱く、それが分類に現われている。

　永瀬の分類は円筒土器圏、林・桜井、並びに相原の分類は大木土器圏、桐生の分類は西関東に視座をおくものである。近年は大規模調査によって、集落全体の様相も把握できる例が増え、集落内空間配置の多様性が判明しつつある。こうした成果を踏まえ、貯蔵空間を中心とする集落構成について以下のような分類をおこなった。また、この分類をもとに前期、中期、後・晩期の貯蔵空間からみた集落構成の分布を図59に示した。

1類　混在・分散型。住居の回りにフラスコ・袋状・円筒状土坑が分布するもの。ただし、近接型が重複した場合、混在・分散型と識別が不可能で、2類近接型のバリエーションとみなすべきかもしれない。
2類　近接型。住居に近接してフラスコ・袋状・円筒状土坑が分布するもの。
3類　住居の内側にフラスコ・袋状・円筒状土坑が分布するもの。
4類　住居の外側にフラスコ・袋状・円筒状土坑が分布するもの。
5類　分離型。住居からフラスコ・袋状・円筒状土坑が距離をおいて存在するもの。
6類　線状配列型。住居、並びにフラスコ・袋状・円筒状土坑が線状に配列されるもの。

(1) 早期

　北海道中野B遺跡、川汲B遺跡は住居とフラスコ・袋状土坑が伴う最も古い段階の例となる。中野B遺跡では土坑墓と考えられる土坑がまとまって検出され、早期の段階で住居、墓域、貯蔵区域が形成されていた可能性がある。川汲B遺跡では住居に隣接して袋状土坑が分布しており、近接型といえよう。

(2) 前期

　北海道ハマナス野遺跡は明瞭ではないが、住居群の内側に墓域が形成され、台地縁辺にフラスコ状土坑群、台地内側には住居群が展開することから、居住・墓域・貯蔵区域の区別がみられる。八木A遺跡（福田 1993・1995）は集落の全体像は不明ながら、Ⅰ区の東側とⅢ区で住居跡が検出され、Ⅰ区では住居東側、Ⅲ区では住居の南側と東側に土坑墓群が検出されている。Ⅰ区東側の土坑墓群は長軸方向が北西、Ⅲ区、Ⅴ区の土坑墓群の長軸方向は北東、Ⅱ区の土坑墓群の長軸は北を示すものが多く、グループごとに長軸方向が相違している。また、Ⅱ区の土坑墓群は列状に配置されているようにもみえる。八木A遺跡から検出されている土坑墓群はグループごとにまとまりを見せるが、グループ間は間隔をあけており、求心性はみられない。ハマナス野遺跡、八木A遺跡は距離的に近接しており、道南では既に、集落の空間形成が遺跡により異なっていた可能性を示している。

　東北地方北部では住居、墓域、貯蔵区域の形成が顕著になる。住居の外側にフラスコ・袋状・円筒状土坑が分布するものには畑内遺跡がある。館野遺跡でもフラスコ・袋状土坑は崖線に群集し、台地の縁辺に竪穴住居、貯蔵穴を設けた集落形態ではそれらの掘削時、排土を斜面に容易に捨てることができるという利点があり、斜面に捨場（包含層）が形成されやすい。円筒下層a期が主体になる大面遺跡（青森県教育委員会 1980）ではフラスコ・袋状土坑は検出されていないが、住居群の南側には埋設土器、土坑墓の可能性のある土坑、配石がまとまっており、

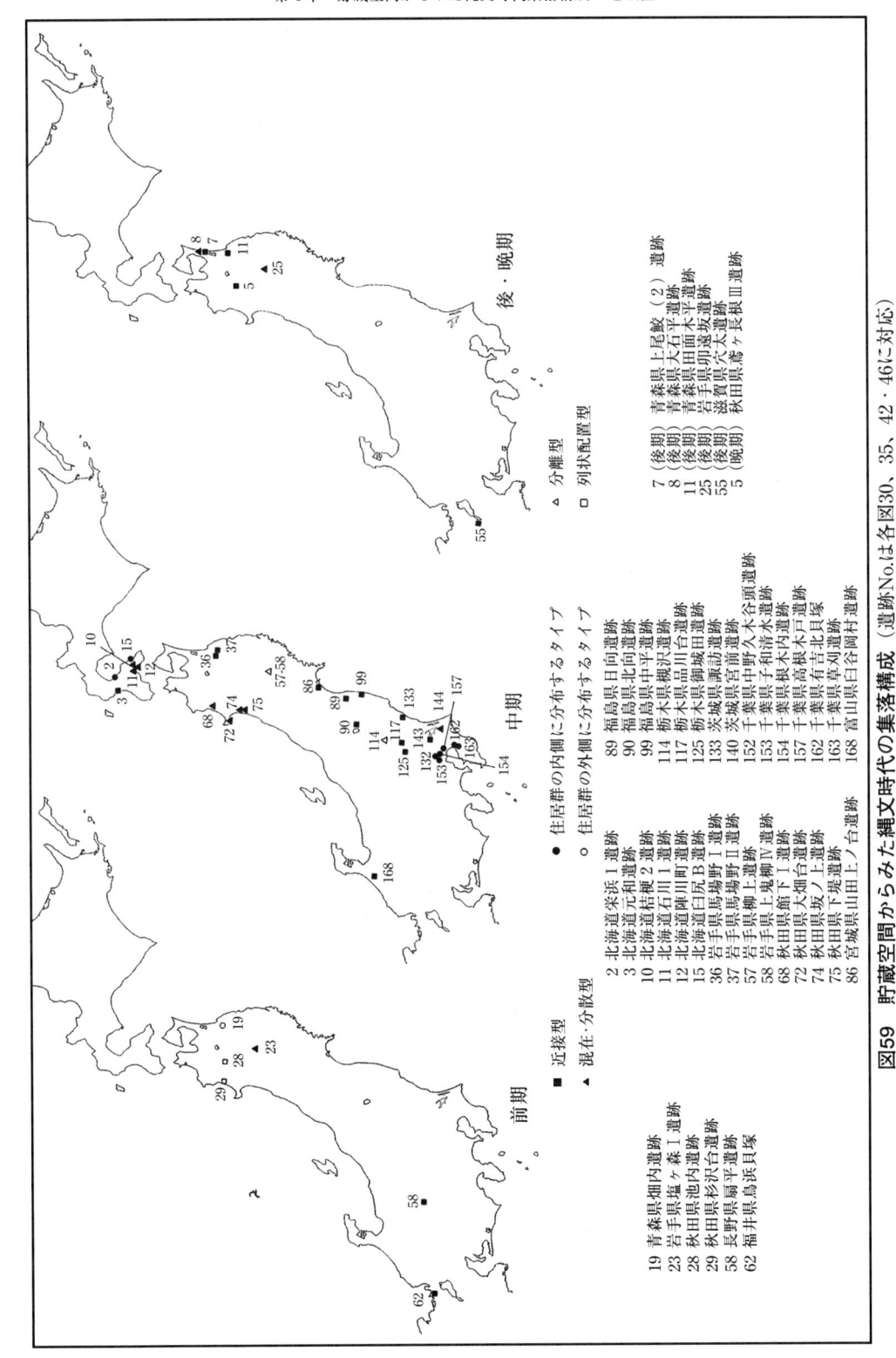

第4章 貯蔵空間からみた縄文時代集落構成の地域性

凡例
● 住居群の内側に分布するタイプ
○ 住居群の外側に分布するタイプ
▲ 混在・分散型
■ 近接型
△ 分離型
□ 列状配置型

前期
19 青森県畑内遺跡
23 岩手県塩ヶ森Ⅰ遺跡
28 秋田県池内遺跡
29 秋田県杉沢台遺跡
58 長野県扇平遺跡
62 福井県鳥浜貝塚

中期
2 北海道栄浜1遺跡
3 北海道元和遺跡
10 北海道桔梗2遺跡
11 北海道石川1遺跡
12 北海道陣川町遺跡
15 北海道臼尻B遺跡
36 岩手県馬場野Ⅰ遺跡
37 岩手県馬場野Ⅱ遺跡
57 岩手県柳上遺跡
58 岩手県上鬼柳Ⅳ遺跡
68 秋田県館下Ⅰ遺跡
72 秋田県大畑台遺跡
74 秋田県坂ノ上遺跡
75 秋田県下堤遺跡
86 宮城県山田上ノ台遺跡
89 福島県日向遺跡
90 福島県北向遺跡
99 福島県中平遺跡
114 栃木県槻沢Ⅲ合遺跡
117 栃木県品川台遺跡
125 栃木県御城田遺跡
133 茨城県諏訪遺跡
140 茨城県宮前遺跡
152 千葉県中野久木谷頭遺跡
153 千葉県子和清水遺跡
154 千葉県根木内遺跡
157 千葉県高根木戸遺跡
162 千葉県有吉北貝塚
163 千葉県草刈遺跡
168 富山県白谷岡村遺跡

後・晩期
7 (後期) 青森県上尾駮 (2) 遺跡
8 (後期) 青森県大石平遺跡
11 (後期) 青森県田面木平遺跡
25 (後期) 岩手県卯遠坂遺跡
55 (後期) 滋賀県膳所城ヶ大遺跡
5 (晩期) 秋田県高ヶ長根Ⅲ遺跡

図59 貯蔵空間からみた縄文時代の集落構成 (遺跡No.は各図30、35、42・46に対応)

居住域に隣接して墓域が設けられていたと考えられる。また、円筒下層d期の板留（2）遺跡（青森県教育委員会 1980）では台地に住居群、谷部に捨場、台地縁辺には2箇所の埋設土器集中地点があり、墓域の形成が顕著になる（岡田康 1991）。

　北西東北地方では円筒下層圏と大木圏では地域性が顕著である。円筒下層圏の杉沢台遺跡では台地縁辺に沿ってフラスコ状土坑群が列状に分布し、大形住居は並行するように分布している。池内遺跡（円筒下層d期）ではフラスコ状土坑は台地北の縁辺に多数検出され、その南には列状の土坑墓、さらに南側にはそれと並行するように掘立柱建物が配置され、住居群は丘陵に並行して分布する。池内遺跡で見られるような、土坑墓の列状配置は三内丸山遺跡など円筒土器圏に特徴的である（小笠原 1997）。大木圏の上ノ山Ⅱ遺跡の第2段階では大形住居が環状に分布し、その西側にフラスコ状土坑は少ないながら分布する。上ノ山Ⅱ遺跡の場合、大形住居が環状に配置されることから、米代川流域円筒下層圏の池内遺跡と雄物川流域大木圏の上ノ山Ⅱ遺跡では集落構造に地域性がある（櫻田 1999a）。上ノ山Ⅱ遺跡のような環状配置は南東北地方中期の日本海側に多く、その先駆的形態ともみられる。

　東北地方中部、前期中葉のの岩手県蟹沢館遺跡（浅田 1993）では大形住居が環状に配置されているが、フラスコ・袋状土坑群は検出されておらず、居住・貯蔵区域が明瞭になるのは前期後半からのようである。後葉の塩ヶ森Ⅰ遺跡では住居群とフラスコ土坑群が混在しており、居住・貯蔵区域の区別はない。後葉の上八木田Ⅰ遺跡は住居群の内側に袋状土坑群が分布する。

　南東北地方中通り・浜通り地域ではフラスコ・袋状土坑の発達が北東北地方のように顕著ではない。今のところ、全容のわかる集落遺跡は少ないが、冑宮西遺跡、鹿島遺跡のように小形の袋状土坑が住居の近辺に分散している例が多い。南東北地方日本海側では、前半期の窪平遺跡では大形住居に隣接して袋状土坑が分布し、法将寺遺跡でも袋状土坑は各住居に近接、分散して分布する傾向がある。該期では居住・貯蔵区域を明瞭に形成しない集落構造が一般的なようである。後半期の吹浦遺跡では方形住居が弧状に分布し、その両側と住居近辺にフラスコ状土坑群が分布する。調査区中央と北東部に土坑墓の可能性のある土坑が検出されており、墓域の形成も厳密ではなかった可能性がある。

　北西関東では黒浜期の川白田遺跡、鞘戸原Ⅱ遺跡（井上太 1992）、関山Ⅰ期の中原遺跡、諸磯期の多田山東遺跡のように、住居の回りに近接して少数の袋状土坑が分散する例が一般的で、前葉から後葉まで大きな変化はなく、居住・貯蔵区域の形成は明瞭でない。東関東では千葉県飯山満東遺跡（千葉県都市公社 1975）、木戸先遺跡（印旛郡市文化財センター 1994）、南羽鳥遺跡中軸代地点（宇田・松田 1997）のように墓域は前期後半から形成されるが、貯蔵穴については不明な点が多い。

　中部高地では前期後半の武居林遺跡、前期後半から中期初頭の扇平遺跡のように住居の近く

に袋状土坑が分散する例が多い。北陸地方では前期後半の鳥浜貝塚は台地の縁辺に位置し、貯蔵穴は住居に近接している。

　西日本の場合、貯蔵穴と住居が近接していた可能性としては兵庫県神鍋山遺跡がある。熊本県曽畑貝塚、西岡台貝塚ではいずれも貯蔵穴は単独で検出されている。曽畑貝塚、宇土貝塚は低地に貯蔵穴、台地には貝塚が形成されているので、台地に住居が存在する可能性があるが、確認されていない。

（3）中期

　中期になると集落遺跡が増え、集落形態に地域性が顕著となる。函館湾沿岸の集落遺跡では石川1遺跡、桔梗2遺跡、陣川町遺跡のように住居とフラスコ・袋状土坑が混在する集落形態が一般的である。逆に噴火湾沿岸では臼尻B遺跡、栄浜1遺跡のように住居群の内側にフラスコ・袋状土坑が構築される例が多く対照的である。栄浜1遺跡では土坑墓群はC地点で前葉～中葉にかけてまとまりを見せるが、A・B地点からも散在しているので、墓域の形成はそれほど厳密ではないようである。日本海側の元和遺跡第3・5地点（中期末）では住居群と袋状土坑群は近接しながら、区域を形成している。噴火湾沿岸の浜町A遺跡（古屋敷 1990・1991）も近接型の可能性がある。函館湾沿岸の混在型集落と噴火湾沿岸の住居群の内側にフラスコ・袋状土坑が分布する集落も後期には石倉貝塚（函館市教育委員会 1999）のような大形配石遺構が出現し、集落内にあった墓地、墓域が独立化し、集落構成も変容していくようである。

　東北地方北部の場合、富ノ沢（2）遺跡では円筒上層d・e期はA墓域が形成されるが、住居群とフラスコ状土坑は近接して居住域と貯蔵域は判然としない。榎林・最花期は新たにB・C墓域が形成されるが、住居群とフラスコ状土坑は近接して円筒上層d・e期と同様に居住域と貯蔵域は明瞭でない。このように円筒上層d期から最花期まで墓域は維持されているが、居住域と貯蔵域は区別されていない。

　東北地方北西部の場合、池内遺跡、杉沢台遺跡にみられた線状配列型の集落は衰退し、混在型が増えていくようである。中期前葉から後葉の大畑台遺跡、中期後葉の館下Ⅰ遺跡、並びに御所野台地では下堤遺跡A地区、下堤B遺跡、坂ノ上E・F遺跡、湯ノ沢B遺跡、野畑遺跡など、大木10期の集落遺跡が数多く検出されているが、住居跡の近辺に袋状土坑が分散しており、居住・貯蔵区域が曖昧で、中期末の傾向とも考えられる。中期には墓域のわかる好例は少ないが、大木10期の狐岱遺跡では列状の可能性のある配石墓群が検出されている（大野 1990）。天戸森遺跡（鹿角市教育委員会 1984）では調査区北側に配石、土坑墓の可能性の高い土坑がまとまり、墓域の形成が窺え、中期には墓域形成、集落構造に変化があったようである。

　東北地方中部の場合、大木7a・7b期主体の鳩岡崎遺跡では北側集落の外郭に2箇所の墓域、

大形住居の南側に袋状土坑群が群集する傾向があり、近接型の貯蔵区域を形成する。中葉の西田遺跡は土坑墓群を中心にその外側には掘立柱建物群、さらにその外側に竪穴住居群、フラスコ状土坑群が同心円状に配列された形態となっている。中期中葉から末葉でフラスコ状土坑群は検出されていないが、中央部に土坑墓・配石墓群を中心とする墓域を形成するものに御所野遺跡（高田和 1993）がある。末葉の上鬼柳Ⅳ・柳上遺跡では住居と土坑墓群は一部重複し、土坑墓群の外側に掘立柱建物がめぐる点は西田遺跡と類似するが、居住域と墓域は近接し、貯蔵域だけが離れている。中期初頭の煤孫遺跡、中葉から末葉の山ノ内Ⅱ遺跡、叺屋敷Ⅰa遺跡、馬場野Ⅰ遺跡、石曽根遺跡では住居跡群に隣接して袋状土坑群が分布し、近接型の可能性を示す。中期末から後期初頭の湯沢遺跡では各住居に近接してフラスコ・袋状土坑が分布し、居住・貯蔵区域の形成は見られない。前期の墓地遺跡は少ないが、中期には西田遺跡、白沢森遺跡（矢巾町教育委員会 1986）のような円環状配置、下村B遺跡（鈴木優 1983）のように土坑墓群を溝で囲む遺跡も現われ、集落構造も多様化し、社会的複雑化の進行を反映しているかのようである。

　南東北地方中通り・浜通り地域の場合、大木8期の桑名邸遺跡では住居群とフラスコ・袋状土坑群が分かれており、分離型といえる。妙音寺遺跡、野中遺跡、鴨内A遺跡では大木8a期を中心とする袋状土坑群が単独で検出され、分離型の可能性が高い。このように分離型が増加するのは袋状土坑が発達する大木8a期前後である。法正尻遺跡はやや様相を異にし、大木7b期には混在型で、大木8a期には混在型を受け継ぎながら、住居群から離れて袋状土坑群が形成される。福島県本能原遺跡（石田・平吹 2001）は大形住居から構成されるいわゆる環状集落で、フラスコ・袋状土坑、土坑墓は大形住居と重複するもの、あるいは近接してその内側に分布するものが多い。法正尻遺跡、本能原遺跡が大木8a期前後に環状の集落形態を形成しているのは地理的に日本海側に近接しているためかもしれない。しかしながら、末葉前後の北向遺跡、日向遺跡、中平遺跡、宮城県郷楽遺跡では集落の小規模化の進行とともに近接型が増え、集落構造も変化する。

　墓域との関係についてはまだ不明な点が多い。福島県仁井町遺跡（鈴木雄 1982）は大木10期で住居は分散し、調査区南西側に袋状土坑と思われる土坑がまとまって検出されており、貯蔵域の可能性がある。土器棺墓は21基検出され、やや分散しているが南西側でまとまり、居住、墓域、貯蔵区域は近接して形成されていた可能性がある。仁井町遺跡に距離的、時期的にも近接する上納豆内遺跡（鈴木雄 1982）は集落がほぼ全面調査されているが、環状に住居群、土器棺墓59基は住居群の内側に形成され、住居の内側が墓域とされていた可能性がある。土器棺墓の可能性のある屋外埋設土器は中期末から後期前葉の福島県武ノ内遺跡、三斗蒔遺跡にもみられ、武ノ内遺跡（霊山町教育委員会 1986）では屋外埋設土器は調査区北側に区域を形成してい

る。三斗蒔遺跡（田中正 1978）では土坑墓は検出されていないが、大木9期前後の埋設土器が18基、大きく調査区東西に2群のまとまりをみせ、西群は住居に近接し、東群は住居から離れて分布する傾向がある。このように中期後半期は墓域形成が発達し、明瞭になる時期といえる。ただし、福島県柴原B遺跡（山口 1992）のように、横位で土器棺墓の可能性のある埋設土器が分散し、墓域を形成しない遺跡も見られる。

　南東北地方日本海側の場合、中期には集落構成の多様化と複雑化が進む。西海渕遺跡は後葉（大木8b期〜9期）の集落遺跡で中央に土坑墓群、その回りをフラスコ・袋状土坑群、そしてその外側に長方形住居がめぐる同心円状構造を形成している。大木7b期〜8b期の西ノ前遺跡は大形住居群に近接して、袋状土坑群が分布する。土坑墓らしきものは見当たらず、西海渕遺跡のような同心円状構造を形成しない可能性がある。五丁歩遺跡（大木7b期〜8a期）は長方形住居群が環状に回り、その内側に土坑墓と考えられる土坑が分布し、居住・墓域の区画は整然としている。ただし、フラスコ状土坑は調査区南側に長方形住居からやや離れて数基が分布しているのみである。清水上遺跡集落1（大木8a期主体）は長方形住居群が環状にめぐる点は五丁歩遺跡と同様であるが、袋状土坑が長方形住居に近接、あるいは重複して分布する点で異なっている。土坑墓の可能性のある土坑が中央区域に存在するが、墓域としては未発達であったようである。中道遺跡（駒形 1998）、道尻手遺跡（阿部昭 1998）も長方形大形住居の長軸が中心に向かい環状に巡るという点において五丁歩遺跡、清水上遺跡と類似の構造を示す。日本海側では長方形住居群が環状に巡り、集落を構成するという点は共通しており、この地域の特徴といえる。ただし、日本海側北部では集落にフラスコ・袋状土坑を取り込んでいるのに対し、信濃川・魚野川流域ではフラスコ・袋状土坑は分散的で、区域の形成は未発達の傾向がある。なかには信濃川流域の堂平遺跡（阿部昭 1998:51-53、佐藤雅 1999）のように中期中葉〜後葉にかけて、いわゆる広場を取り囲むようにフラスコ状土坑、住居跡が巡る例もある。しかしながら、大木9・10期の山居遺跡（氏家・志田 1998）では住居に近接して袋状土坑が分散するのみで、中期末葉には長方形住居群による集落構成、あるいは袋状土坑の減少のため、集落構造も変容していくようである。

　北東関東の場合、前葉（阿玉台Ⅱ期）の品川台遺跡では住居跡群の内側にフラスコ状土坑が分布している。阿玉台前半期の集落遺跡は比較的小規模であるが、後葉には大規模化していく。後半期では住居群と土坑群は距離的に離れている例が多く、住居群とフラスコ・袋状土坑群がセットで検出されているのは槻沢遺跡などに限られる。その他の遺跡では三輪仲町遺跡、梨ノ木遺跡、浄法寺遺跡、添野遺跡、不動院裏遺跡、台耕上遺跡など、フラスコ・袋状土坑群の単独検出例は加曽利E1前後に急激に増加する。山苗代A遺跡では阿玉台Ⅱ期のフラスコ状土坑群が緩斜面から検出され、分離型が中期の前半までさかのぼる可能性を示唆している。近接型は

阿玉台末葉から加曽利E1新期、加曽利E2期の上の原遺跡[1]と上欠遺跡（栃木県教育委員会1985）でみられる。ただし、上の原遺跡は調査面積が限られるので、環状の内側に土坑群が分布する可能性が残る。上欠遺跡は大木9・10期には近接型の可能性がある。大木9期前半から埋設土器遺構、配石遺構が出現するが、住居群の東側に土坑墓らしき土坑群が検出されており、墓域が形成されていた可能性がある。埋設土器遺構も西側に分布するが、その多くが住居、袋状土坑の近くに分布し、区域の形成は明瞭でない。前期中葉の根古谷台遺跡（梁木1988）では、墓域は弧状にめぐる住居群の内側に沿って形成されているが、中期以降にも受け継がれるようである。北東関東地方は加曽利E1期前後の中期後葉に、分離型が発達する点、遺跡立地など、南東北地方中通り地域の集落構成と親近性が極めて強い。

　東関東の場合、東京湾沿岸では住居群の内側にフラスコ・袋状土坑群が展開する例が多いが、利根川下流域、特に霞ヶ浦沿岸では混在型、近接型、分離型などの集落形態がみられ、集落形成に地域性が認められる。墓域は西関東では中期から後期前半にかけて環状土坑墓群が形成される傾向が強い。一方、東京湾沿岸の貝塚遺跡では土坑墓は分散する傾向があり、墓域の形成は未発達である（山本輝1991・1997）。利根川下流域、霞ヶ浦沿岸の遺跡では墓域については不明な点が多い。

　北西関東の三原田遺跡では中期前葉（阿玉台Ⅱ式）には住居跡群は閑散としているが、住居跡群に近接して袋状土坑が分布する。加曽利E1～3期には住居の数も増え、住居の内側に袋状土坑が分布し、加曽利E3（新）期～4期にかけて袋状土坑が住居の外側に広がり、拡散する。しかしながら、勝坂Ⅲ期から加曽利E3古期の集落遺跡である行幸田山遺跡では住居の集中する区域は存在しても、袋状土坑の集中区域は見られず、集落により形態も異なっていたようである。

　北陸地方の場合、臼谷岡村遺跡では段丘高位に住居、近接して谷部に貯蔵穴が設けられている。西日本の鳥取県目久美遺跡、熊本県黒橋貝塚、長崎県名切遺跡ではいずれも貯蔵穴は単独で検出されている。

(4) 後期

　東北地方北東部、大木10期の富ノ沢（2）遺跡C地区などでは住居の近辺に袋状土坑が分散しているが、後期前葉の十腰内Ⅰ期以降にはフラスコ・袋状土坑群が群集する遺跡が増えてくる。大石平遺跡X—2区（青森県教育委員会1987）は分離型と思われ、幸畑（7）遺跡も袋状土坑群のみが単独で検出され、分離型の可能性がある。上尾鮫（2）遺跡では住居に近接して土坑群を環状に配しており、土坑群を環状に配する例は下北半島の尾鮫沼周辺に特徴的なのかもしれない。その他に近接型として田面木平遺跡、丹後谷地遺跡（八戸市教育委員会1986）があ

第4章 貯蔵空間からみた縄文時代集落構成の地域性

る。住居の内側に袋状土坑が分布するものには風張（1）遺跡Ⅱ調査区西端地区（小笠原・村木 1991）がある。ただし、調査区が限られ混在型の可能性もある。また、該期には集落の拡散化、大規模集落の減少が指摘されるが、それとは逆に集落からは独立して、墓地・墓域が形成されるようになる。そのような例として、児玉大成（1999）は小牧野遺跡をあげている。小牧野遺跡は三重構造の環状列石のほかに土器棺墓、土坑墓群、貯蔵穴、捨場、道路、湧水遺構から構成されているが、住居跡は検出されていない。

東北地方北西部でも墓地、墓域が独立化する傾向は東北地方北部と同様で、その代表例が前葉の大湯環状列石、伊勢堂岱遺跡である。大湯環状列石万座と伊勢堂岱遺跡では列石の外側に掘立柱建物跡が巡る（鹿角市教育委員会 1989・1996、秋田県教育委員会 1999）。類似する構造と推定されるものに高屋館跡（秋田県教育委員会1990）などがある。中葉では東北地方全体で袋状土坑の減少が著しいが、赤坂A遺跡のように、住居群と袋状土坑群が分散する遺跡も見られる。

東北地方中部の場合、フラスコ・袋状土坑が減少するが、中葉の卯遠坂遺跡のように、住居の近辺にフラスコ状土坑が近接するものもある。墓域と関連すると考えられる配石遺構が集落から独立化する傾向があることは北東北地方と共通している。そのような遺跡として岩手県湯舟沢遺跡（滝沢村教育委員会 1986）、立石遺跡（中村良 1979）などがある。また、蒔内遺跡（工藤1982）のように墓域が大形化し、土坑墓が千基を越えるようなものさえ出現する。

関東西部の港北ニュータウン地域の川和向原遺跡・原出口遺跡、華蔵台南遺跡、稲ヶ原遺跡A地点などではフラスコ・袋状土坑が住居跡に近接して分散する例が多くこの地域の特徴といえる。中部高地の場合、栗林遺跡では後期初頭から中葉にかけて貯蔵穴は低地、住居は台地上に設けられ、居住・貯蔵区域は地形により区画されている。西日本の場合、後期になると穴太遺跡、佃遺跡のように住居に近接して貯蔵穴が検出される例も見られ、穴太遺跡では住居は微高地に、貯蔵穴は隣接する小川に設置されている。佃遺跡は下層（後期前葉と元住吉Ⅰ式の間）では台地斜面に住居、低地に貯蔵穴、中層（後期後葉）では台地側に貯蔵穴が設けられ、後期に関しては居住域、貯蔵域が隣接している。

（5）晩期

東北地方北部の場合、近接型と分離型が存在する。右エ門次郎窪遺跡は大洞C2期を主体とし、袋状土坑が住居の近辺にまとまり、近接型とみられる。また、石ノ窪（2）遺跡は数少ない袋状土坑群だけが単独で設けられ、分離型の可能性を示す。集落から独立して墓地・墓域が形成される傾向は後期から継続され、その代表例である朝日山遺跡（青森県教育委員会 1993）では丘陵の尾根に約450基の土坑墓群がある。

東北地方北西部の場合、鳶ヶ長根Ⅲ遺跡では住居群と袋状土坑が近接している。湯ノ沢Ⅰ遺跡、狸崎B遺跡では砂沢期前後の袋状土坑群がまとまる地区があり、分離型が晩期終末まで受け継がれている。住居と共に墓地が検出される例はないが、土坑墓群がまとまって検出されている遺跡に湯出野遺跡（畠山 1978）、地方遺跡（石郷岡 1987）、虫内遺跡（秋田県教育委員会 1994）、藤株遺跡（秋田県教育委員会 1981）などがある。後期末から晩期前葉の家ノ後遺跡（谷地 1992）は袋状土坑群と土坑墓群は台地の縁辺近くに東西に並んでいる。墓域が独立化する傾向がある点は後期と同様で、さらに大形化の傾向を示す。

　西日本の場合、住居に近接して貯蔵穴が検出されているのは上加世田遺跡のみで、その他の貯蔵穴は単独で検出されている。南九州においてはシラス台地が発達し、そのため集落も草創期から晩期まで住居は台地に設け、貯蔵穴もそれとともに近接して構築されることが一般的だったようである。

　以上のように貯蔵空間からみた北・東日本縄文時代の集落構成は時期的、地域的に複雑な様相を示し、これは縄文時代狩猟採集民が環境、生態系に単に受動的に適応してきたのではなく、人為的環境、文化的景観を構築してきたことを示唆している。前・中期には空間利用が地域ごとにまとまりを見せる点は縄文時代狩猟採集民の社会・文化的境界、エスニシティーを示す可能性があり注目される。また、前・中期以降の集落内空間の分節化は定住化に伴う複雑化、縄文時代狩猟採集民の社会生態進化プロセスを検討する上で極めて重要な視点である。

注

1) 　上の原遺跡（青木 1981）は阿玉台終末期に調査区西側に2軒の住居跡、その回りには7基の土坑が構築される。加曽利E1新期には調査区東側と中央付近に4軒の住居跡と、調査区東側と中央付近の間には約20基の袋状土坑が検出されている。加曽利E2期は住居跡が加曽利E1新期よりも内側に分布するが、土坑の配置については加曽利E1新期を踏襲するようで、中央付近に約30基の袋状土坑が集中している。

第5章 縄文時代の住居構造と貯蔵構造
―西日本縄文時代住居構造の検討から―

はじめに

　2章での貯蔵穴変遷の検討、3章2節での貯蔵穴容量のデータから北・東日本と西日本では縄文時代貯蔵構造の相違が大きいことが判明した。南北に長い日本列島は北と南では気候条件、生態系の相違が大きく、動物、植物の資源構造が大きく異なるため、狩猟採集民の変異も大きかったと考えられる。次に、このような変異の背景を住居構造と貯蔵構造という観点から、検討してみることにする。北・東日本で竪穴住居とフラスコ・袋状土坑が発達・増加するのは前期後半以降で、しかも集落遺跡には両者が併存する例が多く、竪穴住居とフラスコ・袋状土坑が密接な関係にあることは容易に推定できる。では西日本ではどうであろうか。

　かつて縄文時代の遺跡が東日本に多く、西日本に少ないことから縄文時代の人口は東日本に多く、西日本では少ないと指摘されることもあった（小山 1984:33-35）。しかしながら、そのような意見に対し、遺跡立地、植生、資源という観点から批判的検討を行い反対する意見もみられた（西田 1985）。ところが、近年、西日本でも縄文時代の住居跡検出例は増加し、それに対する新たな評価と認識が必要とされる時期にきている。本章では1章での民族誌の検討、近年の狩猟採集民研究から住居構造と貯蔵構造の関連性が深いことを論じ、貯蔵穴容量のデータをもとに縄文時代狩猟採集民の進化について解釈を試みる。

第1節　西日本縄文時代住居構造の総合的考察

　西日本縄文時代の住居構造の詳細については別稿（坂口 2002）に譲り、ここでは北・東日本との比較という観点から、西日本の住居構造を住居面積、住居の深さ、建替、集落構成について論じる。住居面積は、早期では近畿地方から中国地方まで10㎡前後、10㎡以下が一般的である。南九州の鹿児島県加栗山遺跡（青崎 1981）、上野原遺跡（弥栄 1997）の住居面積は5〜10㎡前後が一般的で、10㎡を越えるものは少ない。前期は近畿地方から中国地方まで10㎡前後が一般的で、10㎡以下のものが減少する。中期は近畿地方で奈良県広瀬遺跡（松田 1983）住居1、兵庫県小路頃オノ木遺跡（関宮町教育委員会 1990）の住居の面積は20㎡近く、前期に比べやや大きくなっている。九州では事例が少ないが、鹿児島県前谷遺跡（中村・吉永 1986）では10㎡前

第1節　西日本縄文時代住居構造の総合的考察

後が一般的である。後期は、近畿地方では一般的な住居で10㎡～30㎡前後であるが、京都府森山遺跡（小泉 1997）SB04・10・11の場合、70㎡前後のものも現われ、大小分化する（富井 2000）。九州では地域性が極めて強く、中九州、周防灘・別府湾沿岸の一般的な住居は20㎡～30㎡で、周防灘沿岸では50㎡以上のものも出現する。しかしながら、西北九州、南九州では10㎡～15㎡が一般的で、住居面積の大小が地域により顕著である。晩期は近畿地方では不明な点が多いが、後期に見られた大小分化傾向は受け継がれるようである。中国・四国地方では10㎡～20㎡が一般的である。九州は、西北九州・中九州・東九州では10㎡～20㎡が一般的であるが、中九州の熊本県中堂遺跡（和田 1993）では大小分化している。南九州では10㎡以下が過半数を占めている。

建替（拡張など含む）は早・前・中期の例は少ない。後期には京都府浜詰遺跡（岡田茂 1959）、三河宮の下遺跡（竹原 1982）10号住居、和歌山県川辺遺跡（松下彰 1995）SI102、福岡県山崎遺跡（小池史 1992）2号住居、中村石丸遺跡（水ノ江 1996）9～12号住居、アミダ遺跡（福島日 1989）A2号住居、佐賀県志波屋六本松遺跡（八尋 1983）SH001、大分県飯田二反田遺跡（松本康 1993）3号住居、熊本県ワクド石遺跡（古森 1994）7～9号住居、宮崎県丸野第2遺跡（長津・管付 1990）A地区SA1A・1B、B地区SA2A・2B、SA3A・3B、C地区SA1A・1Bなどにその可能性が考えられ増加する。

後期の場合、浜詰遺跡、山崎遺跡2号住居、中村石丸遺跡9～12号住居、飯田二反田遺跡3号住居は30㎡～50㎡前後あり、比較的大形で、山崎遺跡2号住居の深さは70cm、飯田二反田遺跡3号住居の深さは80cmで、西日本では比較的深く、住居の大形化と掘方の深化、建替が深い関係にあることを示唆する事例といえよう。このように建替が後期に集中することから、建替と主柱穴構造の発達・大形化、つまり住居構造の強化・安定化が連動していたと考えられる。しかしながら、西日本では全体的に建替は少なく、弥生時代に建替が盛んになる（宮本 1986）のとは対照的である。渡辺仁（1966）が指摘するように、竪穴住居の建替が継続居住、恒久性を示すとすれば、西日本では特に早・前・中期には恒久性、継続居住が低かった可能性も考えられる。

住居の深さについては構築当時の生活面、調査確認面の問題があり、そのまま妥当というわけにはいかないが、大方の目安になると思われる。西日本縄文時代の住居の掘方は一般的に浅く、20cmを越えると減少していく。ただし、後期の中九州では40cm以上、九州周防灘沿岸では50cmを越えるものが多く見られるが、該期の中九州、周防灘沿岸では住居の大形化と主柱穴構造の発達が顕著で、住居の大形化、主柱穴構造の発達と掘方の深さが連動している。先に述べた、建替が少ないのは住居が小規模で掘方も浅いため、その労働力は軽量で、廃絶・遺棄された住居の再利用が少なかったことを示唆しているのかもしれない。弥生時代の竪穴住居が深く、

— 136 —

表5 西日本縄文時代の集落構成

地域	遺跡名	住居数	時期	墓域・墓地	貯蔵施設	備考	文献
滋賀県	今安楽寺遺跡	2軒	後期初頭～前葉			埋甕9基	植田1990
滋賀県	正楽寺遺跡	5軒	後期前葉	屈葬人骨1体		埋甕1基	植田1996
滋賀県	小川原遺跡	20軒	後期前葉	配石墓多数			中村健1993
滋賀県	穴太遺跡	7軒	後期後葉	配石遺構数基	貯蔵穴2基		仲川靖1996・1998
滋賀県	林・石田遺跡	1軒	後期			埋甕2基	西1995
滋賀県	麻生遺跡	1軒	晩期後葉	土坑墓1?、土器棺1			岡本武1987
滋賀県	金屋遺跡	約8軒	晩期後葉～弥生	土器棺4、木棺墓2			瀬口2000
京都府	志高遺跡	1軒	前期後葉	土坑墓?数基			京都府埋蔵文化財センター1989
京都府	恭仁京跡	1軒	前期後葉	土坑墓?数基			森下衛1994
京都府	日の谷寺町遺跡	3軒	中期後葉	土坑墓・配石多数?			管田2000
大阪府	仏並遺跡	6軒	中期末～後期前葉	土器棺・土坑墓多数?		屋内埋甕、埋甕	岩崎1986、西村1993、乾1993
大阪府	縄手遺跡	11軒	後期前葉	土坑墓2基			東大阪市教育委員会1976
大阪府	日下遺跡	1軒	後期末			晩期前半土坑墓・土器棺群	吉村博1986
奈良県	布留遺跡	1軒	中期	土坑墓2基	貯蔵穴3基	埋甕1基	竹谷1990
奈良県	広瀬遺跡	2軒	後期前葉	土器棺墓4基			松田真1983
和歌山県	溝ノ口遺跡	1軒	後期前葉	土坑墓、配石	木の実ピット2基	埋甕9基	中尾・前田1987
和歌山県	川辺遺跡	2軒	晩期?	晩期後葉土器棺墓6基		住居と約500m離れる	松下1995
兵庫県	淡河中村遺跡	2軒	中期	土坑墓12基			村岡1992
兵庫県	片吹遺跡	5軒	後期初頭、後半	土坑墓?			龍野市教育委員会1985
兵庫県	原野・沢遺跡	1軒	後期前葉			埋甕3基	神戸市教育委員会1998
兵庫県	東南遺跡	3軒	後期中葉	土坑墓7、配石墓1		埋甕5基	三村1992
兵庫県	篠原遺跡	1軒	晩期	土器棺墓9基			田淵1992
高知県	平城貝塚	1軒	後期前葉	土坑墓3基			木村剛1982
福岡県	天園遺跡	1軒	前期			埋甕3基	井上裕1996
福岡県	山崎遺跡	7軒	後期前葉～中葉	土器棺2基			小池史1992
福岡県	中村石丸遺跡	11軒	後期前葉～中葉	土器棺4基			水ノ江1996
福岡県	アミダ遺跡	19軒	後期中葉～後葉	土器棺14基		埋甕12基	福島日1989
福岡県	節丸西遺跡	24軒	後期			埋甕1基	末永・棚田1990
福岡県	権現塚北遺跡	2軒	晩期前葉	土坑墓9基		埋甕10基	川述1985
福岡県	重留遺跡	5軒	晩期前葉	土器棺1基			井沢1990
福岡県	星野遺跡	13軒	晩期前葉～中葉			2号住屋内埋甕?	伊崎1994
福岡県	クリナラ遺跡	9軒	晩期中葉			埋甕1基	中間・伊崎1997
佐賀県	金立開拓遺跡	2軒	後期後葉	土器棺1基			佐賀県教育委員会1984
長崎県	佐賀貝塚	3軒	後期	土坑墓5基?			正林1989
長崎県	礫石原遺跡	不明	晩期中葉	集石墓数基?			九州考古学会1962
大分県	横尾貝塚	1軒	後期前葉	土坑墓11基			高橋・吉留1982
大分県	ボウガキ遺跡	3軒	後期中葉	土坑墓4基			村上久1992
熊本県	ワクド石遺跡	10軒	後期後葉			埋甕3基	古森1994
熊本県	上中原遺跡	2軒	後期後葉			埋甕1基	岡本勇1998
熊本県	大久保遺跡	7軒	後期後葉～晩期前葉			埋甕7基	吉田正1994
熊本県	伊坂上原遺跡	2軒	後期後葉～晩期前葉			埋甕8基	島津1986
熊本県	古閑北遺跡	17軒	後期後葉～晩期前葉			埋甕2基	野田・濱田1999
熊本県	太郎迫遺跡	6軒	後期後半～晩期			埋甕46基(土器棺含む)	竹田1999
熊本県	中堂遺跡	64軒	晩期前葉～中葉			埋甕38基	和田好1993
熊本県	上南部遺跡	5軒	晩期前葉			埋甕16基	富田紘1981
熊本県	迫ノ上遺跡	2軒	晩期			埋甕1基	濱田1999
宮崎県	上原第3遺跡	4軒	後・晩期	土坑墓1基			白谷1995
宮崎県	田代ケ八重遺跡	2軒	晩期?			埋甕1基	吉本正1992
鹿児島県	上加世田遺跡	5軒	晩期前葉	土坑墓数基	貯蔵穴2基	埋甕数基	加世田市教育委員会1971・1985
鹿児島県	榎木原遺跡	1軒	晩期前葉			埋甕1基	弥栄・前迫1987

第1節　西日本縄文時代住居構造の総合的考察

建替が増加することはこのことを傍証しているであろう。また、居住形態と関連するが、長期継続居住が少なかった可能性も考えられる。

表5には住居が検出されている遺跡で、墓域・墓地、並びに貯蔵施設を伴う遺跡を集成した。なお、埋甕については埋葬施設とする見解（坂本嘉1997）と、その一部を埋葬施設とする見解（山田康 1995）があるが、著者はその出土状態が斜位、横位、逆位、合口のものについては埋葬施設と考えており[1]、表5の墓地・墓域の項で土器棺としているものはこれらを指している。住居が検出されている遺跡で墓域・墓地を伴う遺跡は中期の淡河中村遺跡、中期末から後期前葉の大阪府仏並遺跡（岩崎 1986、西村 1993、乾 1993）、布留遺跡、後期の滋賀県正楽寺遺跡（植田文 1996）、小川原遺跡（中村健 1993）、穴太遺跡、大阪府縄手遺跡（東大阪市教育委員会 1976）、佃遺跡、高知県平城貝塚（木村剛 1982）、山崎遺跡、中村石丸遺跡、アミダ遺跡、佐賀貝塚（正林 1989）、金立開拓遺跡（佐賀県教育委員会 1984）、大分県横尾貝塚（高橋・吉留 1982）、ボウガキ遺跡（村上久1992）、晩期の兵庫県篠原遺跡（田淵 1992）、福岡県権現塚北遺跡（川述昭 1985）、重留遺跡（井沢 1990）であるが、墓自体が少ないことと、分散する傾向がみられ、墓域形成が未発達であることに特徴がある[2]。これらの遺跡で貯蔵施設を伴うと思われる遺跡は布留遺跡、穴太遺跡、佃遺跡に限られる。ただし、西日本の貯蔵施設が低地にあり、居住域が台地などに存在するため、遺跡立地が同一平面上で把握されていないというバイアスがかかっている可能性もある。住居の検出数は地域により相違が見られるが、早・前・中期の住居は少なく後期以降、増加するというパターンが一般的である。

第2節　西日本縄文時代住居構造の比較社会生態学的考察

以上、西日本の住居構造は北・東日本とは変異が大きいことがわかってきた。住居面積、柱穴構造、屋内炉、住居数を考慮に入れると、竪穴住居は北・東日本でこそ発達したとみるべきなのであろう。一方、西日本の場合、住居面積、主柱穴構造の未発達、屋内炉の普及が少ない。

既述のように、北米プラトー地域の地下式の竪穴住居は屋内空間を確保するため、掘り方も深く主柱構造が発達している。積雪対策、並びに屋根に土、草などを覆うため柱も太く、屋根には材が隙間なく埋め込まれ重さ、構造的にも強い。土屋根住居の復元に多くの土が必要とされ、竪穴の掘削土が用いられたことが指摘されているが（高田・西山 1998）、西日本の住居の深さは後期の周防灘沿岸、中九州を除くと、北・東日本に比べ浅い傾向があり、後期の周防灘沿岸、中九州の住居は地下式住居の可能性が考えられるが、その他の地域の住居は地上式が多かったと思われる。

渡辺仁（1981）は竪穴住居の土小屋について、地上部分全体を覆うものを土被覆型（earth-

第5章　縄文時代の住居構造と貯蔵構造

covered)、壁ないし屋根の裾まわりに堤防状に積みあげるものを土積みあげ型（earth-banked）に細分しているが、一般的に住居跡の深さが浅い西日本の場合、特に土被覆型は少なかったことが予測される。また、渡辺仁は北米から北東アジアの民族誌に基づき、竪穴住居の最も重要な機能として防寒施設を指摘しているが、西日本の場合、構造的に防寒・雪対策には弱かったと考えられる（逆に言えば、必要なかったのであろう。)。上述のように、主柱穴構造、住居面積の発達は今の所、後期の周防灘沿岸、中九州などに限られ、西日本の住居構造は防寒・雪対策には不向きで、集落構成に貯蔵施設を伴うことが少ないことから、集落に越冬性が低かったことが推測される。

　3章2節で検討した通り、北・東日本のフラスコ・袋状・円筒状土坑の容量がきわめて大きく、西日本低地型貯蔵穴の容量が小規模であることは一見して明らかで、集落に越冬性が低いことと関連する可能性が考えられる。逆に、北・東日本の貯蔵施設が大きいことは越冬と深く関わることを示すのであろう。北日本の前期後半には平均2㎥前後のフラスコ・袋状土坑が普及し、該期に大量収穫・処理技術とその前提になる労働形態が確立していたことを示唆している。該期の多家族住居としての大形住居の普及はそれを傍証していよう。言い換えれば、該期に食糧資源の季節的変動・偏りが貯蔵により克服され、貯蔵経済成立期のピークであった可能性が考えられる。前期後半以降の集落遺跡には必ずといってよいほど両者が存在すること、並びに住居構造と貯蔵の発達は時期的にもパラレルであることから、住居構造と貯蔵の強化が連動していたことは明らかであろう。

　武藤康弘（1995）は、北米における竪穴住居を用いる民族誌例の特徴の一つとして冬季の複合居住家屋（多家族家屋）をあげているが、竪穴住居の分布は北東アジアに広がっている。北洋沿岸で竪穴住居を用いる狩猟採集民の居住形態は冬に冬家としての恒久的な住居に集合化し、夏にはキャンプサイトに分散していくパターンが多い。これは食糧資源が季節的に集中し、それを貯蔵保存により越冬食糧とする生活形態と深く関わると思われる。このような季節的に限られる食料資源を同時進行的に処理するためには労働力が必要なので、より多くの労働力を確保し、集約的な作業を行うために北洋沿岸で複合居住が発達したことが指摘されるが（Coupland 1996）、この点は北・東日本も同様なのであろう。

　一方、西日本縄文時代では後期の近畿地方、九州周防灘沿岸、東九州、中九州の住居には30㎡以上のものが存在し、複合居住の可能性が考えられる例が存在するが、後期以外では20㎡以下の小形住居が主体を占めることから、西日本縄文時代の住居は必ずしも複合居住家屋ではなかったのではなかろうか。特に、南九州では早・中・後・晩期と20㎡以下が主体を占めることで一貫しており、複合居住の可能性は低いと思われる。このことから、西日本では北・東日本とは世帯構成が異なること、住居の居住人口が少ない傾向があり、社会経済的組織も異なって

第 2 節　西日本縄文時代住居構造の比較社会生態学的考察

いたことが推定される。複合居住家屋が労働力を組織化する場であるとすれば、西日本縄文時代では北洋沿岸にみられるような労働組織は未発達で、分散的な資源構造に適応した労働形態であった可能性が予測される。1 章 2 節で民族誌を検討したように、貯蔵施設は多様であり、すべての貯蔵施設が考古学データとして残るとは限らないが、北・東日本を中心に分布するフラスコ・袋状土坑と西日本を中心に分布する低地型貯蔵穴の容量の差異が大きいのは、住居面積が北・東日本では全体的に大きく、西日本では小さいことを考慮にいれるとアレキサンダーが指摘するように社会集団の規模の差異を反映している可能性が考えられる。

　既述のように、アフリカの遊動的狩猟採集民バサルワの定住化には①食物加工と貯蔵施設の増加、②食物加工と貯蔵施設が居住空間から分離され、区域の形成が発達し、遺跡内における活動空間の分節化が遊動的バサルワに比べ顕著になる。③労働力が強化（スケジュールと組織化）される（Hitchcock 1987、Kent 1989）。これらは定住化に伴う一連の現象と考えられるが、②の遺跡内における活動空間の分節化について、ケント（Kent 1990）は遊動的バサルワはヒエラルキーのみられない平等主義であるのに対し、定住的バサルワには特殊化と階層化、政治的中央化が見られることなどから、遺跡内活動空間の分節化が社会・文化的複雑化に伴うものであることを指摘している。遊動的バサルワの定住化の要因は社会・政治的なもので、越冬に基づくものではないが、そのプロセスについては注目する必要がある。ヒッチコックとケントがバサルワの定住化現象で指摘した①③は北・東日本では前期後半以降の貯蔵穴の大形化、あるいは大形住居の普及に容易に伺うことができる。②について北・東日本では 4 章で検討したとおり、前期後半以降、居住・貯蔵・墓域・廃棄区域の形成が発達し、中期には多様化、地域性が顕著になり、遺跡内における分節化は明らかである。これらは貯蔵穴の大形化とともに該期の定住化の進行、社会・文化的複雑化のプロセスを示している。該期の土器の増加、栽培植物、漆製品などの出現にみられる物質文化の精巧さはこれらと連動し、北・東日本縄文時代狩猟採集民の貯蔵と住居構造の強化、土器生産、資源管理が定住化戦略（図60）に組み込まれていたのであろう。

　中近東では更新世から完新世の狩猟採集民の定住化について、農耕化と関連して論じられることが多いが[3]、北・東日本縄文時代狩猟採集民の定住化は越冬と深くかかわり、世界的な更新世から完新世の狩猟採集民の定住化も一様ではなかったと考えられる。しかしながら、北・東日本でみられたような定住化戦略は今のところ、前期・中期の西日本では確認できない。西日本では住居跡検出遺跡で貯蔵穴、あるいは墓域・墓地の検出例は少なく、後・晩期の近畿地方を中心とする墓域・墓地の大形化、独立化を除くと、区域の発達は未発達で、むしろ住居、貯蔵域、墓域が分散していることに西日本縄文時代集落構造の本質があり、集団構造も分散的、小規模だった可能性がある。それは集落に越冬性が低く恒久的村の形成が弱かったことを示唆

— 140 —

第5章　縄文時代の住居構造と貯蔵構造

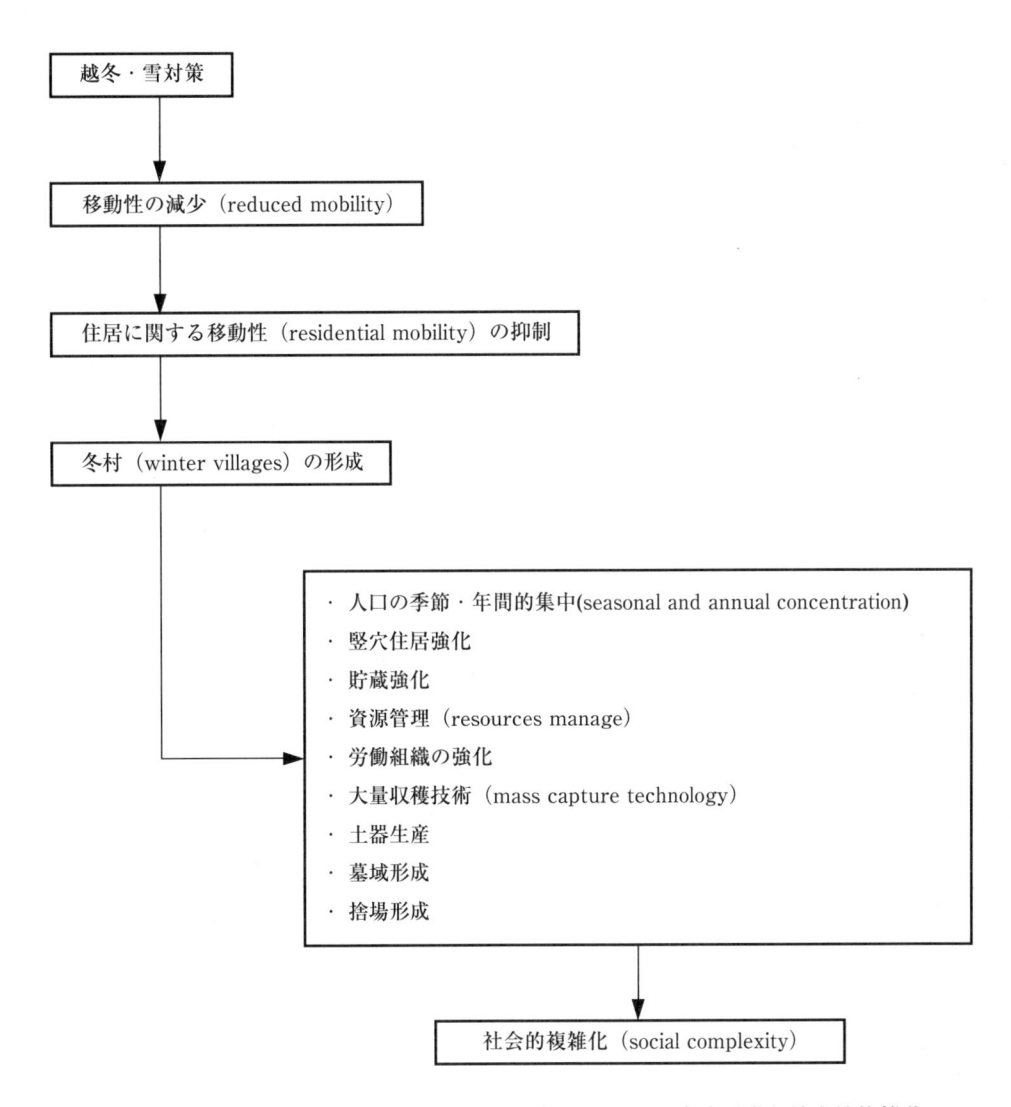

```
┌─────────────────┐
│  越冬・雪対策    │
└────────┬────────┘
         ↓
┌─────────────────────────────┐
│ 移動性の減少（reduced mobility）│
└────────┬────────────────────┘
         ↓
┌───────────────────────────────────────────┐
│ 住居に関する移動性（residential mobility）の抑制 │
└────────┬──────────────────────────────────┘
         ↓
┌─────────────────────────────┐
│ 冬村（winter villages）の形成 │
└────────┬────────────────────┘
         │
         ↓
┌──────────────────────────────────────────────┐
│ ・人口の季節・年間的集中(seasonal and annual concentration) │
│ ・竪穴住居強化                                │
│ ・貯蔵強化                                    │
│ ・資源管理（resources manage）                 │
│ ・労働組織の強化                              │
│ ・大量収穫技術（mass capture technology）       │
│ ・土器生産                                    │
│ ・墓域形成                                    │
│ ・捨場形成                                    │
└────────┬─────────────────────────────────────┘
         ↓
┌─────────────────────────────┐
│ 社会的複雑化（social complexity）│
└─────────────────────────────┘
```

図60　北・東日本縄文時代狩猟採集民の定住化戦略、遺跡形成と社会的複雑化

しているのかもしれない。西日本では北・東日本と比較できるような越冬はなく、そのため住居に関する移動性は抑制されず、北・東日本とは異なる居住戦略をとっていた可能性が考えられる。また、雪・厳寒対策は不要で、そのため後期を除くと住居構造は強固とはいえない。このように西日本縄文時代狩猟採集民は北・東日本とは生活構造、社会構造の相違が大きく、異なる社会生態進化プロセスをたどったとみなすべきであろう。

注

1）　ただし中堂遺跡A11・12埋甕は立位、浅鉢などとの合せ口で、九州では立位の埋甕には埋葬施設が含まれる可能性が高いと思われる。
2）　未報告であるが、福岡県東友枝曽根遺跡（小池・末永 1999）では鐘ヶ崎Ⅲ期から三万田期を中心とする36軒の住居が検出されている。集落の変遷などは不明であるが、10基の土坑墓は北東部の住居の内側に分布するようにみえる。今後、西日本の集落と墓域形成についても再検討が必要になってくるかもしれない。
3）　その代表的なものが中近東のナトゥフー文化である（Henry 1985、Bar-Yosef and Belfer-Cohen 1989など）。

終わりに

　本論では貯蔵の人類学、歴史学、考古学的研究、1980年代以降の考古学的調査の成果をもとに縄文時代貯蔵穴の変遷、植生史と貯蔵穴、貯蔵空間からみた集落構成の地域性、貯蔵穴の容量、住居構造と貯蔵構造の検討を通して縄文時代狩猟採集民の進化について論を進めてきた。

　まず北米の民族誌により貯蔵施設の検討を通し、貯蔵穴がその中の1つの施設であり、極圏・亜極圏では肉類の保存、その他の地域では主に植物食糧の保存に用いられることを確認した。また貯蔵とセトルメントパターン、貯蔵期間、貯蔵量、貯蔵物の所有、集落と貯蔵施設の位置、貯蔵と労働形態という観点から検討を加えた。狩猟採集民の定住化には越冬が深くかかわり、食料資源が獲得できない冬に備えて貯蔵し、冬は移動性を減少させて越冬している。食糧の欠乏には貯蔵、寒冷・雪には住居で対処し、住居構造と貯蔵構造が越冬戦略の軸である。定住化は密度の高さ、予測性のある資源と結びつき、テリトリー・所有の発達を促し、社会的複雑化に連鎖していることも合わせて指摘した。

　一方、中国大陸の窖穴を検討し、特にその利点は①火災・雨に強い。②地下で見つかりにくいので盗まれにくい。③温度一定で低温を保ち、保存が良好であるという機能がある。貯蔵穴は世界各地に分布するが、その貯蔵対象物は地域により異なるが、その機能は広く共通している。

　2章では北・東日本で堅果類がプライマリーな状態で出土している貯蔵穴の集成を通して、どのようなものを貯蔵穴と判断すべきか検討し、その分類を示した。また、縄文時代の貯蔵穴の変遷、植生史と貯蔵穴の変遷について検討した。縄文時代の貯蔵穴の上限は草創・早期までさかのぼることが明らかになっているが、散発的である。その中で注目されるのが中野B遺跡で住居跡検出数とともに、フラスコ・袋状土坑の大きさは前・中期のものと遜色ない。住居群、袋状土坑群、墓域の区画に萌芽が見られる点も注意される。他の地域ではフラスコ・袋状土坑の容量は小形で、住居跡と一緒に検出された例はない。前期前半には不明な点が多いが、前期後半にはフラスコ・袋状土坑が渡島半島から北東北で急速に発達する。フラスコ・袋状土坑の発達は貯蔵区域の形成を促し、それとともに円筒土器圏の線状配列型にみられるように、地域ごとに集落空間の分節化がみられ、社会的複雑化も進行したと推定される。しかしながら、該期の南東北、関東地方では墓域形成の発達は認められるが、貯蔵空間の発達は顕著ではない。

　中期の前半にはフラスコ・袋状土坑が地域性をみせながら関東地方まで急速に普及する。貯蔵空間の発達が著しく、内浦湾沿岸では居住域の内側に貯蔵・墓域を配置するタイプ、函館湾沿岸では居住域と貯蔵域は混在型、東北地方北部では円筒下層期から引き続かれる墓域・居住域

の列状配置、それに対し大木圏では墓域、居住域の環状配置が発達し対照的である。北東関東の貯蔵・居住域分離型、西関東の集落内への墓域中央配置、東京湾沿岸のフラスコ・袋状土坑群を住居群の内側に配置するという空間が各地域で発達し、集落構造は多様化、複雑化が顕著になり、そこに縄文時代狩猟採集民の人為的環境、文化的景観、象徴、エスニシテイーを垣間見ることができる。

　後期以降はフラスコ・袋状土坑の減少が顕著で、それに伴い貯蔵空間は不明瞭になる。それに対し、集落からは独立して墓地・墓域が形成されると共に、大型化が顕著になる。しかしながら、後・晩期にかけて「特殊泥炭層」遺跡が増加すること、クリの果実の大形化、クリ、トチ属花粉の増加現象などにみられるように、植生への干渉、植物質食料の獲得は強化されており、貯蔵穴の減少が貯蔵の減少と直結しているとは考えにくく、新たな貯蔵方法、技術が今後の課題として残された。

　また、植生史と貯蔵穴の時期別分布の検討により、改めてフラスコ・袋状土坑が落葉広葉樹林帯と、低地型貯蔵穴が照葉樹林帯と密接な関係にあることがわかった。北・東日本では早期後半に食料貯蔵強化の萌芽が見られ、フラスコ・袋状土坑は前期後半の北日本で急速に発達するが、これらは竪穴住居の発達と連動していると推測される。フラスコ・袋状土坑の発達は該期の温暖化による落葉広葉樹林帯の発達に伴う食糧資源としてのブナ科堅果類が豊富であったことと密接にかかわるのであろう。

　3章では貯蔵穴の形態と容量について検討を行った。貯蔵穴容量の定量的分析が可能になり、北・東日本では前期後半に貯蔵穴容量が大形化、後期以降、小形化していくことが明らかになった。それに対し、西日本の低地型貯蔵穴は全体的に小形であるが、九州では後期に大形化する傾向があることがわかった。しかしながら、北・東日本を中心に分布するフラスコ・袋状土坑と西日本を中心に分布する低地型貯蔵穴の容量の差異が大きいことも把握できた。

　4章では縄文時代集落構成の地域性について、貯蔵空間という観点から検討を加えた。貯蔵空間からみた北・東日本縄文時代の集落構成は時期的、地域的に複雑な様相を示し、特に前・中期以降の集落内空間利用の分節化は縄文時代狩猟採集民の社会生態進化プロセス、定住化に伴う複雑化を示すものと考えられ、これは縄文時代狩猟採集民が環境、生態系に単に適応してきたのではなく、人為的環境、文化的景観を構築してきたといえるであろう。また前・中期には空間利用が地域ごとにまとまりを見せる点は縄文時代狩猟採集民の境界、エスニシテイーを示す可能性があり注目される。

　5章では縄文時代の住居構造と貯蔵構造について、特に、西日本縄文時代の住居構造を北・東日本との比較を通して検討した。北・東日本で前・中期に発達する竪穴住居検出遺跡は該期の西日本では限られ、対照的で際立っている。逆に、西日本で住居構造が発達するのは後期以

降である。しかしながら、後期の住居構造も九州周防灘沿岸、東九州、中九州の住居には30㎡以上のものが存在し、主柱穴構造も発達しているが、その他の地域では20㎡以下の小形住居が主体である。総じて、建替の頻度が低く、掘方も浅く、炉の保有率が低い点など北・東日本との住居構造の相違は明らかで、縄文時代狩猟採集民の居住戦略の相違を示唆しているのであろう。住居面積と居住人口が比例するとすれば、西日本では後期の九州周防灘沿岸、東九州、中九州を除くと、世帯数、居住人口が低かった可能性があり、社会経済的組織が異なっていたことが推定される。

　北・東日本の住居構造と貯蔵の強化が連動していることは、前期後半以降の集落遺跡には必ずといってよいほど両者が存在すること、並びに竪穴住居とフラスコ・袋状土坑の発達は時期的にもパラレルで、冬の寒冷性、積雪への対処（越冬対策）として竪穴住居と貯蔵が発達したと考えられる。中緯度の北・東日本における越冬は１年の内の半年近くに及び、その間、住居に関する移動性は抑制され、冬村の形成、定住化が進んだと推定される。冬村の形成に伴う人口の季節的、年間的集中は竪穴住居の大形化、大形住居の複合居住が示唆しており、これらに伴い労働形態も組織化された可能性が考えられる。冬村の形成、定住化に伴い、竪穴住居の強化、土器生産、堅果類の利用強化にみられるように、資源管理と貯蔵が強化される。まさに、貯蔵穴が貯蔵の強化に果たした役割は計り知れなかったであろう。

　しかしながら、このような定住化戦略は西日本縄文時代狩猟採集民では未発達であったと推測される。北・東日本で前・中期に発達する竪穴住居、貯蔵穴検出遺跡は該期の西日本では少数で限られ、北・東日本とは対照的である。後・晩期に西日本では近畿地方を中心に墓地が大規模化、独立化することから、空間の分節化が進んでいた可能性が高いが、住居跡に貯蔵穴、あるいは墓域・墓地を伴う遺跡は少なく、それは集落に越冬性、冬村の形成条件を必要としていなかったことにかかわると考えられる。西日本では北・東日本に匹敵するほどの越冬はなく、そのため北・東日本とは異なる居住戦略、集落構造を形成していたと考えられる。また、北・東日本のような雪・厳寒対策は不要で、そのため後期を除くと住居構造は強固とはいえない。言い換えれば、北・東日本縄文時代狩猟採集民の生活形態が冬の住居・貯蔵構造というシェルターを発達させ、冬を基調としているのに対し、西日本縄文時代狩猟採集民のそれには冬が希薄である。テスタールは狩猟採集民の貯蔵経済が北半球で発達したことを指摘しているが、越冬と貯蔵の関係深さと、寒冷地における狩猟採集民進化プロセスの一端を示唆している。

　後氷期以降、日本列島の温暖化は着実に進んだが、北・東日本では依然として積雪の増加をみるなど冬の寒さは厳しく、一方、厳冬、積雪とは縁の薄かった西日本との生活環境の差異は大きかった。植生は温暖化とともに照葉樹林が北上するが、その分布は関東平野までのようで、それ以北では落葉広葉樹林帯が広がっていた。動物相は北日本では狩猟採集民が主要な食糧と

して、狩猟対象とする大形の魚類、鰭脚類、鳥類などの季節的に渡来する動物群が存在したが、西日本ではこのような北方的な動物群は稀であった。

　縄文時代狩猟採集民は特に前期以降、気候条件、資源構造に対応し、異なる居住戦略、集落構造、人為的環境を形成したため、狩猟採集民の社会生態学的分化、地域性が顕著になり、北・東日本と西日本ではそれぞれに異なる進化プロセスを辿ったと考えられ、その中で貯蔵はその重要な一端をになっていたと思われる。1章で民族誌を検討したとおり、貯蔵施設・方法は様々であり、すべての貯蔵施設が考古学データとして残るとは限らない。同様に縄文時代の貯蔵行為は貯蔵穴に限らないと考えられるが、北・日本の貯蔵穴の立地、形態、容量の変遷は縄文時代狩猟採集民の適応戦略の変化を示唆しているのであろう。それに対し、西日本の低地型貯蔵穴、分節化が未発達な集落空間は北・東日本とは異なるシステムの狩猟採集民が形成されていたことを暗示し、考古学データからは生態系、物質文化、社会構造も異なり、社会生態学的に同一の狩猟採集民とみなすことは困難で、社会生態系の相違による狩猟採集民の変異を考慮していく必要があろう。さらに集落空間の分節化を手がかりとして、縄文時代狩猟採集民のエスニシティー、文化的景観、社会的秩序（social order）についても究明していくべきである。

　また縄文時代狩猟採集社会が貯蔵システムを蓄積していることを明らかにしてきたが、貯蔵は縄文時代社会の入口に過ぎず、貯蔵を基礎にさらに社会論にメスを入れていく必要がある。1章で検討したように、ウッドバーンは直接その場で消費するシステムと消費を遅らせるシステムを対比させて、直接その場で消費するシステムの特徴が平等主義であるのに対し、消費を遅らせるシステムでは平等主義が崩壊しやすいことを指摘していた。ウッドバーンの見解に基づけば貯蔵システムを蓄積していた縄文時代狩猟採集社会は平等主義が崩壊しやすい社会である。遊動的バサルワの定住化のプロセスを検討したケントは定住化に伴い活動空間の分節化が現われ、社会・文化的複雑化と活動空間の分節化が平行現象であることを指摘している。縄文時代集落は前期後半以降、遺跡内活動空間の分節化と地域ごとに集落の空間、景観の形成が進む北・東日本では社会・文化的複雑化も進行していたであろう。消費を遅らせるシステムすべてが考古学データに反映されるとは限らないが、北・東日本縄文時代の貯蔵穴の変遷、地域性は著しく、これらとの関係性を通して平等主義とは異なる社会システムの発生、形成のメカニズムについてさらに総合的に解明していく必要がある。

引用・参考文献

青森大学考古学研究所　1998「青森県内における縄文時代の住居跡集大成（1）」『研究紀要』1
赤羽正春　2001『採集―ブナ林の恵み』法政大学出版局
秋山進午　1974「漢代の倉庫について」『東方学報』第46冊　1-31頁
阿部昭典　1998「縄文時代の環状列石」『新潟考古学談話会会報』第18号　47-67頁
安楽勉　1996「長崎県下の堅果類貯蔵施設」『考古学ジャーナル』405　18-22頁
池上啓介　1936「栃木県那須郡狩野村槻沢石器時代住居趾発掘報告（其二）」『史前学雑誌』第8巻第1号　23-44頁
石井寛　1989「縄文集落と掘立柱建物跡」『調査研究集録』第6冊　1-58頁　港北ニュータウン埋蔵文化財調査団
石井寛　1995「縄文時代掘立柱建物址に関する諸議論」『帝京大学山梨文化財研究所研究報告』第6集　143-214頁
伊藤伸幸　1997「メソアメリカ地域におけるフラスコ状ピット」『名古屋大学文学部研究論集史学43』43-68頁
今村啓爾　1988「土坑性格論」『論争・学説　日本の考古学2　先土器・縄文時代』223-57頁　雄山閣
今村啓爾　1989「群集貯蔵穴と打製石斧」『考古学と民族誌』渡辺仁教授古稀記念論文集　62-94頁　六興出版
植田弥生・辻誠一郎　1995「粟津湖底における縄文時代早期の木材化石群」『植生史研究』第3巻第1号　15-28頁
海老原郁雄　1986「縄文中期・袋状土坑の一検討」『唐澤考古』6号　1-7頁
海老原郁雄　1992「北関東における縄文中期の群在性土坑」『縄文時代』第3号　31-41頁
江馬三枝子　1937「白川村木谷の民俗（4）」『ひだびと』第5年第6号　16-23頁
江馬三枝子　1975『飛騨白川村』未来社
大塚達朗　1995「橿原式紋様論」『東京大学考古学研究室研究紀要』13号　79-141頁
大野憲司　1990「狐岱遺跡について」『秋田県埋蔵文化財センター研究紀要』第5号　74-86頁
岡恵介　1987「北上山地一山村におけるアク抜き技術」『岩手の民俗』7号　93-109頁
岡恵介　1992「自給食糧としてのクリとシタミ」『木の実の文化誌』14-16頁　朝日新聞社
岡崎敬　1959「漢代明器泥象と生活様式」『史林』42巻2号　39-78頁
小笠原雅行　1997「三内丸山遺跡における葬制遺構」『考古学ジャーナル』419　10-14頁
岡田茂弘　1959「京都府浜詰遺跡発見の竪穴住居趾址」『先史学研究』1
岡田康博　1991「青森県内の縄文集落について」『米代考古』第7号　23-32頁
乙益重隆　1983「袋状竪穴考」『坂本太郎博士頌寿記念日本史学論集上巻』31-57頁　吉川弘文館
大和久震平・塙静夫　1972『栃木県の考古学』吉川弘文館
加藤九祚　1986『北東アジア民族学史の研究』恒文社
神谷正義　1992「最古の水田」『吉備の考古学的研究』（上）51-73頁　山陽新聞社
河西清光　1965「ドングリ食用の習俗」『長野県考古学会誌』3号　57-60頁
関西縄文文化研究会　1999『第1回 関西縄文文化研究会 関西の縄文住居 発表要旨・資料集』
清藤一順　1977「縄文時代集落の成立と展開」『研究紀要2』1-36頁　千葉県文化財センター
桐生直彦　1985「東京都における縄文時代の袋状土坑」『東京考古』3　51-80頁

桐生直彦　1988「新・東京都における縄文時代の袋状土坑」『東京考古』6　35-72頁

黒沢秀雄　1994「茨城県の縄文時代中期のフラスコ状土坑について」『研究ノート』3号　119-30頁　茨城県教育財団

小池史哲・末永浩一　1999「大平村東友枝曽根遺跡の調査」『考古学ジャーナル』443　31-34頁

甲野勇　1930「青森県三戸郡是川村中居石器時代遺跡調査概報」『史前学雑誌』第2巻第4号　3-20頁

児玉大成　1999「青森県内における墓制の変化とその背景」『南北海道考古学情報交換会第20回記念シンポジウム発表要旨』南北海道考古学情報交換会　60-83頁

小山修三ほか　1981「『斐太後風土記』による食糧資源の計量的研究」『国立民族学博物館研究報告』6巻3号　363-596頁

小山修三　1984『縄文時代』中公新書

近藤日出男　1984「南四国地方のトチノミの食習俗」『土佐民俗』43号　22-31頁

坂口隆　2002「西日本縄文時代狩猟採集民の住居構造」『物質文化』74号　1-39項

酒詰仲男　1951（1994）「東京都西ヶ原昌林寺附近（飛鳥中学校附近）貝塚概報」『北区史資料編考古1（西ヶ原貝塚）』219-25頁

坂本嘉弘　1997「九州における縄文時代の葬制」『古文化談叢』第37集　1-37頁

櫻田勝徳　1951『美濃徳山村民俗誌』刀江書院

佐々木藤雄　1973『原始共同体論序説』

佐々木藤雄　1976・1978・1979「縄文社会論ノート（上）（中）（下）」『異貌』第5・7・8号　44-54、2-19、2-26頁

佐々木藤雄　1984「方形柱穴列と縄文時代の集落」『異貌』第11号　113-39頁

潮見浩　1977「縄文時代の食用植物」『考古論集―慶祝松崎寿和先生六十三歳論文集―』121-44頁

潮見浩・近藤義郎　1956「岡山県山陽町南方前池遺跡」『私たちの考古学』7

下條信行　1995「東アジアにおける穴蔵貯蔵の発生と展開」『生活技術の人類学』116-34頁　平凡社

鈴木実　1985「縄文時代の袋状土坑」『西那須野町郷土資料館紀要』第2号　53-69頁

鈴木牧之　1979『秋山紀行・夜職草』平凡社東洋文庫186

高田和徳・西山和宏　1998「縄文土屋根住居の復元」『先史日本の住居とその周辺』63-66頁　同成社

高橋龍三郎　1991「縄文時代の葬制」『原始・古代の墓制』48-84頁　同成社

タキトゥス・國原吉之助訳　1996『ゲルマニア　アグリコラ』ちくま学芸文庫

竹谷俊夫　1990「布留縄文遺跡の調査―中間報告―」『調査研究集録』第7冊　228-38頁　横浜市埋蔵文化財センター

田中耕作　1997「フラスコ状土坑の調査方法について」『新潟考古学談話会会報』17号　10-14頁

橘礼吉　1989「白山麓の焼畑地域における堅果類の植物利用」『石川県立歴史博物館紀要』第2号　1-26頁

千葉徳爾　1966『民俗と地域形成』風間書房

塚田松雄・中村純　1988「第四紀末の植生史」『日本植生誌　北海道』96-130頁　至文堂

塚本師也　2001「関東地方東北部における縄文時代の大形貯蔵穴出現期の様相（上）」『研究紀要』9号　15-30頁　とちぎ生涯学習文化財団埋蔵文化財センター

辻誠一郎　1996「人と環境の交渉史（かかわり史）」『歴博』75　10-14頁　国立歴史民俗博物館

辻誠一郎　1997「三内丸山遺跡とその周辺における人と自然の交渉史」『歴博国際シンポジウム　過去1万年間の陸域環境の変遷と自然災害史』63-67頁　国立歴史民俗博物館

辻稜三　1987「近畿地方における堅果類の加工に関する研究」『季刊人類学』18(4)　60-106頁
辻稜三　1988「日韓堅果食小考」『地理』第33巻第9号　55-63頁
辻稜三　1990「北近畿と南近畿のトチノミ食比較」『行動と文化』17号　28-41頁
辻稜三　1996「東アジアの堅果食Ⅱ」『朝鮮学報』第161号　51-102頁
　テスタール,A．・山内昶訳　1995『新不平等起源論』法政大学出版局
富樫泰時　1993「縄文集落の変遷＝東北」『季刊考古学』44号　46-51頁
富井眞　2000「近畿・中国・四国地方の縄文住居の概要」『九州の縄文住居発表要旨・資料集』九州縄文研究会
中川延良　1977『楽郊紀聞　2　対馬夜話　東洋文庫308』平凡社
中川直亮　1938「横浜市鶴見区荒立てに於ける遺跡」『史前学雑誌』10巻1号 22-37頁
永瀬福男　1981「秋田県におけるフラスコ状ピットについて」『秋田地方史論集』9-26頁
永瀬福男　1982「貯蔵穴」『季刊考古学』第1号　59-61頁
仲田茂司　1996「縄文中期社会の変容」『論集しのぶ考古　目黒吉明先生頌寿記念』121-33頁
中村健二　1997「本州西半と四国の縄文時代墓地」『考古学ジャーナル』422　23-27
中村良幸　1982「大形住居」『縄文文化の研究　8　社会・文化』134-46頁　雄山閣
新美倫子・廣木詔三　2000「愛知県における野生クリ（Castanea crenata）の生産量に関する予備的研究（1）」『動物考古学』15号 33-46頁
西本豊弘　1985「北海道縄文時代イノシシの問題」『古代探叢Ⅱ』137-52頁　早稲田大学出版部
日本考古学協会　1984『シンポジウム　縄文時代集落の変遷』
根木修　1992「水田造成の歴史」『新版古代の日本4　中国・四国』45-66頁　角川書店
畠山剛　1997『新版縄文人の末裔たち—ヒエと木の実の生活誌—』彩流社
初山孝行　1980「縄文中期袋状土坑の埋没土について」『栃木県考古学会誌』5集　14-20頁
林謙作　1997「縄紋社会の資源利用・土地利用—「縄文都市論」批判—」『考古学研究』第44巻第3号 35-51頁
平井勝　1987「縄文時代」『岡山県の考古学』50-106頁　吉川弘文館
堀越正行　1975～1977「小竪穴考（1）～（4）」『史館』5～9号　11-25、15-30、8-26、21-36頁
松井章　2001「植物と考古学」『日本の美術　423　環境考古学』32-48頁
松山利夫　1982a「縄文時代に食べられた木の実」『採集と飼育』第44巻10号　467-70頁
松山利夫　1982b『木の実』法政大学出版局
水ノ江和同　1999「西日本の縄紋時代貯蔵穴」『考古学に学ぶ　同志社大学考古学シリーズⅦ』43-54頁
水野清一　1942「漢代あなぐら考」『東洋史研究』第7巻第2・3号　110-114頁
南木睦彦　1994「縄文時代以降のクリ（Castanea crenata SIEB.et ZUCC.）果実の大形化」『植生史研究』第2巻第1号　3-10頁
三浦孝一　1999「八雲町を中心とした内浦湾の遺跡に見られる墓の変遷と墓域の形成について」『南北海道考古学情報交換会　第20回記念シンポジウム発表要旨』南北海道考古学情報交換会 140-43頁
宮路淳子　2002「縄紋時代の貯蔵穴」『古代文化』54(3)　21-41頁
宮本長二郎　1986「住居と倉庫」『弥生文化の研究7　弥生集落』9-23頁　雄山閣
宮本長二郎　1996『日本原始古代の住居建築』中央公論美術出版
武藤康弘　1989「複合居住家屋の系譜」『考古学と民族誌　渡辺仁教授古稀記念論文集』95-122頁　六興出版
武藤康弘　1995「民族誌からみた縄文時代の竪穴住居」『帝京大学山梨文化財研究所研究報告』第6集

267-96頁
武藤康弘　1993「竪穴住居の面積」『季刊考古学』44号　23-27頁
安田喜憲　1980『環境考古学事始』日本放送出版協会
山崎純男　1990「九州地方」『季刊考古学』第31号　57-61頁
山田悟郎　1986「北海道における先史時代の植物性食料について」『北海道考古学』22号　87-106頁
山田悟郎　1993「北海道の遺跡から出土した植物遺体について」『古代文化』第45巻第4号　185-94頁
山田康弘　1995「九州地方の埋設土器」『熊本大学文学部論叢』第49号　1-21頁
山田康弘　1997「九州地方の縄文時代墓地」『考古学ジャーナル』422　28-32頁
山本輝久　1991「環状集落址と墓域」『古代探叢』』137-78頁　早稲田大学出版部
山本輝久　1992「縄文時代の集落」『かながわの考古学』第2集　15-33頁
山本輝久　1997「関東地方の縄文時代墓地」『考古学ジャーナル』422　18-22頁
山本直人　1999「AMS14 C年代測定法による低湿地型貯蔵穴の分析」『動物考古学』12号　1-15頁
横堀孝徳　1997「前田村遺跡の円筒状土坑について」『研究ノート』6号　101-18頁　茨城県教育財団
吉川昌伸　1997「関東平野における過去1万年間の環境変遷」『歴博国際シンポジウム　過去1万年間の陸域環境の変遷と自然災害史』59-62頁
蘆田伊人編　1930『大日本地誌大系 斐太後風土記』雄山閣
渡辺新　1991『縄文時代集落の人口構造　千葉県権現原貝塚の研究Ⅰ』
渡辺仁　1966「縄文時代人の生態　住居の安定性とその生物学的民族史的意義」『人類学雑誌』第74巻第2号　21-30頁
渡辺仁　1978「狩猟採集民の食性の分類―進化的、生態学的見地から―」『民族学研究』43巻2号　111-37頁
渡辺仁　1981「竪穴住居の体系的分類、食物採集民の住居生態学的研究（Ⅰ）」『北方文化研究』第14号　1-108頁
渡辺仁　1984a「竪穴住居の廃用と燃料経済」『北方文化研究』第16号　1-41頁
渡辺仁　1984b「狩猟採集民の住居―北方からの視点―」『日本における住まいの源流―日本基層文化の探求―』389-417頁　文化出版局
渡辺仁　1990『縄文式階層化社会』六興出版
渡辺誠　1975『縄文時代の植物食』雄山閣
渡辺誠　1979「古代遺跡出土のトチの実」『日本古代学論集』63-74頁
渡辺誠　1983「トチの実食用化の上限について」『角田文衛博士古稀記念古代学叢論』25-40頁
渡辺誠　1987「縄文時代の植物質食料・ドングリ類」『考古学ジャーナル』279　24-27頁
渡辺誠　1996「クリの穴貯蔵」『名古屋大学文学部研究論集　史学42』35-41頁

中国語

王禎　1981『王禎農書』農業出版社
河南省文物工作隊第一隊　1956「鄭州旭岙王村遺跡発掘報告」『考古学報』1958年第3期
河南省・洛陽市博物館　1972「洛陽隋唐含嘉倉の発掘」『文物』1972年第3期　49-62頁
河北省文物管理処　1981「河北武安磁山遺址」『考古学報』1981年第3期
邯鄲市文物保管所　1977「河北磁山新石器遺址試掘」『考古』第6期　361-72頁
徐光啓　1956『農政全書』中華書局
荘綽　1985『雞肋編』『叢書集成新編第86冊』新文豊出版

引用・参考文献

蕭子顕　1972『南齊書』中華書局
中国科学院考古研究所　1963『西安半坡』文物出版社
余松危・叶万松　1982・1983「我国古代地下儲糧之研究（上・中・下）」『農業考古』1982年第 2 期136-43頁、1983年第 1 期263-69頁、1983年第 2 期213-27頁

英　語

Alexander, D. 1992. A Reconstruction of Prehistoric Land Use in the Mid-Fraser River Area Based on ethnographic Data. in *A Complex Culture of the British Columbia Plateau: Traditional Stl'atl'imx Resources Use*, edited by B. Hayden, pp.99-176. UBC Press, Vancouver.

Ames, K.M. 1994. The Northwest Coast: Complex Hunter-Gatherers, Ecology, and Social Evolution. *Annual Review of Anthropology* 23:209-29.

Arima, E. and J. Dewhirst. 1990. Nootkans of Vancouver Island. in *Handbook of North America Indians.Vol, 7. Northwest Coast.* edited by W. Suttles, pp.391-411. Smithsonian Institutions, Washington,DC.

Arnold, J.E. 1993. Labor and the rise of Complex Hunter-Gatherers. *Journal of Anthropological Archaeology* 12:75-119.

Barrett, S.A. 1977. Pomo Buildings. in *Holmes Anniversary Volume: Anthropological Essays.* AMS Press, New York.

Barrett, S.A. 1980. *Material Aspect of Pomo Culture.* AMS Press, New York.

Bar-Yosef, O. and A. Belfer-Cohen. 1989. The Origins of Sedentism and Farming Communities in the Levant. *Jounal of World Prehistory* 3(4): 447-98.

Basgall, M.K. 1987. Resources Intensification Among Hunter-Gatherers: Acorn Economies in Prehistoric California. *Resarch in Economic Anthropology* 9:21-52.

Baumhoff, M.A. 1963. Ecological Determinants of Aboriginal Populations. *University of California Publications in American Archaeology and Ethnology* Vol.49 (2): 155-235.

Bean, L.J. 1978. Cahuilla. in *Handbook of North America Indians.Vol, 8. California.* edited by R.F. Heizer, pp.575-87. Smithsonian Institutions, Washington, DC.

Bean, L.J. and K.S. Saubel. 1963. Cahuilla Ethnobotanical Notes: The Aboriginal Uses of the mesquite and screwbean. *Annual Report Archaeological Survey Department of Anthropology-Sociology University of California.* pp.55-235.

Bersu, G. 1940. Excavations at Little Woodbury, Wiltshire. *Proceedings of the Prehistoric Society for 1940(Jan.-July)* : 30-111.

Binford, L.R. 1978. *Nunamiut Ethnoarchaeology.* Academic Press, New York.

Binford, L.R. 1979. Organization and Formation Process: Looking at Curated Technologies. *Journal of Anthropological Research* 35(3): 255-73.

Binford, L.R. 1980. Willow Smoke And Dogs Tails: Hunter-Gatherer Settlement Systems and Archaeological Site Formation. *American Antiquity* 45(1): 4-20.

Binford, L.R. 1990. Mobility, Housing and Environment: A comparative study. *Journal of Anthropological Research* 46:119-52.

Black, L. 1973. The Nivhi (Gilyak) of Sakhalin and the Lower Amur. *Arctic Anthropology* 10(1): 1-117.

Bradbury, J. 1966. *Travels in the Interior North America.* March of America Facsimile Series 59.

University Microfilms, INC. A Subsidiary of Xerox Corporations, Ann Arbor.

Brunton, B.B. 1998. Kootenai. in *Handbook of North America Indians.Vol, 12. Plateau*. edited by D.E. Walker, pp.223-37. Smithsonian Institutions, Washington, DC.

Burch, E.S.Jr. 1984. Kotzebue Sound Eskimo. in *Handbook of North America Indians.Vol, 5. Arctic*. edited by D. Damas, pp.303-19. Smithsonian Institutions, Washington, DC.

Buttler, W. 1936. Pits and Pit-dwellings in Southeast Europe. *Antiquity* 10:25-36.

Chapdelaine, C. 1993. The Sedentarization of the Prehistoric Iroquoians: A Slow or Rapid Transformations? *Journal of Anthropological Archaeology* 12:173-209.

Clark, D.W. 1984. Pacific Eskimo: Historical ethnography. in *Handbook of North America Indians.Vol, 5. Arctic*. edited by D. Damas, pp.185-97. Smithsonian Institutions, Washington, DC.

Coupland, G. 1996. The Evolution of Multi-Family Households on the Northwest Coast of North America, in *People Who Lived in Big Houses: Archaeological Perspectives on Large Domestic Structures*, edited by G. Coupland and E.B. Banning, pp.121-30. Prehistory Press, Madison, Wisconsin.

Cunliffe, B. 1986. *Danebury:Anatomy of an Iron Age*. Hillfort.B.T.Batsford, London.

D'azevedo, W.L. 1986. Washoe. in *Handbook of North America Indians.Vol, 11. Great Basin*. edited by W.L. D'azevedo, D,azevedo, pp.466-498. Smithsonian Institutions, Washington, DC.

De Laguna, F. 1972. Under Mount Saint Elias: The History and culture of the Yakutat Tlingit. *Smithsonian Contribution to Anthropology 7* (1): 1-547.

De Laguna, F. 1990. Tlingit. in *Handbook of North America Indians.Vol, 7. Northwest Coast*. edited by W. Suttles, pp.203-28. Smithsonian Institutions, Washington, DC.

De Laguna, F. and C. McClellan. 1981. Ahtna. in *Handbook of North America Indians. Vol,6. Subarctic*. edited by J. Helm, pp.641-63. Smithsonian Institutions, Washington, DC.

Denig, E.T. 1961. *Five Indian Tribes of the Upper Missouri: Sioux, Arickaras, Assiniboines, Crees, and Crows*. The University of Oklahoma Press, Norman.

Dixon, R.B. 1905. The Northern Maidu. *Bulletin of the American Museum of Natural History Vol.17* (3): 121-346.

Driver, H.E. 1936. Wappo Ethnography. *University of California Publications in American Archaeology and Ethnology* Vol, 36(3): 179-220.

Driver, H.E. and W.C. Massy. 1957. Comparative Studies of North America Indians. *Transactions of the American Philosophical Society New Series* Vol, 47. Part2.

Du Bois, C.A. 1935. Wintu Ethnography. *University of California Publications in American Archaeology and Ethnology* Vol.36 (1): 1-148.

Dyson-Hudson, R. and E.A. Smith. 1978. Human Territoriality: An ecological Reassessment. *American Anthropologist* 80:21-41.

Elsasser, A.B. 1978a. Wiyot. in *Handbook of North America Indians.Vol, 8. California*. edited by R.F. Heizer, pp.155-63. Smithsonian Institutions, Washington, DC.

Elsasser, A.B. 1978b. Mattole, Nongatl, Sinkyone, Lassik, and Wailaki. in *Handbook of North America Indians.Vol, 8. California*. edited by R.F. Heizer, pp.190-204. Smithsonian Institutions, Washington, DC.

Ezell, P.H. 1983. History of the Pima. in *Handbook of North America.Indians.Vol, 10. Southwest*. edited by A, Ortiz, pp.149-60. Smithsonian Institutions, Washington, DC.

Fitzhugh, W.W. and S.A. Kaplan. 1982. *Inua: spirit world of the Bering Sea Eskimo*. Smithsonian Institutions Press, Washington, DC.

Fletcher, A.C. and F.La Flesche. 1911. The Omaha Tribe. *27th Annual Report of the Bureau of American Ethnology to the Secretary of the Smithsonian Institutions*, Washington, DC. 1905-1906.

Fowler, C.S and S. Liljeblad, 1986. Northern Paiute. in *Handbook of North America Indians.Vol, 11. Great Basin*. edited by W.L.D,azevedo, pp.435-65. Smithsonian Institutions, Washington, DC.

Gayton, A.H. 1948a. Yokuts and Western Mono Ethnography I :Tulare lake, Southern Valley, and Central Foothill Yokuts. *University of California Publications in Anthropological Records*. Vol, 10 :1-142.

Gayton, A.H. 1948b. Yokuts and Western Mono Ethnography II : Northern Foothill Yokuts, and Western Mono. *University of California Publications in Anthropological Records*. Vol, 10: 143-302.

Gilman, P.A. 1987. Architecture as artifacts: Pit Structure and Pueblos in the American Southwest. *American Antiquity* 52(3): 538-64.

Gould, R.A. 1978. Tolowa. in *Handbook of North America Indians.Vol, 8. California*. edited by R.F. Heizer, pp.128-36. Smithsonian Institutions, Washington, DC.

Hajda, Y. 1990. Southwestern Coast Salish. in *Handbook of North America Indians. Vol, 7. Northwest Coast*. edited by W. Suttles, pp.503-17. Smithsonian Institutions, Washington, DC.

Halpin, M.M and M. Seguin. 1990. Tsimshian Peoples: Southern Tsimshian, Coast Tsimshian, Nishga, and Gitksan. in *Handbook of North America Indians.Vol, 7. Northwest Coast*. edited by W. Suttles, pp.267-84. Smithsonian Institutions, Washington, DC.

Halstead P, and J. O'Shea. 1989. Introductions:cultural responses to risk and uncertainly. in *Bad year economics: cultural responses to risk and uncertainly*, edited by P. Halstead and J. O'Shea, pp. 1-7. Cambridge University Press, Cambridge.

Hayden, B. 1992. Conclusions:Ecology and Complex Hunter/Gatherers. in *A Complex Culture of the British Columbia Plateau: Traditional Stl'atl'imx Resources Use*, edited by B. Hayden, pp.525-63. UBC Press, Vancouver.

Hayden, B. et al. 1996. Space per Capita and the Optimal Size of Housepits. in *People Who Lived in Big Houses: Archaeological Perspectives on Large Domestic Structures*, edited by G. Coupland and E.B. Banning, pp.151-64. Prehistory Press, Madison Wisconsin.

Helm, J. 1981. *Handbook of North America Indians.Vol, 6. Subarctic*. edited by J. Helm, Smithsonian Institutions, Washington, DC.

Henry, D.O. 1985. Preagricultural Sedentism: the Natufian example. in *Prehistoric Hunter-Gatherers: The Emergence of Cultural Complexity*, edited by T.D. Price and J.A. Brown, pp.365-84. Academic Press, New York.

Hinton, T.B. 1983. Southern periphery: West. in *Handbook of North America Indians. Vol, 10. Southwest*. edited by A. Ortiz, pp.315-28. Smithsonian Institutions, Washington, DC.

Hitchcock, R.K. 1987. Sedentism and Site Structure: Organizational Changes in Karahali Basaruwa Residential Locations. in *Method and Theory for Activity Area Research*, edited by S. Kent, pp.374-423. Columbia University Press, New York.

Hoebel, E.A. 1979. Zia Pueblo. in *Handbook of North America Indians.Vol, 9 . Southwest*. edited by A. Ortiz, pp.407-17. Smithsonian Institutions, Washington, DC.

Honigmann, J.J. 1981. Kaska. in *Handbook of North America Indians.Vol, 6. Subarctic*. edited by J. Helm, pp.442-50. Smithsonian Institutions, Washington, DC.

Hosley, E.H. 1981. Kolchan. in *Handbook of North America Indians.Vol, 6. Subarctic.* edited by J. Helm, pp.618-22. Smithsonian Institutions, Washington, DC.

Hughes, C.C. 1984. Saint Lawrence Island Eskimo. in *Handbook of North America Indians.Vol, 5. Arctic.* edited by D. Damas, pp.262-77. Smithsonian Institutions, Washington, DC.

Hunn, E.S and D.H. French. 1998. Western Columbia Sahaptins. in *Handbook of North America Indians.Vol, 12. Plateau.* edited by D.E. Walker, pp.378-94. Smithsonian Institutions, Washington, DC.

Hurt, D.R. 1987. *Indian Agriculture in America: Prehistory to the Present.* University Press of Kansas, Lawrence, Kan.

Ignace, M.B. 1998. Shuswap. in *Handbook of North America Indians.Vol, 12. Plateau.* edited by D.E. Walker, pp.203-19. Smithsonian Institutions, Washington, DC.

Ingold, T. 1983. Significance of storage in Hunting Societies. *Man* 18:553-71.

Ivanov, S.V.et.al. 1964. The Orochi. in *The People of Siberia.* edited by M.G. Levin and L.P. Potapov, pp.751-60. The University of Chicago Press, Chicago.

Johnson, J.J. 1978a. Patwin. in *Handbook of North America Indians.Vol, 8. California.* edited by R.F. Heizer, pp.350-60. Smithsonian Institutions, Washington, DC.

Johnson, J.J. 1978b. Yana. in *Handbook of North America Indians. Vol, 8. California.* edited by R.F. Heizer, pp.361-69. Smithsonian Institutions, Washington, DC.

Kelly, R.L. 1992. Mobility/Sedentism: Concepts, Archaeological Measures, And Effects. *Annual Review of Anthropology* 21:43-66.

Kemp, W.B. 1984. Baffinland Eskimo. in *Handbook of North America Indians.Vol, 5. Arctic.* edited by D. Damas, pp.463-75. Smithsonian Institutions, Washington, DC.

Kendall, D.L. 1990. Takelma. in *Handbook of North America Indians.Vol, 7. Northwest Coast.* edited by W. Suttles, pp.589-92. Smithsonian Institutions, Washington, DC.

Kennedy, D.I.D and R.T. Bouchard.1990. Bella Coola. in *Handbook of North America Indians.Vol, 7. Northwest Coast.* edited by W.Suttles, pp.323-39. Smithsonian Institutions, Washington, DC.

Kennedy, D.I.D and R.T. Bouchard. 1998. Lillooet. in *Handbook of North America Indians.Vol, 12. Plateau.* edited by D.E. Walker, pp.174-90. Smithsonian Institutions, Washington, DC.

Kent, S. 1989. And Justice for All: The Development of Political Centralizations Among Newly Sedentary Foragers. *American Anthropologist* 91:703-12.

Kent, S. 1990. A cross-cultural study of segmentation, architecture, and the use of space. in *Domestic architecture, and the use of space: An interdisciplinary cross-cultural study,* edited by S. Kent, pp.127-52. Cambridge University Press, Cambridge.

Kniffen, F.B. 1940. Pomo Geography. in *University of California Publications in American Archaeology and Ethnology.* Vol, 36:353-400.

Kroeber, A.L. 1922. Element of Culture in Native California. in *University of California Publications in American Archaeology and Ethnology.* Vol, 13(8):259-328.

Kroeber, A.L. 1976. *Handbook of the Indian of California.* Dover Publications, New York.

Lane, R.B. 1981. Chilcotin. in *Handbook of North America Indians.Vol, 6. Subarctic.* edited by J.Helm, pp.402-12. Smithsonian Institutions, Washington, DC.

Lapena, F.R. 1978. Wintu. in *Handbook of North America Indians.Vol, 8. California.* edited by R.F. Heizer, pp.324-40. Smithsonian Institutions, Washington, DC.

Levin, M.G. and L.P. Potapov. 1964. The Nanay. in *The People of Siberia.* edited by M.G. Levin and L. P. Potapov, pp.691-720. The University of Chicago Press. Chicago.

Levy, R. 1978. Eastern Miwok. in *Handbook of North America Indians.Vol, 8. California.* edited by R.F. Heizer, pp.398-413. Smithsonian Institutions, Washington, DC.

Luomala, K. 1978. Tipai and Ipai. in *Handbook of North America Indians.Vol, 8.California.* edited by R.F. Heizer, pp.592-609. Smithsonian Institutions, Washington, DC.

Mary-rousselier, G. 1984. Iglulik. in *Handbook of North America Indians.Vol, 5. Arctic.* edited by D. Damas, pp.431-46. Smithsonian Institutions, Washington, DC.

Mason, J.A. 1912. The Ethnology of the Salinan Indians. *University of California Publications in American Archaeology and Ethnology.* Vol, 10: 97-240.

Matthew, W. 1877. Ethnograpy and Philology of the Hidatsa Indians. *United States Geological and Geographical Survey. Miscellaneous Publications* 7:1-239.

Miller, J. and W. R. Seaburg. 1990. Athapaskan of Southwestern Oregon. in *Handbook of North America Indians.Vol, 7. Northwest Coast.* edited by W. Suttles, pp.580-88. Smithsonian Institutions, Washington, DC.

McClellan, C. 1981. Tutchone. in *Handbook of North America Indians.Vol, 6. Subarctic.* edited by J. Helm, pp.493-505. Smithsonian Institutions, Washington, DC.

Moran, E.F. 1984. Limitations and Advances in Ecosystems Research. in *Ecosystem Concept in Anthropology,* edited by E.F. Moran. pp.3-32. Westview Press, Boulder, Colorado.

Morgan, L.H. 1965. *Houses and House-Life of the American Indians.* The University of Chicago Press, Chicago.

Olson, R.L. 1981. Minto, Alaska. in *Handbook of North America Indians.Vol, 6. Subarctic.* edited by J. Helm, pp.704-11. Smithsonian Institutions, Washington, DC.

Pennington, C.W. 1983. Northern Tepehuan. in *Handbook of North America Indians. Vol, 10. Southwest.* edited by A. Ortiz, pp.306-14. Smithsonian Institutions, Washington, DC.

Pilling, A.R. 1978. Yurok. in *Handbook of North America Indians.Vol, 8. California.* edited by R.F. Heizer, pp.137-54. Smithsonian Institutions, Washington, DC.

Powell, J.V. 1990. Quileute. in *Handbook of North America Indians.Vol, 7. Northwest Coast.* edited by W. Suttles, pp.431-37. Smithsonian Institutions, Washington, DC.

Powers, S. 1976. *Tribes of California.* AMS Press, New York.

Price, T.D. and J.A.Brown. 1985a. Aspects of Hunter-Gatherer Complexity. in *Prehistoric Hunter-Gatherers: The Emergence of Cultural Complexity,* edited by T.D. Price and J.A. Brown, pp.3-20. Academic Press, New York.

Price, T.D. and J.A. Brown(ed). 1985b. *Prehistoric Hunter-Gatherers: The Emergence of Cultural Complexity,* Academic Press, New York.

Rafferty, J. 1985. The Archaeological Record on Sedentariness: Recognition, Development, and Implications. in *Advances in Archaeological Method and Theory, Vol, 8.* edited by M.B. Schiffer, pp.113-56. Academic Press, New York.

Rapoport, A. 1990. Systems of Activities and Systems of Settings. in *Domestic architecture, and the use of space: An interdisciplinary cross-cultural study,* edited by S. Kent, pp.9-20. Cambridge University

Press, Cambridge.

Ray, D.J. 1984. Bering Straight Eskimo. in *Handbook of North America Indians.Vol, 5. Arctic.* edited by D. Damas, pp.285-302. Smithsonian Institutions, Washington, DC.

Ray, V.F. 1932. *The Sanpoil and Nesplem: Salishan Peoples of Northeastern Washington.* University of Washington Publications in Anthropology 5.

Ray, V.F. 1963. *Primitive Pragmatists: The Modoc Indians of Northern California.* The University of Washington Press, Seattle.

Renker, A.M and E. Gunther. 1990. Makah. in *Handbook of North America Indians. Vol, 7. Northwest Coast.* edited by W. Suttles, pp.422-30. Smithsonian Institutions, Washington, DC.

Reynolds, P.J. 1974. Experimental Iron Age Storage Pits: An Interim Report. *Proceedings of the Prehistoric Society* 40:118-31.

Riddle, F.A. 1978. Maidu and Konkow. in *Handbook of North America Indians.Vol, 8. California.* edited by R.F. Heizer, pp.370-86. Smithsonian Institutions, Washington, DC.

Roberts, JR.F.H.H. 1929. *Shabik,eshchee Village: A Late Basket Maker Site in the Chaco Canyon New Mexico,* Smithsonian Institution Bureau of American Ethnology Bulletin 92.

Robinson, K.R. 1963. A Note on Storage Pits: Rhodesian Iron Age and Modern African. *South African Archaeological Bulletin* 18(70): 62-63.

Ross, J.A. 1998. Spokane. in *Handbook of North America Indians.Vol, 12. Plateau.* edited by D.E. Walker, pp.271-82. Smithsonian Institutions, Washington, DC.

Rowley-Conwy, P. 1983. Sedentary hunters: the Ertebølle example. in *Hunter-gatherer Economy in Prehistory: A European Perspective,* edited by G. Bailey. pp.111-126. Cambridge University Press, Cambridge.

Rowley-Conwy, P. and M. Zvelebil. 1989. Saving it for later: storage by prehistoric hunter-gatherers in Europe, in *Bad year economics: cultural responses to risk and uncertainly,* edited by P. Halstead and J. O'Shea, pp.40-56. Cambridge University Press, Cambridge.

Saladin D,anglure, B. 1984. Inuit of Quebec. in *Handbook of North America Indians.Vol, 5. Arctic.* edited by D. Damas, pp.476-507. Smithsonian Institutions, Washington, DC.

Schuster, H.H. 1998. Yakima and Neighboring Groups. in *Handbook of North America Indians.Vol, 12. Plateau.* edited by D.E. Walker, pp.327-51. Smithsonian Institutions, Washington, DC.

Shalk, R.F. 1977. The Structure of an Anadoromous Fish Resource. in *For Theory Building in Archaeology,* edited by L.R. Binford, pp.207-49. Academic Press, New York.

Shalk, R.F. 1981. Land Use and Organizational Complexity among Foragers of Northwestern North America. *Senri Ethnological Studies* 9:53-75.

Silver, S. 1978. Shastan Peoples. in *Handbook of North America Indians.Vol, 8. California.* edited by R.F. Heizer, pp.211-24. Smithsonian Institutions, Washington, DC.

Silverstein, M. 1990. Chinookans of the Lower Columbia. in *Handbook of North America Indians.Vol, 7. Northwest Coast.* edited by W. Suttles, pp.533-46. Smithsonian Institutions, Washington, DC.

Smith, C.R. 1978. Tubatulabal. in *Handbook of North America Indians.Vol, 8. California.* edited by R.F. Heizer, pp.437-45. Smithsonian Institutions, Washington, DC.

Smith, D.G. 1984. Mackenzie Delta Eskimo. in *Handbook of North America Indians. Vol, 5. Arctic.* edited by D. Damas, pp.347-58. Smithsonian Institutions, Washington, DC.

引用・参考文献

Smyth, M.P. 1989. Domestic Storage Behavior in Mesoamerica: An Ethnoarchaeological Approach. in *Archaeological Method and Theory, Vol,1.* edited by M.B. Schiffer, pp.89-138. The University of Arizona Press, Tucson.

Snow, J. 1981. Ingalik. in *Handbook of North America Indians. Vol, 6. Subarctic.* edited by J. Helm, pp.602-17. Smithsonian Institutions, Washington, DC.

Sobel, E. and G. Bettles. 2000. Winter Hunger Winter Myths: Subsistence Risk and Mythology among the Klamath and Modoc. *Journal of Anthropological Archaeology* 19:276-316.

Soffer, O. 1989. Storage, Sedentism, and the Eurasian Palaeolithic record. *Antiquity* 63:719-32.

Spencer, R.F. 1959. *The North Alaskan Eskimo: A Study in Ecology and Society.* Smithsonian Institution Bureau of American Ethnology Bulletin 171.

Spencer, R.F. and J.D. Jennings. 1965. *The Native Americans: Prehistory and Ethnology of the North America Indians.* Harper and Row Publishers, New York.

Spier, L. 1930. Klamath Ethnography. *University of California Publications in American Archaeology and Ethnology.* Vol, 30: 1-338.

Spier, R.F.G. 1978a. Monache. in *Handbook of North America Indians.Vol, 8. California.* edited by R.F. Heizer, pp.426-36. Smithsonian Institutions, Washington, DC.

Spier, R.F.G. 1978b. Foothill Yokuts. in *Handbook of North America Indians.Vol, 8. California.* edited by R.F. Heizer, pp.471-84. Smithsonian Institutions, Washington, DC.

Stern, T. 1965. *The Klamath Tribe: A People and their Reservation.* University of Washington Press, Seattle.

Stepanova, M.V. 1964. The Yukagirs. in *The People of Siberia.* edited by M.G. Levin and L.P. Potapov, pp.788-98. The University of Chicago Press, Chicago.

Steward, J. 1943. Culture Element Distributions 23. *University of California Anthropological Records* 8(3): 263-392.

Suttles, W. 1990. Central Coast Salish. in *Handbook of North America Indians.Vol, 7. Northwest Coast.* edited by W. Suttles, pp.453-75. Smithsonian Institutions, Washington, DC.

Suttles, W. 1991. The Shed-Roof House. in *A time of Gathering: native heritage in Washington State.* edited by R.K. Wright. pp.212-22. The University of Washington Press and the Thomas Burke Memorial Washington State Museum.

Suttles, W. and B. Lane. 1990. Southern Coast Salish. in *Handbook of North America Indians.Vol, 7. Northwest Coast.* edited by W. Suttles, pp.485-502. Smithsonian Institutions, Washington, DC.

Taylor, J.G. 1984. Historical ethnography of the Inuit of Labrador coast. in *Handbook of North America Indians.Vol, 5. Arctic.* edited by D. Damas, pp.508-21. Smithsonian Institutions, Washington, DC.

Teit, J.A. 1975a. The Thompson Indians of British Columbia. The Jesup North Pacific Expeditions. *Memoir of the America Museum of Natural History* 1(4). AMS Press, New York.

Teit, J.A. 1975b. The Lillooet Indians. The Jesup North Pacific Expeditions. *Memoir of the America Museum of Natural History* 2(5). AMS Press, New York.

Teit, J.A. 1975c. The Shuswap. The Jesup North Pacific Expeditions. *Memoir of the America Museum of Natural History* 2(7). AMS Press, New York.

Testart, A. 1982. The significance of food storage among hunter-gatherers: residence patterns, population densities, and social inequalities. *Current Anthropology* 23:523-37 親澤憲訳 1990「狩猟採集

民における食料貯蔵の意義」『現代思想』第18巻第12号.

Thomas, D.H. 1981. Complexity among Great Basin Shoshoneans: The worlds Least Affluent Hunter-Gatherers? *Senri Ethnological Studies* 9:19-52.

Thomas, D.H.et.al. 1986. Western Shoshone. in *Handbook of North America Indians. Vol, 11. Great Basin.* edited by W.L.D,azevedo, pp.262-83. Smithsonian Institutions, Washington, DC.

Townsend, J.B. 1981. Tanaina. in *Handbook of North America Indians.Vol, 6. Subarctic.* edited by J. Helm, pp.623-40. Smithsonian Institutions, Washington, DC.

Turner, N, J. 1992. Plant Resources of the *Stl'átl'imx* People. in *A Complex Culture of the British Columbia Plateau: Traditional Stl'atl'imx Resources Use,* edited by B. Hayden, pp.405-69. UBC Press, Vancouver.

Vanstone, J.W. 1984. Mainland Southwest Alaska Eskimo. in *Handbook of North America Indians.Vol, 5. Arctic.* edited by D. Damas, pp.224-42. Smithsonian Institutions, Washington, DC.

Wallace, W.J. 1978a. Hupa, Chilula, and Whilkut. in *Handbook of North America Indians.Vol, 8.California.* edited by R.F. Heizer, pp.164-79. Smithsonian Institutions, Washington, DC.

Wallace, W.J. 1978b. Southern Valley Yokuts. in *Handbook of North America Indians.Vol, 8. California.* edited by R.F. Heizer, pp.448-61. Smithsonian Institutions, Washington, DC.

Wallis, W.D. 1978. *The Canadian Dakota.* AMS Press, New York.

Wilk, R.R. and W.L. Rathje. 1982. Household Archaeology. *American Behavioral Scientist* 25(6): 617-39.

Wilson, G.L. 1934. The Hidatsa Earthlodge. *Anthropological Papers the America Museum of Natural History* 33(5): 341-420.

Wilson, G.L. 1979. *Agriculture of the Hidatsa Indians: An Indian Interpretations.* AMS Press, New York.

Wilson, N.L. and A.H. Towne. 1978. Nisenan. in *Handbook of North America Indians.Vol, 5. California.* edited by R. Heizer, pp.387-97. Smithsonian Institutions, Washington, DC.

Winter, M.C. 1976. The Archaeological Household Cluster in the Valley of Oaxaca. in *The Early Mesoamerica village.* edited by K.V. Flannery. pp.25-31. Academic Press, New York.

Woodburn, J. 1982. Egalitarian Society. *Man (N.S)* 17:431-51.

Wooley, L. 1956. Cypriote Storage-Pits. *Antiquity* 30:223.

Zenk, H.B. 1990a. Kalapuyans. in *Handbook of North America Indians.Vol, 7. Northwest Coast.* edited by W. Suttles, pp.547-53. Smithsonian Institutions, Washington, DC.

Zenk, H.B. 1990b. Alseans. in *Handbook of North America Indians.Vol, 7. Northwest Coast.* edited by W. Suttles, pp.568-71. Smithsonian Institutions, Washington, DC.

Zenk, H.B. 1990c. Siuslawans and Coosans. in *Handbook of North America Indians.Vol, 7. Northwest Coast.* edited by W. Suttles, pp.572-79. Smithsonian Institutions, Washington, DC.

Zenk, H.B. and B.Rigsby. 1998. Molala. in *Handbook of North America Indians.Vol, 12. Plateau.* edited by D.E. Walker, pp.439-45. Smithsonian Institutions, Washington, DC.

報告書

相原康二　1982「要約編」『東北縦貫自動車道関係埋蔵文化財調査報告書ⅩⅤ―2』岩手県文化財調査報告書第70集　247-73頁

青崎和憲ほか 1981『九州縦貫自動車道関係埋蔵文化財調査報告―Ⅴ―加栗山遺跡　神ノ木山遺跡』鹿児島県埋蔵文化財発掘調査報告書（16）

青森県教育委員会　1980『板留（2）遺跡発掘調査報告書』青森県埋蔵文化財調査報告書第59集

引用・参考文献

青森県教育委員会　1993『朝日山遺跡Ⅱ』青森県埋蔵文化財調査報告書第152集
秋田県教育委員会　1981『藤株遺跡発掘調査報告書』
秋田県教育委員会　1983『東北縦貫自動車道発掘調査報告書Ⅵ』秋田県文化財調査報告書第99集
秋田県教育委員会　1984『東北縦貫自動車道発掘調査報告書Ⅶ』秋田県文化財調査報告書第105集
秋田県教育委員会　1986「石坂台Ⅷ遺跡」「石坂台Ⅸ遺跡」『東北横断自動車道秋田線発掘調査報告書Ⅰ』秋田県文化財調査報告書第150集
秋田県教育委員会　1990『高屋館跡』秋田県文化財調査報告書第198集
秋田県教育委員会　1994『東北横断自動車道秋田線発掘調査報告書ⅩⅩⅡ』秋田県文化財調査報告書第242集
秋田県教育委員会　1999『伊勢堂岱遺跡』秋田県文化財調査報告書第293集
浅田知世　1993『蟹沢遺跡発掘調査概報』北上市埋蔵文化財調査報告書第14集
阿部昭典ほか　1998・1999「道尻手遺跡」『平成10・11年度津南町遺跡発掘調査概要報告書』津南町文化財調査報告第24・30号
安楽勉ほか　1976『里田原遺跡』長崎県文化財調査報告書第25集
安楽勉ほか　1992『里田原遺跡』田平町文化財調査報告書第5集
安楽勉・藤田和裕ほか　1975『里田原遺跡』長崎県文化財調査報告書第21集
伊崎俊秋　1994『十篋星野小学校遺跡』星野村文化財調査報告書第2集
伊崎俊秋　1997『九州横断自動車道関係埋蔵文化財調査報告―44―』福岡県教育委員会
井沢洋一ほか　1990『入部Ⅰ』福岡市埋蔵文化財調査報告書第235集
石井寛　1990『山田大塚遺跡』港北ニュータウン地域内埋蔵文化財調査報告ⅩⅠ
石井寛　1999『小丸遺跡』港北ニュータウン地域内埋蔵文化財調査報告25
石郷岡誠一　1987「地方遺跡」『秋田新都市開発整備事業関係埋蔵文化財発掘調査報告書』秋田市教育委員会
石郷岡誠一　1988「下堤B遺跡」『秋田新都市開発整備事業関係埋蔵文化財発掘調査報告書』秋田市教育委員会
石田明夫・平吹睦美　2001『本能原遺跡』会津若松市文化財調査報告書第70号
市川市　1971『市川市史　第1巻』
乾哲也　1993『仏並遺跡発掘調査報告書』和泉市埋蔵文化財調査報告第1集
井上裕弘　1979『山陽新幹線関係埋蔵文化財調査報告第11集』福岡県教育委員会
井上裕弘ほか　1996『九州横断自動車道関係埋蔵文化財調査報告第40集』福岡県教育委員会
井上太　1992『鞘戸原Ⅰ・鞘戸原Ⅱ・西平原』富岡市埋蔵文化財調査報告書第14集
伊庭功ほか　1997『粟津湖底遺跡第3貝塚』琵琶湖開発事業関連埋蔵文化財発掘調査報告書1
岩崎二郎ほか　1986『仏並遺跡』大阪府埋蔵文化財協会調査報告書第5号
岩手県埋蔵文化財センター　1978『都南村　湯沢遺跡』岩手県埋文センター文化財調査報告書2集
岩手県埋蔵文化財センター　1983『赤坂田Ⅰ・Ⅱ遺跡発掘調査報告書』岩手県埋文センター文化財調査報告書第58集
印旛郡市文化財センター　1994『千葉県四街道市木戸先遺跡群』印旛郡市文化財センター発掘調査報告書第79集
植田文雄　1990『今安楽寺遺跡』能登川町埋蔵文化財調査報告書第17集
植田文雄　1996『正楽寺遺跡』能登川町埋蔵文化財調査報告書第40集
氏家信行・志田純子　1998『山居遺跡発掘調査報告書』山形県埋蔵文化財センター

調査報告書第53集
宇田敦司・松田冨美子　1997『南羽鳥遺跡群Ⅱ』印旛郡市文化財センター発掘調査報告書第133集
浦部頼之　2000「姥ヶ入製鉄遺跡」『新潟県埋蔵文化財調査事業団年報平成11年度』36-37頁
大井邦明ほか　1995『カミナルフユⅠ・Ⅱ』たばこと塩の博物館
岡田善治ほか　1987『枇杷谷遺跡発掘調査報告書』会見町文化財調査報告書Ⅳ
岡本勇人　1998『上中原遺跡』菊陽町文化財調査報告第1集
岡本武憲　1987『ほ場整備関係埋蔵文化財調査報告書ⅩⅣ―5』滋賀県教育委員会
押山雄三ほか　1995『郡山東部16』郡山市教育委員会
鹿角市教育委員会　1984『天戸森遺跡』鹿角市文化財資料26
金沢市教育委員会　1983『金沢市新保本町チカモリ遺跡―遺構編―』金沢市文化財紀要34
金沢市教育委員会　1986『金沢市新保本町チカモリ遺跡―第4次発掘調査兼土器編―』金沢市文化財紀要60
金箱文夫ほか　1987『赤山　古環境編』川口市遺跡調査会報告第10集
金箱文夫　1989『赤山　本文編　第1・2分冊』川口市遺跡調査会報告第12集
川述昭人ほか　1985『権現塚北遺跡』瀬高町文化財調査報告書第3集
関西縄文文化研究会　1999『第1回関西縄文文化研究会　関西の縄文住居発表要旨・資料集』
木崎康弘　1989『六地蔵遺跡Ⅰ』熊本県文化財調査報告第105集
岸本雅敏・山本正敏　1986『都市計画街路七美・太閤山高岡線内遺跡群発掘調査概要（4）』富山県教育委員会
北郷泰道ほか　1985『宮崎学園都市遺跡発掘調査報告書第2集　油田遺跡　入料遺跡　堂地西遺跡　平畑遺跡　堂地東遺跡　熊野遺跡』宮崎県教育委員会
木村剛朗　1982『平城貝塚』御荘町教育委員会
京都府埋蔵文化財センター　1989『京都府遺跡調査報告書第12冊』
九州考古学会　1962「島原半島の考古学的調査第2次概報」『九州考古学』14　3-10頁
管田薫　2000「日の谷寺町遺跡」『第2回関西縄文文化研究会　関西の縄文墓地発表要旨』19-24頁　関西縄文文化研究会
工藤利幸ほか　1982『荵内遺跡』岩手県埋文センター文化財調査報告書第32集
群馬県教育委員会　1989『太平台遺跡』群馬県埋蔵文化財調査報告書第82集
小池史哲　1992『椎田バイパス関係埋蔵文化財調査報告―7―上巻　山崎遺跡（Ⅰ）付　石田遺跡』福岡県教育委員会
小泉祐司ほか　1997『城陽市埋蔵文化財調査報告書第32集』
神戸市教育委員会　1998「原野・沢遺跡　第1次調査」『平成7年度神戸市埋蔵文化財調査年報』295-300頁
小島俊彰ほか　1978『富山県滑川市安田古宮遺跡発掘調査報告書』滑川市教育委員会
小谷田政夫ほか　1981『平尾台原遺跡』稲城市遺跡調査会
近藤広　1993『栗東町埋蔵文化財調査 1991年度年報Ⅱ―下鈎・狐塚・上鈎遺跡―』栗東町文化体育振興事業団
酒井仁夫　1984『葛川遺跡』苅田町文化財調査報告書第3集
佐賀県教育委員会　1984『金立開拓遺跡』佐賀県文化財調査報告書第77集
坂本彰　1990「西ノ谷貝塚」『全遺跡調査概要』横浜市埋蔵文化財センター

引用・参考文献

坂本和弘　1998『鶴羽田遺跡』熊本県文化財調査報告第168集
櫻田隆　1999「池内遺跡の考古学的分析」『池内遺跡　遺物・資料編』秋田県文化財調査報告書第282集
佐藤雅一　1999「堂平遺跡」『平成11年度津南町遺跡発掘調査概要報告書』津南町文化財調査報告第30号
塩山則之　1991「讃良川遺跡の調査」『第9回近畿地方埋蔵文化財研究会資料』
柴尾俊介　1991『高津尾遺跡4（16区の調査）』北九州市埋蔵文化財調査報告書第102集
島津義昭ほか　1986『伊坂上原　石佛遺跡』熊本県文化財調査報告第78集
正林護ほか　1974『里田原遺跡略報Ⅱ』長崎県文化財調査報告書第18集
正林護ほか　1989『佐賀貝塚』峰町教育委員会
城田吉六　1992「豆酘「樫ぼの」の民俗的歴史的背景」『対馬・豆酘寺門樫ぼの遺跡』厳原町教育委員会　37-40頁
白谷建一　1995『上原第3遺跡』高城町文化財調査報告書第4集
末永弥義・棚田昭仁　1990『豊前国府および節丸西遺跡　平成元年度発掘調査概報』豊津町文化財調査報告書第9集
鈴木昭彦　1989「日陰田遺跡」『愛知県埋蔵文化財情報4　昭和62年度』70頁　愛知県埋蔵文化財センター
鈴木徹　1992『地蔵沢遺跡』黒石市埋蔵文化財調査報告第11集
鈴木優子　1983『上村遺跡・下村A遺跡・下村B遺跡発掘調査報告書』岩手県埋文センター文化財調査報告書第87集
鈴木雄三ほか　1982『河内下郷遺跡群Ⅱ仁井町遺跡上納豆内遺跡』郡山市教育委員会
関宮町教育委員会　1990『小路頃オノ木遺跡発掘調査報告書』関宮町埋蔵文化財調査報告書4
瀬口真司　2000『金屋遺跡』滋賀県教育委員会
高田勝　1989「堂後遺跡」『郡山東部9』郡山市教育委員会
高橋信武・吉留秀敏　1982『横尾貝塚発掘調査概報』大分県教育委員会
高松龍暉　1989『上ノ山遺跡』美方町文化財調査報告書1
武井則道　1990「南堀貝塚」『全遺跡調査概要』横浜市埋蔵文化財センター
武川夏樹ほか　2001『伊奈砂沼遺跡』あきる野市前原遺跡調査会
竹田宏司　1999『太郎迫遺跡・妙見遺跡』熊本県文化財調査報告第186集
竹原一彦　1982「三河宮の下遺跡」『京都府遺跡調査概報第2冊』京都府埋蔵文化財センター
田代寛　1968「鉢木遺跡の袋状土壙」『塩谷郷土史館研究報告』第2集
田代寛　1975「袋状土壙覚書」『浅香内8H遺跡』黒羽高校社会部研究報告第4集
龍野市教育委員会　1985『片吹遺跡』龍野市文化財調査報告書Ⅵ
立平進ほか　1992a『対馬・豆酘寺門樫ぼの遺跡』厳原町教育委員会
立平進　1992b「豆酘寺門樫ぼの遺跡の調査結果」『対馬・豆酘寺門樫ぼの遺跡』厳原町教育委員会　19-23頁
田中彰　1996「打越遺跡」『高山市内遺跡発掘調査報告書』高山市埋蔵文化財調査報告書第22号
田中正能ほか　1978『三斗蒔遺跡発掘調査概報』平田村埋蔵文化財発掘調査報告書第1集
田淵敏樹　1992「篠原遺跡」『兵庫県史考古資料編』110-112頁
千葉県都市公社　1975『飯山満東遺跡』
辻誠一郎　1995「植物相からみた三内丸山遺跡」『三内丸山遺跡Ⅵ』青森県埋蔵文化財調査報告書第205集　81-83頁

辻誠一郎　1998「人と植物のかかわり」『池内遺跡　遺物・資料編』秋田県文化財調査報告書第282集　751-53頁

東京都埋蔵文化財センター　1996「No.200遺跡（第3次調査）・No.201遺跡（第5次調査）『東京都埋蔵文化財センター年報16』23-25頁

東京都埋蔵文化財センター　2001『多摩ニュータウン遺跡』東京都埋蔵文化財センター調査報告第99集

富田紘一　1981『上南部遺跡発掘調査報告書』熊本市教育委員会

長井数秋　1986「土壇原Ⅱ遺跡」『愛媛県史　資料編考古』87頁

中尾憲一・前田敬彦　1987『溝ノ口遺跡Ⅱ』海南市教育委員会

長崎元広　1974「小竪穴の分析とその用途」『扇平遺跡』岡谷市教育委員会　71-77頁

長津宗重・管付和樹ほか　1990『丸野第2遺跡』田野町文化財調査報告書第1集

長野県教育委員会　1975『長野県中央道埋蔵文化財包蔵地発掘調査報告書―諏訪市その3―』

中間研志　1998『九州横断自動車道関係埋蔵文化財調査報告―49―』福岡県教育委員会

中間研志・伊崎俊秋　1997『九州横断自動車道関係埋蔵文化財調査報告―43―』福岡県教育委員会

長嶺正秀・末永弥義　1985『下稗田遺跡』行橋市文化財調査報告書第17集

中村健二ほか　1993『小川原遺跡1』滋賀県教育委員会

中村耕治・吉永正史ほか　1986『前谷遺跡』松山町埋蔵文化財調査報告書（1）

中村良幸　1979『立石遺跡』大迫町埋蔵文化財報告書3集

西邦和　1995『林・石田遺跡』能登川町埋蔵文化財調査報告書第36集

西野秀和ほか　1989『金沢市米泉遺跡』石川県立埋蔵文化財センター

西村歩　1993『仏並遺跡Ⅲ』大阪府埋蔵文化財協会調査報告書第77号

新田重清　1977『苦増原遺跡』具志川市教育委員会

沼津市教育委員会　1975『元野遺跡発掘調査報告書』沼津市文化財調査報告第8集

野田恒親・濱田彰久　1999『古閑北遺跡』熊本県文化財調査報告第184集

芳賀英一ほか　1999『福島空港公園遺跡発掘調査報告Ⅰ』福島県文化財調査報告書第358集

萩原博文ほか　1986『津吉遺跡群発掘調査報告書』平戸市教育委員会

畠山憲司ほか　1978『湯出野遺跡発掘調査概報』秋田県文化財調査報告書第53集

八戸市博物館　1997『国重要文化財指定記念　特別展　風張遺跡の縄文社会』

濱田彰久　1999『迫ノ上遺跡』熊本県文化財調査報告第170集

浜田信也ほか　1974『横隈山遺跡』小郡市教育委員会

東大阪市教育委員会　1976『縄手遺跡2』東大阪市文化財調査報告第5冊

福島県文化センター　1983「松ヶ平A遺跡」『真野ダム関連遺跡発掘調査報告書Ⅳ』福島県文化財調査報告書第118集

福島日出海　1989『嘉穂地区遺跡群Ⅶ』嘉穂町文化財調査報告書第10集

富士見市教育委員会　1983『打越遺跡』富士見市文化財報告第26集

古森政次　1994『ワクド石遺跡』熊本県文化財調査報告第144集

古池博　1986「木柱根その他の木材ならびに大形堅果類の植物学的検討」『金沢市新保本町チカモリ遺跡―第4次発掘調査兼土器編―』金沢市文化財紀要60

細野高伯ほか　1996『鼻毛石中山遺跡』宮城村教育委員会

松下彰　1995『川辺遺跡発掘調査報告書』和歌山県文化財センター

松田真一　1983「広瀬遺跡発掘調査概報」『奈良県遺跡調査概報1981年度』橿原考古学研究所

松本康弘ほか　1993『飯田二反田遺跡』大分県教育委員会

水沢市教育委員会　1983『杉ノ堂遺跡―第5次発掘調査概報―』水沢市文化財報告書10集
水ノ江和同　1996『中村石丸遺跡』椎田道路関係埋蔵文化財調査報告第8集　福岡県教育委員会
南木睦男　1989「米泉遺跡の大形植物化石」『金沢市米泉遺跡』279-286頁　石川県立埋蔵文化財センター
三村修次　1992「東南遺跡」『兵庫県史考古資料編』142-44頁
都丸肇・茂木充視ほか　1985『見立溜井遺跡　見立大久保遺跡』赤城村教育委員会
宮田浩二・山田洋一郎　1992『三幸ケ野遺跡』串間市文化財調査報告書第7集
村岡政人ほか　1992『淡河中村遺跡』淡神文化財協会
村上久和ほか　1992『ボウガキ遺跡』中津市教育委員会
森下衛ほか　1994「恭仁京宮跡平成5年度発掘調査概要」『埋蔵文化財発掘調査概報』京都府教育委員会
霊山町教育委員会　1986『霊山・武ノ内遺跡発掘調査報告』霊山町文化財調査報告書第6集
弥栄久志・前迫亮一ほか　1987『榎木原遺跡』鹿児島県埋蔵文化財発掘調査報告書（44）
安田忠一　1992『秋田新都市開発整備事業関係埋蔵文化財発掘調査報告書』秋田市教育委員会
八尋実ほか　1983『志波屋六本松遺跡』神埼町文化財調査報告書第9集
谷地薫　1992『曲田地区農免農道整備に係わる埋蔵文化財発掘調査報告書Ⅱ―家ノ後遺跡』秋田県文化財調査報告書第229集
梁木誠　1988『聖山公園遺跡Ⅴ』宇都宮市埋蔵文化財調査報告書第24集
八幡一郎ほか　1973『貝の花貝塚』東京教育大学文学部研究報告Ⅱ
矢巾町教育委員会　1986『白沢森遺跡』矢巾町文化財報告書第9集
山崎文幸　1989『東北横断自動車道秋田線発掘調査報告書Ⅱ（補遺）』秋田県文化財調査報告書第186集
山口晋ほか　1992『柴原B遺跡』三春町文化財調査報告書第14集
山田悟郎　1991a「産出したクリについて」『浜松2遺跡』47-49頁　八雲町教育委員会
山田悟郎　1991b「川汲遺跡の古植生について」『後駒B遺跡　ハマナス野遺跡』229-32頁　南茅部町教育委員会
山田悟郎　1992「堀株1遺跡出土の植物遺体と花粉分析結果について」『堀株1・2遺跡』666-672頁　北海道文化財研究所調査報告書第6集
吉田正一ほか　1994『大久保遺跡』熊本県文化財調査報告第143集
吉村博恵ほか　1986「日下遺跡第13次発掘調査」『東大阪市埋蔵文化財発掘調査概要―1985年度―』東大阪市埋蔵文化財包蔵地調査概要27
吉本正典　1992『田代ケ八重遺跡』宮崎県教育委員会
和光市教育委員会　1992・1993『丸山台遺跡群Ⅰ・Ⅱ』
和田好史　1993『中堂遺跡』人吉市文化財調査報告書

図29文献

1　小笠原忠久　1986『川汲B遺跡』南茅部町教育委会
2　越田賢一郎ほか　1998・1999『函館市中野B遺跡（Ⅲ）・（Ⅳ）』北海道埋蔵文化財センター
　　高橋和樹ほか　1996a『函館市中野B遺跡』北海道埋蔵文化財センター調査報告書第97集
　　高橋和樹ほか　1996b『函館市中野B遺跡（Ⅱ）』北海道埋蔵文化財センター調査報告書第108集
3　北海道埋蔵文化財センター　1998『上磯町茂別遺跡』北海道埋蔵文化財センター調査報告書第121集
4　塩屋隆正ほか　1979『蛍沢遺跡』青森市蛍沢遺跡発掘調査団

5 鈴木克彦　1989『鶴ヶ鼻遺跡』青森県埋蔵文化財調査報告書第122集
6 吉田秀享　1995「段ノ原B遺跡」『相馬開発関連遺跡調査報告Ⅲ』福島県文化財調査報告書第312集
7 堀耕平・斉藤直之　1995『原遺跡遺構編』原町市文化財調査報告書第11集
8 馬目順一ほか　1979『廣谷地B遺蹟調査報告』葛尾村埋蔵文化財調査報告第1冊
9 福島県文化センター　1989『東北横断自動車道遺跡調査報告4』福島県文化財調査報告書第218集
10 会津高田町教育委員会　1984『冑宮西遺跡』会津高田町文化財調査報告書第5集
11 目黒吉明ほか　1980「泉川遺跡」『東北新幹線関連遺跡発掘調査報告Ⅰ』福島県文化財調査報告書第80集
12 佐藤雅一　1993「口絵構成」『季刊考古学』第44号
13 森嶋稔・川上元　1975『男女倉』和田村教育委員会
14 駒ヶ根市教育委員会　1972「舟山遺跡(第ⅠⅢ次調査)」『羽場下・舟山』
15 樋口誠司　1994『井戸尻遺跡』富士見町教育委員会
16 字津木台遺跡調査会　1983『字津木台遺跡群Ⅱ』
17 山浦清ほか　1991『三の原遺跡』立教学院三の原遺跡調査団
18 河口貞徳　1982「縄文草創期の貯蔵穴—鹿児島県東黒土田遺跡」『季刊考古学』1号　63頁

図30文献

1 阿部千春　1995『ハマナス野遺跡vol.ⅩⅤ』南茅部町教育委員会
2 福田裕二　1993・1995『八木A遺跡　ハマナス野遺跡』『八木A遺跡Ⅱ・ハマナス　野遺跡』南茅部町埋蔵文化財調査団第4・5号報告
3 函館市教育委員会　1977『函館空港第4地点・中野遺跡』
4 鈴木正語ほか　1999『釜谷遺跡』木古内町教育委員会
5 北海道埋蔵文化財センター　1986～1988『木古内町建川1・新道4遺跡』『木古内町建川2・新道4遺跡』『木古内町新道4遺跡』北海道埋蔵文化財センター調査報告書33・43・52集
6 畑宏明ほか　1985『湯の里遺跡群』北海道埋蔵文化財センター調査報告書第18集
7 橘善光ほか　1980『涌館遺跡発掘調査報告書』大畑町文化財調査報告書第2集
8 青森県教育委員会　1977『水木沢遺跡』青森県埋蔵文化財調査報告書第34集
9 青森県教育委員会　1995『熊ヶ平遺跡』青森県埋蔵文化財調査報告書第180集
10 青森県教育委員会　1988『上尾鮫（1）遺跡C地区』青森県埋蔵文化財調査報告書113集
11 青森県教育委員会　1978『熊沢遺跡』青森県埋蔵文化財調査報告書第38集
12 青森県教育委員会　2000『新町野遺跡Ⅱ』青森県埋蔵文化財調査報告書第275集
13 青森県教育委員会　1991『鬼沢猿沢遺跡・尾上山（2）（3）遺跡』青森県埋蔵文化財調査報告書第135集
14 青森県教育委員会　1997『津山遺跡』青森県埋蔵文化財調査報告書第221集
15 青森県教育委員会　1980『大面遺跡発掘調査報告書』青森県埋蔵文化財調査報告書第55集
16 上北町教育委員会　1983『上北町古屋敷貝塚Ⅰ—遺物編（1）—』
17 十和田市教育委員会　1984『明戸遺跡発掘調査報告書』
18 青森県教育委員会　1989『館野遺跡』青森県埋蔵文化財調査報告書第119集
19 青森県教育委員会　1994～1997『畑内遺跡Ⅰ～Ⅴ』青森県埋蔵文化財調査報告書第161・178・187・221・262集
20 田鎖寿夫　1986『大日向Ⅱ遺跡発掘調査報告書』岩手県文化振興事業団埋蔵文化財調査報告書第100

引用・参考文献

集
　　田鎖寿夫・斎藤邦雄　1995『大日向Ⅱ遺跡発掘調査報告書』岩手県文化振興事業団埋蔵文化財調査報告書第225集
　　高木晃・工藤利幸　1998『大日向Ⅱ遺跡発掘調査報告書　第6次～第8次』岩手県文化振興事業団埋蔵文化財調査報告書第273集
21　岩手県埋蔵文化財センター　1983『上里遺跡発掘調査報告書』岩手県埋文センター文化財調査報告書第55集
22　岩手県埋蔵文化財センター　1980『松尾村長者屋敷遺跡』岩手県埋文センター文化財調査報告書第12集
23　岩手県埋文センター　1985「塩ヶ森Ⅰ遺跡」『岩手の遺跡』79-81頁
24　千葉孝雄　1995『上八木田Ⅰ遺跡発掘調査報告書』岩手県文化振興事業団埋蔵文化財センター発掘調査報告書第227集
25　岩手県教育委員会　1982『東北縦貫自動車道関係埋蔵文化財調査報告書ⅩⅤ』岩手県文化財調査報告書第70集
26　永瀬福男ほか　1984「横館遺跡」『東北縦貫自動車道発掘調査報告書Ⅹ』秋田県文化財調査報告書第109集
27　柴田陽一郎　1984「はりま館遺跡」『東北縦貫自動車道発掘調査報告書Ⅹ』秋田県文化財調査報告書第109集
28　櫻田隆ほか 1997・1999『池内遺跡』『池内遺跡　遺物・資料編』秋田県文化財調査報告書第268・282集
29　永瀬福男ほか1981『杉沢台遺跡・竹生遺跡発掘調査報告書』秋田県文化財調査報告書第83集
30　奥山潤・高橋昭悦　1967『長野岱Ⅰ遺跡』森吉町教育委員会
31　秋田県教育委員会　1988『一般国道7号八竜能代道路建設事業に係る埋蔵文化財発掘調査報告書Ⅰ　寒川Ⅰ遺跡・寒川Ⅱ遺跡』秋田県文化財調査報告書第167集
32　庄内昭男　1988『大野地遺跡発掘調査報告書』井川町教育委員会
33　秋田県教育委員会　1996『東北横断自動車道秋田線発掘調査報告書21　小田Ⅴ遺跡』秋田県文化財調査報告書第262集
34　大野憲司ほか　1988『東北横断自動車道秋田線発掘調査報告書Ⅱ』秋田県文化財調査報告書第166集
35　渋谷孝雄ほか　1984・1985・1988『吹浦遺跡』山形県埋蔵文化財調査報告書第82・93・120集
36　手塚孝　1994『窪平遺跡』米沢市埋蔵文化財調査報告書46集
37　米沢市教育委員会　1996『一ノ坂遺跡発掘調査報告書』米沢市埋蔵文化財調査報告書53集
38　手塚孝ほか　1985『法将寺遺跡』米沢市埋蔵文化財調査報告書12集
39　佐藤洋ほか　1982『北前遺跡発掘調査報告書』仙台市文化財調査報告書第36集
40　宮城県教育委員会　1987『小梁川遺跡』宮城県文化財調査報告書第122集
41　福島県文化センター　1988「羽白D遺跡（2次）」『真野ダム関連遺跡発掘調査報告書ⅩⅠ』福島県文化財調査報告書第193集
42　福島県文化センター　1989『東北横断自動車道遺跡調査報告4』福島県文化財調査報告書第218集
43　福島県文化センター　1991『国営会津農業水利関係遺跡発掘調査報告ⅩⅠ』福島県文化財調査報告書第266集
44　会津高田町教育委員会　1984『冑宮西遺跡』会津高田町文化財調査報告書第5集
45　福島雅儀ほか　1992『三春ダム関連遺跡発掘調査報告5』福島県文化財調査報告書第279集

46 春日真実　1997・1998「大武遺跡」『新潟県埋蔵文化財調査事業団年報平成8・9年度』43-46頁、36-37頁
47 群馬県教育委員会　1986『糸井宮前遺跡Ⅱ』関越自動車道(新潟線)地域埋蔵文化財発掘調査報告書第14集
48 石坂茂ほか　1988『勝保沢中ノ山遺跡』関越自動車道（新潟線）地域埋蔵文化財調査報告書第22集
49 都丸肇・茂木允視　1985『見立溜井遺跡　見立大久保遺跡』赤城村教育委員会
50 小野和之・谷藤保彦　1986『中畦遺跡　諏訪西遺跡』関越自動車道（新潟線）地域埋蔵文化財調査報告書第9集
51 小野和之ほか　1987『三原田城遺跡　八崎城址・八崎塚　上梨子古墳』関越自動車道（新潟線）地域埋蔵文化財調査報告書第113集
52 小野和之ほか　1989『房ヶ谷戸遺跡Ⅰ』群馬県埋蔵文化財事業団調査報告書第95集
53 北橘村教育委員会　1986『分郷八崎遺跡』関越自動車道(新潟線)地域埋蔵文化財発掘調査報告書
54 群馬県教育委員会　1990『堀下八幡遺跡』群馬県埋蔵文化財調査事業団調査報告第111集
55 大賀健ほか　1998『川白田遺跡』川白田遺跡調査会
56 大工原豊　1994『中野谷地区遺跡群』安中市教育委員会
57 小山岳夫　1994『塚田遺跡』御代田町教育委員会
58 岡谷市教育委員会　1974『扇平遺跡』
59 下諏訪町教育委員会　1979『武居林遺跡』
60 富山県教育委員会　1974『富山県立山町吉峰遺跡緊急発掘調査概報　第4次』
　　森秀典・北川美佐子　1989『吉峰遺跡―第6次発掘調査概要―』立山町文化財調査報告書第9冊
61 富山市教育委員会　1973『黒羽丘陵城山南部の自然科学および文化史跡調査報告書』
62 福井県教育委員会　1985『鳥浜貝塚』
63 藤井祐介・阿久津久　1970『神鍋山遺跡』日高町教育委員会
64 栗原和彦ほか　1976『今宿バイパス関係埋蔵文化財調査報告書第4集』福岡県教育委員会
65 長崎県教育委員会　1997『伊木力遺跡Ⅱ』長崎県文化財調査報告書第134集
66 高木恭二・木下洋介ほか　1985『西岡台貝塚』宇土市埋蔵文化財調査報告書第12集
67 江本直　1988『曽畑』熊本県文化財調査報告第100集

図35文献
1 虻田町教育委員会　1991『入江遺跡発掘調査報告』
2 三浦孝一・柴田信一　1983『栄浜―八雲町栄浜1遺跡発掘調査報告書―』八雲町教育委員会
3 大沼忠春　1976・1977『元和』『元和（続）』乙部町教育委員会
4 江差町教育委員会　1989『江差町茂尻C遺跡』
5 宮宏明ほか　1987『大岱沢A遺跡』上ノ国町教育委員会
6 久保泰ほか　1983『白坂』松前町教育委員会
7 大島直行　1979『知内川流域の縄文時代遺跡　北海道上磯郡知内町湯の里1遺跡発掘調査報告書』知内町教育委員会
8 北海道埋蔵文化財センター　1998『上磯町茂別遺跡』北海道埋蔵文化財センター調査報告書第121集
9 田原良信・鈴木正語　1986『サイベ沢遺跡Ⅱ』函館市教育委員会
10 佐川俊一ほか　1988『函館市桔梗2遺跡』北海道埋蔵文化財センター調査報告書46集
11 長沼孝ほか　1988『函館市石川1遺跡』北海道埋蔵文化財センター調査報告書45集

引用・参考文献

12 田原良信・野辺地初雄　1989『陣川町遺跡』函館市教育委員会
13 函館市教育委員会　1980『権現台場遺跡発掘調査概報』
14 古屋敷則雄ほか　1990・1991『浜町A遺跡Ⅰ・Ⅱ』戸井町教育委員会
15 小笠原忠久　1986・1987・1988『臼尻B遺跡Vol.Ⅵ～Ⅷ』南茅部町教育委員会
16 西野元ほか　1998『青森県脇野沢村田ノ沢遺跡　外崎沢（1）（2）遺跡』脇野沢村
17 青森県教育委員会　1991・1993『富ノ沢（1）（2）遺跡Ⅲ』『富ノ沢（2）遺跡Ⅳ』『富ノ沢（2）遺跡Ⅵ（1）（2）（3）』青森県埋蔵文化財調査報告書第133・137・147集
18 青森県教育委員会　1995『槻ノ木（1）遺跡』青森県埋蔵文化財調査報告書第169集
19 塩屋隆正ほか　1979『蛍沢遺跡』青森市蛍沢遺跡発掘調査団
20 青森県教育委員会　1979『近野遺跡発掘調査報告書Ⅳ』青森県埋蔵文化財調査報告書第47集
21 青森県教育委員会　1997『三内丸山遺跡Ⅶ』青森県埋蔵文化財調査報告書第229集
22 青森県教育委員会　1978『三内沢部遺跡発掘調査報告書』青森県埋蔵文化財調査報告書第41集
23 青森県教育委員会　2000『新町野遺跡Ⅱ』青森県埋蔵文化財調査報告書第275集
24 青森市教育委員会　1995『横内遺跡・横内(2)遺跡発掘調査報告書』
25 小野貴之・木村淳一　1996『桜峯（1）遺跡発掘調査報告書』青森市埋蔵文化財調査報告書第27集
26 青森県教育委員会　1991『鬼沢猿沢遺跡・尾上山（2）（3）遺跡』青森県埋蔵文化財調査報告書第135集
27 田中寿明・甲田美喜雄　1994・1995『二ツ森貝塚』天間林村文化財調査報告書第2・3集
28 十和田市教育委員会　1984『明戸遺跡発掘調査報告書』
29 青森県教育委員会　1995『上蛇沢（2）遺跡』青森県埋蔵文化財調査報告書第177集
30 宇部則保ほか　1990「石手洗遺跡」『八戸市内遺跡発掘調査報告書1』八戸市埋蔵文化財調査報告書第36集
31 小笠原善範ほか　1995「西長根遺跡」『八戸市内遺跡発掘調査報告書7』八戸市埋蔵文化財調査報告書第61集
32 青森県教育委員会　1993『野場（5）遺跡』青森県埋蔵文化財調査報告書第150集
33 村木淳　1994「松ヶ崎遺跡発掘調査」『八戸市内遺跡発掘調査報告書6』八戸市埋蔵文化財調査報告書第60集
　　小笠原善範　1996「松ヶ崎遺跡発掘調査」『八戸市内遺跡発掘調査報告書8』八戸市埋蔵文化財調査報告書第65集
34 青森県教育委員会　1976『泉山遺跡発掘調査報告書』青森県埋蔵文化財調査報告書第31集
35 田鎖寿夫　1986『大日向Ⅱ遺跡発掘調査報告書』岩手県文化振興事業団埋蔵文化財調査報告書第100集
　　田鎖寿夫・斎藤邦雄　1995『大日向Ⅱ遺跡発掘調査報告書』岩手県文化振興事業団埋蔵文化財調査報告書第225集
　　高木晃・工藤利幸　1998『大日向Ⅱ遺跡発掘調査報告書　第6次～第8次』岩手県文化振興事業団埋蔵文化財調査報告書第273集
36 畠山靖彦・工藤利幸　1983『馬場野Ⅰ遺跡』岩手県埋文センター
37 岩手県文化振興事業団埋蔵文化財センター　1986『九戸郡軽米町馬場野Ⅱ遺跡』
38 岩手県埋蔵文化財センター　1983『叺屋敷Ia遺跡発掘調査報告書』
39 岩手県埋蔵文化財センター　1983『上里遺跡発掘調査報告書』岩手県埋文センター文化財調査報告書第55集

40 髙田和徳　1983『一戸バイパス関係埋蔵文化財報告書Ⅳ』一戸町文化財報告書第5集
41 髙田和徳　1993『御所野遺跡Ⅰ』一戸町教育委員会
42 岩手県埋蔵文化財センター　1980『松尾村長者屋敷遺跡』岩手県埋文センター文化財調査報告書第12集
43 岩手県埋蔵文化財センター　1985「塩ヶ森Ⅰ遺跡」『岩手の遺跡』79-81頁
44 岩手県埋蔵文化財センター　1985「大館町遺跡」『岩手の遺跡』68-70頁
45 岩手県文化振興事業団埋蔵文化財センター　1995『上米内遺跡発掘調査報告書』岩手県文化振興事業団埋蔵文化財調査報告書第220集
46 千葉孝雄　1995『上八木田Ⅰ遺跡発掘調査報告書』岩手県文化振興事業団埋蔵文化財センター発掘調査報告書第227集
47 盛岡市教育委員会　1983『柿ノ木平遺跡　昭和57年度発掘調査概報』
48 岩手県埋蔵文化財センター　1982『御所ダム関連遺跡　発掘調査報告書』岩手県埋文センター文化財調査報告書第30集
49 石郷岡誠一・西谷隆　1987「台Ｂ遺跡」『秋田新都市開発整備事業関係埋蔵文化財発掘調査報告書』秋田市教育委員会
50 岩手県教育委員会　1980『東北新幹線関係埋蔵文化財調査報告書Ⅶ』岩手県埋蔵文化財調査報告書第51集
51 北上市教育委員会　1995『横欠遺跡（図版編）』北上市埋蔵文化財調査報告第20集
52 岩手県教育委員会　1982『東北縦貫自動車道関係埋蔵文化財調査報告書ⅩⅤ』岩手県文化財調査報告書第70集
53 岩手県文化振興事業団埋蔵文化財センター　1992『石曽根遺跡発掘調査報告書』岩手県文化振興事業団埋蔵文化財調査報告書 第165集
54 岩手県文化振興事業団埋蔵文化財センター　1992『本郷遺跡発掘調査報告書』岩手県文化振興事業団埋蔵文化財調査報告書 第164集
55 岩手県文化振興事業団埋蔵文化財センター　1992『林崎館遺跡発掘調査報告書』岩手県文化振興事業団埋蔵文化財センター発掘調査報告書第163集
56 東海林隆幹ほか　1994『煤孫遺跡発掘調査報告書』岩手県文化振興事業団埋蔵文化財センター調査報告書第196集
57 小原真一　1995『柳上遺跡発掘調査報告書』岩手県文化振興事業団文化財調査報告書第213集
58 村上修　1992『上鬼柳Ⅳ遺跡発掘調査報告書』岩手県文化振興事業団文化財調査 報告書第160集
59 岩手県文化振興事業団埋蔵文化財センター　1993『館Ⅳ遺跡発掘調査報告書』岩手県文化振興事業団文化財調査報告書第187集
60 宮古市教育委員会　1995『崎山貝塚範囲確認調査報告書』
61 渡辺洋一・酒井宗孝　1995『大畑Ⅰ遺跡・大畑Ⅱ遺跡発掘調査報告書』岩手県埋蔵文化財センター調査報告書第218集
62 佐々木清文ほか　1996　『山ノ内Ⅱ遺跡発掘調査報告書』岩手県文化振興事業団埋蔵文化財調査報告書第249集
63 岩手県文化振興事業団埋蔵文化財センター　1989『夏本遺跡発掘調査報告書』岩手県文化振興事業団埋蔵文化財調査報告書第134集
64 岩手県文化振興事業団埋蔵文化財センター　1988『打越・東角地遺跡・古館跡発掘調査報告書』岩手県文化振興事業団埋蔵文化財調査報告書第131集

引用・参考文献

65 佐藤正彦ほか　1992『門前貝塚』陸前高田市文化財調査報告書第16集
66 秋田教育委員会　1993『野沢岱遺跡』秋田県文化財調査報告書第237集
67 奥山潤・高橋昭悦　1967『長野岱I遺跡』森吉町教育委員会
68 秋田県教育委員会　1979『館下I遺跡発掘調査報告書』秋田県文化財調査報告書第62集
69 秋田県教育委員会　1988『一般国道7号八竜能代道路建設事業に係る埋蔵文化財発掘調査報告書II　寒川I遺跡・寒川II遺跡』秋田県文化財調査報告書第167集
70 秋田県教育委員会　1993『萱刈沢I遺跡・萱刈沢II遺跡』秋田県文化財調査報告書第231集
71 秋田県教育委員会　1995『県営ほ場整備事業（琴丘地区）に係る埋蔵文化財発掘調査報告書II　家の下遺跡（1）』秋田県文化財調査報告書第256集
72 磯村朝次郎　1979『大畑台遺跡発掘調査報告書』日本鉱業株式会社船川精油所
73 石郷岡誠一・西谷隆　1987「台B遺跡」『秋田新都市開発整備事業関係埋蔵文化財発掘調査報告書』秋田市教育委員会
74 菅原俊行　1984・1985「坂ノ上E遺跡」「坂ノ上F遺跡」『秋田臨空港新都市開発関係埋蔵文化財発掘調査報告書』秋田市教育委員会
75 西谷隆　1988「下堤A遺跡」『秋田新都市開発整備事業関係埋蔵文化財発掘調査　報告書』秋田市教育委員会
76 西谷隆　1993『秋田新都市開発整備事業関係埋蔵文化財発掘調査報告書』秋田市教育委員会
77 安田忠一　1992『秋田新都市開発整備事業関係埋蔵文化財発掘調査報告書』秋田市教育委員会
78 大野憲司ほか　1988『東北横断自動車道秋田線発掘調査報告書II』秋田県文化財調査報告書第166集
79 渋谷孝雄ほか　1984・1985・1988『吹浦遺跡』山形県埋蔵文化財調査報告書第82・93・120集
80 山形県教育委員会　1991『山谷新田遺跡　山海窯跡群発掘調査報告書』山形県埋蔵文化財調査報告書170集
81 山形県教育委員会　1988『原の内A遺跡第3次発掘調査報告書』山形県埋蔵文化財調査報告書132集
82 黒坂雅人　1992「山形県村山市西海渕遺跡」『日本考古学年報43（1990年度版）』423-27頁
83 黒坂雅人　1994『西ノ前遺跡発掘調査報告書』山形県埋蔵文化財センター調査報告書第1集
84 朝日村教育委員会　1993『前田遺跡(下ゾリ・下クボ遺跡道路部分)』朝日村文化財報告書第8集
85 宮城県教育委員会　1990『利府町郷楽遺跡II』宮城県文化財調査報告書第134集
86 主浜光朗ほか　1987『山田上ノ台遺跡』仙台市文化財調査報告書第100集
87 宮城県教育委員会　1987『小梁川遺跡』宮城県文化財調査報告書第122集
　　宮城県教育委員会　1988『大梁川遺跡　小梁川遺跡』宮城県文化財調査報告書第126集
88 菊地政信ほか　1997『台ノ上遺跡発掘調査報告書』米沢市埋蔵文化財調査報告書第55集
89 芳賀英一ほか　1982『日向遺跡』飯館村文化財調査報告書第3集
　　福島県文化センター　1990「日向遺跡(第2次)」『真野ダム関連遺跡発掘調査報告ⅩⅤ』福島県文化財調査報告書第231集
90 福島文化センター　1990「北向遺跡」『東北横断自動車道遺跡調査報告7』福島県文化財調査報告書第232集
91 福島県教育委員会　1975「塩沢上原A遺跡」『東北自動車道遺跡調査報告』福島県文化財調査報告書第47集
92 松本茂ほか　1991『東北横断自動車道遺跡調査報告11　法正尻遺跡』福島県文化財調査報告書第243集
93 青山和人ほか　1998『野中遺跡（第2次）　山田C遺跡（第2次）　仁戸内館跡』郡山市教育委員会

94 中島雄一ほか　1996『郡山東部19　妙音寺遺跡（第2次）』郡山市教育委員会
95 押山雄三・日塔とも子　1995『鴨内A遺跡』郡山市教育委員会
96 押山雄三　1995『広畑遺跡』郡山市教育委員会
97 福島県文化センター　1990『矢吹地区遺跡発掘調査報告6』福島県文化財調査報告書第226集98 福島県文化センター　1992『蛇石前遺跡』福島県文化財調査報告書第279集
99 福島県文化センター　1989『国営請戸川農業水利事業関連遺跡発掘調査報告』福島県文化財調査報告書208集
100 春日真実　1997・1998「大武遺跡」『新潟県埋蔵文化財調査事業団年報平成8・9年度』43-46頁、36-37頁
101 駒形敏朗ほか　1996・1998『中道遺跡第2次発掘調査概報』『中道遺跡』長岡市教育委員会
102 駒形敏朗・寺崎裕助　1981『埋蔵文化財発掘調査報告書　岩野原遺跡』長岡市教育委員会
103 藤巻正信ほか　1991『関越自動車道関係発掘調査報告書』新潟県文化財調査報告書第29集
104 田海義正ほか　1990『関越自動車道関係発掘調査報告書　清水上遺跡』新潟県埋蔵文化財調査報告書第55集
　　鈴木俊成ほか　1996『関越自動車道堀之内インターチェンジ関連発掘調査報告書　清水上遺跡Ⅱ』新潟県埋蔵文化財調査報告書第72集
105 高橋保・高橋保雄　1992『関越自動車道関係発掘調査報告書　五丁歩遺跡　十二木遺跡』新潟県埋蔵文化財調査報告書第57集
106 塩沢町教育委員会　1998『原遺跡』塩沢町埋蔵文化財報告書第18輯
107 赤山容造ほか　1980・1990・1992『三原田遺跡第1〜3巻』群馬県企業局
108 小野和之ほか　1989『房ヶ谷戸遺跡Ⅰ』群馬県埋蔵文化財事業団調査報告書第95集
109 伊藤晋祐ほか　1981『三島台遺跡発掘調査概報』桐生市文化財調査報告第5集
110 渡辺龍瑞　1976「何耕地遺跡」『栃木県史資料編　考古1』212-13頁
111 田代寛　1974『栃木県那須郡黒羽町不動院裏遺跡発掘調査報告』黒羽高校社会部研究報告第3集
112 田代寛　1975『浅香内8H遺跡』黒羽高校社会部研究報告第4集
113 大田原市教育委員会　1979『湯坂遺跡』
114 栃木県教育委員会　1980『槻沢遺跡』栃木県埋蔵文化財調査報告第34集
　　後藤信祐ほか　1995・1996『槻沢遺跡Ⅱ・Ⅲ』栃木県埋蔵文化財調査報告書第164・171集
115 海老原郁雄　1976「坊山遺跡」『栃木県史資料編　考古1』226-34頁
116 進藤敏雄ほか　1996『小丸山古墳群　山苗代A・C遺跡』栃木県文化財調査報告書第177集
117 塚本師也　1992『品川台遺跡』栃木県埋蔵文化財調査報告第128集
118 塚原孝一ほか　1994『三輪仲町遺跡』栃木県埋蔵文化財調査報告第143集
119 塚本師也　1997『浄法寺遺跡』栃木県埋蔵文化財調査報告第196集
120 海老沢敏　1986『梨木平遺跡—第1次〜第4次発掘調査の総括—』上河内村文化財調査報告書第6集
121 塙静夫ほか　1974『鹿島神社裏遺跡発掘調査報告書』
122 上野修一・今平昌子　1998『山崎北・金沢・台耕上・関口遺跡』栃木県埋蔵文化財調査報告書第216集
123 栃木県教育委員会　1985『上欠遺跡』栃木県埋蔵文化財調査報告第69集
124 大川清　1976「高尾神遺跡」『栃木県史資料編　考古1』244-50頁
125 芹沢清八ほか　1986『御城田』栃木県埋蔵文化財調査報告第68集

126 青木健二ほか　1981『栃木県高根沢町上の原遺跡』日本窯業史研究所報告第13冊
127 芳賀町教育委員会　1992『兎の内台遺跡』芳賀町文化財報告第15集
128 宇都宮市教育委員会　1989『竹下遺跡』宇都宮市埋蔵文化財調査報告第27集
129 芳賀町教育委員会　1970『金井台　栃木県芳賀町金井台遺跡発掘調査報告』
130 宇都宮大学考古学研究会　1976『芳賀町弁天池遺跡』
131 塙静夫ほか　1974『添野遺跡の研究』市貝町文化財調査報告書第1冊
132 後藤信祐　1994『塙平遺跡Ⅰ』栃木県埋蔵文化財調査報告書第144集
133 日立市教育委員会　1980『諏訪遺跡発掘調査報告書』日立市文化財調査報告第7集
134 西野元ほか　1996『笠間市西田遺跡の研究　縄文時代における石鏃の製作と流通に関する研究』筑波大学先史学・考古学研究調査報告7
135 茨城県教育財団　1992『裏山遺跡』茨城県教育財団文化財調査報告第73集
136 川崎純徳ほか　1978～1980『石岡市東大原第1～3次調査報告書』石岡市教育委員会
137 小川和博ほか　1991「東台遺跡」『木田余台』土浦市教育委員会
138 小川和博ほか　1991「御霊遺跡」『木田余台』土浦市教育委員会
139 茨城県教育財団　1995『中台遺跡』茨城県教育財団文化財調査報告第102集
140 大関武　1997『宮前遺跡』茨城県教育財団文化財調査報告書第118集
141 茨城県教育財団　1987『茨城県教育財団文化財調査報告書第41集　境松遺跡』
142 鹿島町遺跡保護調査会　1979『豊郷台遺跡群　塩釜遺跡発掘調査概報』鹿島町の文化財第9集
143 斉藤弘道　1987『龍ヶ崎ニュータウン内埋蔵文化財調査報告書16　南三島遺跡3・4区（Ⅰ）』茨城県教育財団文化財調査報告書第44集
144 青木司　2000「大根磯花遺跡」『千葉県の歴史　資料編考古1』638-41頁
145 栗田則久ほか　1986『新山台遺跡（No.15）』『東関東自動車道埋蔵文化財調査報告書Ⅱ―大栄地区（1）―』千葉県文化財センター
146 喜多圭介　1989『長田雉ヶ原遺跡・長田香花田遺跡』印旛郡市文化財センター調査報告書第31集
147 越川敏夫・村山好文　1982『竜角寺ニュータウン遺跡群』竜角寺ニュータウン遺跡調査会
148 大木英行ほか　1990『成田市都市計画事業成田駅西口土地区画整理事業地内埋蔵文化財発掘調査報告書』成田市教育委員会
149 印旛郡市文化財センター　1995『墨木戸』印旛郡市文化財センター発掘調査報告書第100集
150 高田博ほか　1980『佐倉市江原台遺跡発掘調査報告書Ⅱ』千葉県文化財センター
151 我孫子市教育委員会　1984「鹿島前遺跡」『我孫子市埋蔵文化財報告第4集』
152 川根正教　1997『中野久木谷頭遺跡C地点』流山市教育委員会
153 松戸市教育委員会　1976『子和清水貝塚』松戸市文化財調査報告書第7集
154 峰村篤　1997『根木内遺跡第4地点発掘調査報告書』松戸市文化財調査報告第27集
155 堀越正行・領塚正浩ほか　1999『向台貝塚資料図譜』市立市川考古博物館
156 市川市教育委員会　1969『今島田遺跡』市川市文化財調査報告第1集
157 西野元・岡崎文喜　1971『高根木戸』船橋市教育委員会
158 八幡一郎ほか　1972『海老ヶ作貝塚』船橋市教育委員会
159 種田斉吾・斎木勝　1978『千葉市荒屋敷貝塚』千葉県文化財センター
160 杉原荘介　1976『加曽利南貝塚』中央公論美術出版
161 千葉県文化財センター　1979『千葉市城の腰遺跡』
162 山田貴久ほか　1998『千葉東南部ニュータウン19』千葉県文化財調査報告書第324集

163 千葉県文化財センター　1986『千原台ニュータウン」草刈遺跡（B区）』
164 道澤明ほか　1990『東・北長山野遺跡』東・北長山野遺跡調査会
165 高野博光・中西克也ほか　1987『北江古田遺跡発掘調査報告書(1)』中野区・北江古田遺跡調査会
166 岡谷市教育委員会　1974『扇平遺跡』
167 小島俊彰ほか　1982『富山県朝日町不動堂遺跡第3次発掘調査概報』朝日町教育委員会
168 塚田一成　1995『臼谷岡村遺跡』小矢部市埋蔵文化財調査報告書第42冊
169 金山哲哉　1995『三引遺跡　発掘調査の概要』石川県埋蔵文化財センター
　　　金山哲哉　1999「縄文前期の低湿地貝塚—石川県三引遺跡」『季刊考古学』69号　85-86頁
170 宮野淳一　1992『更良岡山遺跡発掘調査概要』大阪府教育委員会
171 米子市教育委員会　1986『目久美遺跡』
172 森醇一朗ほか　1971『坂の下縄文遺跡』佐賀県文化財調査報告書第19集
　　　森醇一朗　1975『坂の下遺跡の研究』佐賀県立博物館調査研究書第2集
173 高木正文・村崎孝宏ほか　1998『黒橋貝塚』熊本県文化財調査報告書第166集

図42文献

1 北海道埋蔵文化財センター　1981『三沢川流域の遺跡群Ⅳ』北海道埋蔵文化財センター調査報告書第3集
2 八雲町教育委員会　1992『コタン温泉遺跡　縄文時代集落と貝塚の調査』
3 函館市教育委員会　1999『石倉貝塚』
4 北海道埋蔵文化財センター　1986・1987『木古内町建川1・新道4遺跡』『木古内町建川2・新道4遺跡』北海道埋蔵文化財センター調査報告書33・43集
5 西野元ほか　1998『青森県脇野沢村田ノ沢遺跡　外崎沢（1）（2）遺跡』脇野沢村
6 青森県教育委員会　1993『家ノ前遺跡・幸畑（7）遺跡Ⅱ』青森県埋蔵文化財調査報告書第148集
7 青森県教育委員会　1988『上尾鮫（2）遺跡Ⅱ』青森県埋蔵文化財調査報告書第115集
8 青森県教育委員会　1985〜1987『大石平遺跡発掘調査報告書、大石平遺跡発掘調査報告書Ⅱ・Ⅲ』青森県埋蔵文化財調査報告書第90・97・103集
9 青森県教育委員会　1988『小田内沼(1)遺跡』青森県埋蔵文化財調査報告書第107集
10 青森県教育委員会　1998『見立山（1）遺跡・弥次郎窪遺跡Ⅱ』青森県埋蔵文化財調査報告書第238集
11 八戸市教育委員会　1988『田面木平遺跡（1）』八戸市埋蔵文化財調査報告書第20集
12 八戸市教育委員会　1986『八戸新都市区域内埋蔵文化財発掘調査報告書Ⅱ—丹後谷地遺跡—』八戸市埋蔵文化財調査報告書第15集
13 藤田亮一ほか　1991『風張（1）遺跡Ⅰ』八戸市埋蔵文化財調査報告書第40集
　　　小笠原善範・村木淳　1991『風張（1）遺跡Ⅱ』八戸市埋蔵文化財調査報告書第42集
14 青森県教育委員会　1991『鬼沢猿沢遺跡・尾上山（2）（3）遺跡』青森県埋蔵文化財調査報告書第135集
15 熊谷太郎　1984「白長根館Ⅰ遺跡」『東北縦貫自動車道発掘調査報告書ⅩⅡ』秋田県文化財調査報告書第120集
16 鹿角市教育委員会　1985〜1994『大湯環状列石周辺遺跡発掘調査報告書（1）〜（6）』、『大湯環状列石発掘調査報告書（7）、（8）』、『特別史跡大湯環状列石発　掘調査報告書（9）〜（12）』鹿角市文化財資料29、31〜33、35、38、42、43、45、49、52、56

引用・参考文献

17 秋田県教育委員会　1982「猿ヶ平Ⅰ遺跡」『東北縦貫自動車道発掘調査報告書Ⅴ』秋田県文化財調査報告書第91集
18 秋田県教育委員会　1982「案内Ⅱ遺跡」『東北縦貫自動車道発掘調査報告書Ⅴ』秋田県文化財調査報告書第91集
19 鹿角市教育委員会　1994『赤坂A遺跡』鹿角市文化財資料50
20 永瀬福男ほか　1982『腹鞍の沢遺跡発掘調査報告書』秋田県文化財調査報告書第97集
21 秋田県教育委員会　1995『家の下遺跡』秋田県文化財調査報告書第256集
22 田鎖寿夫　1986『大日向Ⅱ遺跡発掘調査報告書』岩手県文化振興事業団埋蔵文化財調査報告書第100集
　　田鎖寿夫・斎藤邦雄　1995『大日向Ⅱ遺跡発掘調査報告書』岩手県文化振興事業団埋蔵文化財調査報告書第225集
　　高木晃・工藤利幸　1998『大日向Ⅱ遺跡発掘調査報告書　第6次～第8次』岩手県文化振興事業団埋蔵文化財調査報告書第273集
23 岩手県文化振興事業団埋蔵文化財センター　1986『駒板遺跡発掘調査報告書』岩手県文化振興事業団埋蔵文化財センター発掘調査報告書第98集
24 岩手県文化振興事業団埋蔵文化財センター1988『馬立Ⅱ遺跡発掘調査報告書』岩手県文化振興事業団埋蔵文化財調査報告書第122集
25 岩手県教育委員会　1979「卯遠坂遺跡」『東北縦貫自動車道関係埋蔵文化財調査報告書Ⅰ』岩手県文化財調査報告書第31集
26 滝沢村教育委員会　1986『湯舟沢遺跡』滝沢村文化財調査報告書第2集
27 北上市教育委員会　1979『八天遺跡』北上市文化財調査報告27集
28 佐藤正彦ほか　1992『門前貝塚』陸前高田市文化財調査報告書第16集
29 仙台市教育委員会　1981『六反田遺跡』仙台市文化財調査報告書第34集
30 佐藤雅一ほか　1985『布場平D遺跡』堀之内町文化財調査報告書第3号
31 栃木県教育委員会　1980『槻沢遺跡』栃木県埋蔵文化財調査報告第34集
　　後藤信祐ほか　1995・1996『槻沢遺跡Ⅱ・Ⅲ』栃木県埋蔵文化財調査報告書第164・171集
32 栃木県教育委員会　1972「後藤遺跡」『東北縦貫自動車道埋蔵文化財発掘調査報告書』
33 栃木県教育委員会　1979『北内遺跡』栃木県埋蔵文化財調査報告第31集
34 花輪宏ほか　1987『堀之内』市川市教育委員会
35 高野博光・中西克也ほか　1987『北江古田遺跡発掘調査報告書（1）』中野区・北江古田遺跡調査会
36 川本素行　1989『練馬区弁天池低湿地遺跡の調査』練馬区遺跡調査会
37 菊地真ほか　1999『豊沢貝塚第2地点発掘調査報告書』豊沢貝塚遺跡調査会
38 伊藤富治夫ほか　1989『野川中洲北遺跡』小金井市遺跡調査会
39 成田勝範ほか　1984『なすな原遺跡—No．1地区調査』なすな原遺跡調査会
40 石井寛　1995『川和向原遺跡　原出口遺跡』港北ニュータウン地域内埋蔵文化財調査報告ⅩⅨ
41 平子順一・橋本昌幸　1992『稲ヶ原遺跡A地点発掘調査報告』財団法人横浜市ふるさと歴史財団
42 倉沢和子　1985『三の丸遺跡調査概報』港北ニュータウン地域内埋蔵文化財調査報告Ⅳ
43 石井寛　1993『牛ヶ谷遺跡　華蔵台南遺跡』港北ニュータウン地域内埋蔵文化財調査報告ⅩⅣ
44 新屋雅明ほか　1988『赤城遺跡』埼玉県埋蔵文化財調査事業団報告書第74集
45 木村牧　1994『白倉下原・天引向原遺跡Ⅱ』関越自動車道（上越線）地域埋蔵文化財発掘調査報告書第25集　群馬県埋蔵文化財調査事業団

46 岡村秀雄ほか　1994『栗林遺跡・七瀬遺跡』長野県埋蔵文化財センター発掘調査報告書19
47 富山市教育委員会　1973『黒羽丘陵城山南部の自然科学および文化史跡調査報告書』
48 金山哲哉　1995『三引遺跡　発掘調査の概要』石川県埋蔵文化財センター
　　金山哲哉　1999「縄文前期の低湿地貝塚—石川県三引遺跡」『季刊考古学』69号　85-86頁
49 垣内光次郎　1994『紺屋町ダイラクボウ遺跡』石川県立埋蔵文化財センター
50 山本孝一　1997「福井県鯖江市四方谷岩伏遺跡」『日本考古学年報48（1995年度版）』527-31頁
51 広川達麻　1997「縄文時代における堅果類の貯蔵—静岡県坂田北遺跡のドングリピット3例から—」『民具マンスリー』第30巻1号　7-13頁
　　廣川達麻　1998「縄文時代における堅果類の貯蔵」『静岡県の考古学　植松章八先生還暦記念論文集』53-63頁
52 増子康真　1999「中村遺跡緊急調査の概要報告」『稲武町史 考古資料編』
53 石黒立人ほか　1991『朝日遺跡Ⅱ』愛知県埋蔵文化財センター調査報告書第30集
54 前川依久雄・田中秀和　1995『昭和63年度（第1次）森脇遺跡発掘調査報告』上野市文化財調査報告第26
55 仲川靖ほか　1996・1998『穴太遺跡Ⅰ・Ⅱ』滋賀県教育委員会
56 宮原晋一　1996「奈良市平城京 1995年度調査概報」『奈良県遺跡調査概報(第一分冊)』橿原考古学研究所
57 橋本久和ほか　1995『芥川遺跡発掘調査報告書』高槻市文化財調査報告書第18冊
58 兵庫県教育委員会　1991『本庄町遺跡』兵庫県文化財調査報告第92冊
59 神戸市教育委員会　1990『楠・荒田町遺跡Ⅲ』
60 深井明比古ほか　1992「佃遺跡」『兵庫県史　考古資料編』729-32頁
　　深井明比古　1994「佃遺跡」『縄文時代研究辞典』東京堂出版 547-48頁
　　深井明比古　1999「兵庫県佃遺跡発掘調査の概要」『第1回 関西縄文文化研究会　関西の縄文住居　発表要旨・資料集』
61 近藤義郎ほか　1995『南方前池遺跡』山陽町教育委員会
62 阿部芳郎ほか　1994『津島岡大遺跡4—第5次調査—』岡山大学構内遺跡発掘調査報告第7冊
　　山本悦世　1995『津島岡大遺跡6—第6・7次調査—』岡山大学構内遺跡発掘調査報告第9冊
　　小林青樹・野崎貴博　1998『津島岡大遺跡10—第9次調査—』岡山大学構内遺跡発掘調査報告第14冊
63 真野修・杉谷愛象　1976『松原谷田遺跡Ⅱ・大路川遺跡調査概報』鳥取市文化財報告書Ⅲ
64 谷岡陽一　1989・1990『栗谷遺跡発掘調査報告書Ⅰ、Ⅱ、Ⅲ』福部村埋蔵文化財調査報告書第5～7集
65 岡崎雄二郎　2000『九日田遺跡発掘調査報告書』松江市文化財調査報告書第84集
66 潮見浩　1969『山口県岩田遺跡発掘調査概報』岩田遺跡発掘調査団
　　潮見浩　1974『岩田遺跡』平生町教育委員会
67 山口県教育委員会　1971『神田遺跡　第1次発掘調査概要』
68 山口譲治　1983『野多目拈渡遺跡』福岡市埋蔵文化財調査報告書第93集
　　小林義彦ほか　1987『野多目拈渡遺跡Ⅱ』福岡市埋蔵文化財調査報告書第160集
　　大庭泰時　1993『野多目拈渡遺跡4』福岡市埋蔵文化財調査報告書第333集
69 安楽勉・藤田和裕　1985『名切遺跡』長崎県文化財調査報告書第77集
70 村川逸朗ほか　1987『中島遺跡』福江市文化財調査報告書第3集
　　川道寛ほか　1997『県内重要遺跡範囲確認調査報告書Ⅴ』長崎県文化財調査報告書第133集

引用・参考文献

71 長崎県教育委員会　1997『伊木力遺跡Ⅱ』長崎県文化財調査報告書第134集
72 吉田寛　1999『龍頭遺跡』大分県文化財調査報告第102号

図46文献
1 塩屋隆正ほか　1985『長森遺跡発掘調査報告書』青森市教育委員会
2 青森県教育委員会　1985『石の窪（1）・石の窪（2）・古宮遺跡』青森県埋蔵文化財調査報告書第92集
3 青森県教育委員会　1982『右エ門次郎窪遺跡　三合山遺跡　石ノ窪遺跡』青森県埋蔵文化財調査報告書第69集
4 谷地薫　1992『曲田地区農免農道整備に係わる埋蔵文化財発掘調査報告書Ⅱ—家ノ後遺跡』秋田県文化財調査報告書第229集
5 庄内昭男ほか　1981『国道103号線バイパス関係遺跡』秋田県文化財調査報告書第84集
6 西谷隆　1993「狸崎B遺跡」『秋田新都市開発整備事業関係埋蔵文化財発掘調査報告書』秋田市教育委員会
7 石郷岡誠一・西谷隆　1986「湯ノ沢Ⅰ遺跡」『秋田新都市開発整備事業関係埋蔵文化財発掘調査報告書』秋田市教育委員会
8 秋田県教育委員会　1985「風無台Ⅱ遺跡」『七曲台遺跡群発掘調査報告書』秋田県文化財調査報告書第125集
9 秋田県教育委員会　1985「松木台Ⅱ遺跡」『七曲台遺跡群発掘調査報告書』秋田県文化財調査報告書第125集
10 秋田県教育委員会　1986『東北横断自動車道秋田線発掘調査報告書Ⅰ』秋田県文化財調査報告書第150集
11 武藤祐浩　1991『東北横断自動車道秋田線発掘調査報告書Ⅹ』秋田県文化財調査報告書208集
12 秋田県教育委員会　1996『東北横断自動車道秋田線発掘調査報告書21　小田Ⅴ遺跡』秋田県文化財調査報告書第262集
13 畠山憲司ほか　1979『梨ノ木塚遺跡発掘調査報告書』秋田県文化財調査報告書第63集
14 山本典幸　1992『馬場野遺跡』北上市埋蔵文化財調査報告第2集
15 林謙作・桜井清彦　1981『杉の堂遺跡—第3次発掘調査概報—』水沢市文化財報告書第4集
16 高島好一ほか　1993『久世原館・番匠地遺跡』いわき市埋蔵文化財調査報告第33冊
17 福島県文化センター　1991『三春ダム関連遺跡発掘調査報告4　仲平遺跡（第3次）』福島県文化財調査報告書第254集
18 芳賀英一ほか　1986『国営会津農業水利事業関連遺跡調査報告』福島県文化財調査報告書第164集
19 田中耕作　1992『館ノ内遺跡D地点の調査』新発田市文化財調査報告14
20 吉田富夫　1968「見晴台遺跡第Ⅵ次調査概報」『名古屋考古学会会報』NO.9
21 吉田富夫ほか　1970「下前津遺跡」『名古屋考古学会会報』No.16　1-13頁
22 立松彰ほか　1988『トトメキ遺跡』東海市教育委員会
23 前川依久雄・田中秀和　1995『昭和63年度（第1次）森脇遺跡発掘調査報告』上野市文化財調査報告第26
24 太田三喜　1989『考古学調査研究中間報告16』埋蔵文化財天理教調査団
25 宇治市教育委員会　1987『宇治市埋蔵文化財発掘調査報告第10集』
26 千葉豊ほか　1998『京都大学構内遺跡調査研究年報1994年度』京都大学埋蔵文化財研究センター

27 近藤義郎ほか　1995『南方前池遺跡』山陽町教育委員会
28 山本悦世　1992『津島岡大遺跡3―3次調査―』岡山大学構内遺跡発掘調査報告第5冊
29 平井勝　1993『百間川沢田遺跡3』岡山県埋蔵文化財発掘調査報告84
30 下澤公明　1988「舟津原遺跡」『本州四国連絡橋陸上ルート建設に伴う調査』岡山県埋蔵文化財発掘調査報告71
31 二宮治夫　1976「宮の前遺跡」『中国縦貫自動車道に伴う発掘調査』岡山県埋蔵文化財発掘調査報告12
32 西川徹　1996『鶴田荒神ノ峯遺跡　鶴田堤ヶ谷遺跡　宇代横平遺跡　宇代寺中遺跡』鳥取県文化財調査報告書43
33 阪本安光　1984『松山市・船ヶ谷遺跡』愛媛県教育委員会
34 潮見浩　1969『山口県岩田遺跡発掘調査概報』岩田遺跡発掘調査団
　　潮見浩　1974『岩田遺跡』平生町教育委員会
35 町田利幸ほか　1997『黒丸遺跡Ⅱ』長崎県文化財調査報告書第132集
36 弥栄久志ほか　1997『上野原遺跡』鹿児島県埋蔵文化財センター文化財調査報告書（23）
37 加世田市教育委員会　1971『上加世田遺跡発掘調査概報』
　　加世田市教育委員会　1985『上加世田遺跡1』加世田市埋蔵文化財発掘調査報告書3

付表1

付表1-1　品川台遺跡貯蔵穴容量（m³）

遺構名（土坑）	報告書	カーヴメータ
1号	2.12	2.10
2号	3.75	4.03
3号	1.60	1.79
4号	2.46	2.62
5号	3.34	3.46
6号	2.58	2.79
7号	1.59	1.88
8号	1.59	2.45
9号	2.29	2.45
平　均	2.36	2.61

付表1-2　龍頭遺跡貯蔵穴容量（m³）

遺構名（SK）	報告書	カーヴメータ
1	0.13	0.15
2	1.61	—
3	0.16	0.29
4	0.98	0.83
5	0.07	0.06
6	2.02	1.72
7	0.20	0.23
8	0.87	0.78
9	0.65	—
10	0.78	—
11	0.50	—
12	0.68	0.55
13	0.35	0.35
14	—	—
15	0.40	0.24
16	0.45	0.27
17	3.08	—
18	0.92	—
19	0.68	0.65
20	0.70	0.56
21	0.42	0.42
22	0.64	0.62
23	0.32	0.26
24	0.59	—
25	0.40	—
26	0.80	—
27	0.11	0.08
28	0.61	—
29	1.53	1.54
30	1.35	2.01
31	0.45	—
32	0.39	—
33	0.87	1.08
34	0.88	—
35	0.34	—
36	—	—
37	1.01	0.86
38	0.23	—
39	1.48	—
40	—	—
41	0.15	0.18
42	0.58	—
43	0.07	—
44	0.26	—
45	1.51	1.37
46	0.15	—
47	—	—
48	—	—
49	—	—
50	0.41	—
51	0.79	0.85
52	2.55	2.63
53	1.91	—
54	0.18	—
55	—	—
平　均	0.75	0.74

付表２－１　　（図53－１～８貯蔵穴容量計測値）

図53-1　中野B遺跡

遺構名（P）	容量（㎥）
168	7.78
170	2.11
171	2.16
172	2.17
173	5.59
174	3.94
177	3.15
182	2.85
186	7.47
189	4.93
190	3.85
平　均	4.20

図53-2　ハマナス野遺跡

遺構名（UP）	容量（㎥）
165	7.43
166	3.32
167	0.96
168	2.04
169	1.46
170	1.03
171	0.84
172	1.00
173	0.38
175	2.41
平　均	2.08

図53-3　臼尻B遺跡

遺構名（UP）	容量（㎥）
93	2.93
95	0.95
96	2.95
98	1.71
99	1.76
108	2.59
112	1.12
平　均	2.00

図53-4　栄浜１遺跡

遺構名（土坑）	容量（㎥）
69	4.71
78	9.94
88	3.88
96	2.21
102	2.95
114	7.73
121	4.70
126	3.29
136	6.53
168	187
193	2.23
198	6.66
203	5.43
219	1.56
256	3.88
309	2.06
351	3.66
355	1.12
360	2.72
374	3.49
419	2.10
455	6.22
平　均	4.04

図53-5　畑内遺跡

遺構名（土坑）	容量（㎥）
134	1.34
135	2.48
138	2.63
140	4.69
141	6.45
143	1.75
145	2.63
146	1.80
149	1.85
150	1.76
151	3.31
159	2.75
160	0.93
162	1.86
164	0.95
166	4.31
185	0.66
192	1.39
197	1.81
201	1.51
202	1.38
209	3.78
210	0.27
212	1.57
215	1.21
219	1.59
221	1.69
224	1.93
228	2.74
平　均	2.17

図53-6　富ノ沢(2)遺跡

遺構名（土坑）	容量（㎥）
104	0.64
107	1.08
111	0.77
112	3.14
115	2.90
116	4.82
117	2.29
119	4.17
120	4.50
121	3.68
122	3.98
130	3.86
133	2.40
平　均	2.94

図53-7　田面木平遺跡

遺構名（土坑）	容量（㎥）
5	3.66
7	0.47
10	0.39
20	1.59
21	1.92
24	4.24
25	2.71
26	3.20
31	0.95
37	1.67
41	0.66
47	2.23
52	1.57
54	2.35
58	2.90
113	0.47
平　均	1.93

図53-8　蛍沢遺跡

遺構名（ピット）	容量（㎥）
1	0.65
3	1.54
8	0.56
11	1.03
14	0.56
19	2.50
28	1.58
29	0.45
30	0.93
31	0.30
33	0.28
34	0.39
41	0.86
42	1.60
43	0.42
45	2.27
46	4.57
49	2.92
50A	1.17
51	0.77
52	0.77
53	0.59
57	0.68
58	1.04
61	0.58
64	1.05
65	0.78
66	0.76
67	1.58
68	1.60
69	1.72
70	0.68
79	2.65
80	4.17
83	0.91
89	0.93
90	1.70
91	0.50
93	1.46
94	1.37
95	1.59
96	0.46
97	0.66
100	0.91
104	3.58
105	3.98
106	0.55
平　均	1.33

引用・参考文献

付表2-2 (図53-9~14貯蔵穴容量計測値)

図53-9 上尾鮫(2)遺跡

遺構名(土坑)	容量(㎥)
CJ-12	0.63
CJ-52	1.06
CJ-51	1.42
CJ-65	1.28
CJ-49a	0.78
CJ-79	0.67
CJ-300	1.98
CJ-103	0.75
CJ-145	1.35
CJ-128a	1.27
CJ-132	1.77
CJ-149	1.70
CJ-268	1.58
CJ-169	1.24
平均	1.24

図53-10 池内遺跡

遺構名	容量(㎥)
skf2	2.39
skf5	1.30
skf6	2.50
skf7	2.01
skf9	2.37
skf12	1.89
skf15	0.70
skf17	3.27
skf18	1.32
skf21	1.66
skf26	2.62
skf27	1.77
skf31	2.63
skf32	1.96
skf33	1.45
skf36	2.00
skf37	1.01
skf38	1.55
skf43	2.40
skf45	1.73
平均	1.92

図53-11 杉沢台遺跡

遺構名(skf)	容量(㎥)
1	3.36
2	1.60
3	0.55
4	0.93
9	1.65
12	1.79
13	1.19
16	2.05
17	2.08
21	4.95
26	3.79
27	3.11
29	3.59
30	4.36
32	1.43
33	2.62
38	1.58
39	1.06
43	1.54
44	1.18
45	1.54
49	3.65
54	4.78
55	2.60
60	1.70
61	1.68
66	0.42
68	2.92
70	2.20
72	2.07
78	2.24
81	5.40
82	1.82
84	1.75
87	2.66
89	1.40
92	2.03
93	1.67
94	2.26
95	3.18
96	1.25
105	2.72
平均	2.29

図53-12 大畑台遺跡

遺構名	容量(㎥)
フラスコ状ピット2	4.10
フラスコ状ピット3	5.23
フラスコ状ピット6	2.02
フラスコ状ピット7	1.91
フラスコ状ピット8	1.65
平均	2.98

図53-13 腹鞍の沢遺跡

遺構名	容量(㎥)
skf1	3.03
skf2	1.75
skf3	4.09
skf4	2.71
skf5	2.22
skf7	5.74
平均	3.25

図53-14 鳶ヶ長根Ⅲ遺跡

遺構名(土坑)	容量(㎥)
1	1.66
5	0.68
6	1.36
8	1.52
10	2.62
13	0.85
15	0.64
17	1.31
16	1.40
18	1.21
20	0.80
21	1.28
23	1.32
25	1.27
27	0.52
28	0.40
平均	1.17

付表2－3　（図54－1～5貯蔵穴容量計測値）

図54-1　西田遺跡

遺構名	容量（㎥）
fa561	3.03
fb031	2.62
fb034	0.55
fb035	2.53
fc061	4.49
ei091	2.93
ei051	4.81
ej123	6.96
ef501	4.62
eg034	1.20
eh032	2.65
eh531	3.14
eb181	2.55
ec032	4.75
ec062	2.99
ec121	3.55
ec092	3.36
ed122	2.65
ed501	3.42
ee031	4.00
ee091	5.73
ee092	1.86
fc501	1.91
fc563	3.14
fd181	1.38
fd593	2.23
fd652	2.14
fe062	3.31
fe182	0.41
fe122	0.59
fe592	2.62
fe121	1.26
平　均	2.91

図54-2　大畑Ⅰ・Ⅱ遺跡

遺構名（土坑）	容量（㎥）
E3-2	3.00
F3-2	1.70
G3-2	2.86
G5-1	2.21
G5-4	0.41
G6-3	1.38
G7-2	1.11
H5-2	1.63
H5-3	0.85
H7-5	2.47
H7-7	2.17
H8-3	1.45
I5-2	1.40
I8-4	2.04
K11-2	4.65
平　均	1.95

図54-3　原遺跡

遺構名（土坑）	容量（㎥）
2	1.11
6	0.56
9	0.17
13	0.42
17	0.55
平　均	0.56

図54-4　妙音寺遺跡2次

遺構名（土坑）	容量（㎥）
154	6.29
157	2.29
159	5.41
165	3.44
175	2.98
178	3.18
186	2.35
188	3.10
189	2.29
190	1.76
191	2.80
192	5.88
201	2.88
202	2.21
205	2.27
214	3.75
219	0.74
221	3.35
225	1.08
226	0.84
227	1.99
229	1.67
231	0.99
232	0.21
234	1.29
247	3.90
258	3.05
259	3.80
294	2.55
297	8.50
303	2.57
305	2.26
307	3.11
311	3.89
313	4.02
320	4.68
321	3.27
332	4.20
平　均	3.02

図54-5　法正尻遺跡

遺構名（土坑）	容量（㎥）
46	2.94
47	1.03
52	2.27
86	1.53
87	0.30
114	1.45
115	3.15
121	1.89
146	1.63
157	1.43
307	4.17
311	5.43
326	4.36
333	2.01
365	4.86
378	2.20
399	3.28
420	6.21
429	6.46
450	4.42
453	5.09
472	5.56
474	2.79
552	5.31
564	3.44
569	1.80
579	11.08
582	3.54
平　均	3.55

付表2－4　（図54－6〜14貯蔵穴容量計測値）

図54-6　吹浦遺跡

遺構名(土坑)	容量（㎥）
1011	1.46
1015	1.43
1022	4.76
1023	3.03
1051	0.33
1072	1.52
1073	2.78
1078	3.46
1079	4.48
1080	1.48
1081	1.10
1082	0.49
1083	0.28
1084	0.74
1087a	8.43
1091	1.16
1093	1.53
1096	3.08
1098	1.43
1099	2.40
1100	0.14
1105	3.32
1141	0.52
1158	1.00
1160	3.54
1161	5.35
1163	1.99
1164	7.12
1167	5.84
1169	2.48
1171	5.86
1172	3.95
1177	0.75
1179	4.17
1180	3.23
1216	0.84
1217	0.72
1245	2.91
1246	0.56
1251	0.93
1255	0.68
1256	2.52
平　均	2.47

図54-7　北向遺跡

遺構名(sk)	容量（㎥）
8	0.72
10	1.10
11	1.32
21	0.98
25	0.23
31	0.40
34	0.84
41	0.36
42	0.29
56	0.38
72	1.62
73	0.63
86	0.44
90	0.64
106	1.10
109	1.08
121	0.38
144	0.46
163	0.42
平　均	0.70

図54-8　中平遺跡

遺構名(sk)	容量（㎥）
17	1.35
18	0.78
20	1.99
21	1.82
24	1.21
33	2.84
34	2.32
35	1.43
38	1.65
41	0.80
42	1.61
45	0.94
47	0.66
56	1.07
72	1.48
81	2.29
85	1.14
平　均	1.50

図54-9　品川台遺跡

遺構名(袋状土坑)	容量（㎥）
1号	2.10
2号	4.03
3号	1.79
4号	2.62
5号	3.46
6号	2.79
7号	1.88
8号	2.45
9号	2.45
平　均	2.61

図54-10　山苗代A遺跡

遺構名(土坑)	容量（㎥）
1	1.51
4	1.07
5	1.41
6	2.03
8	3.14
9	1.37
11	1.58
13	2.09
14	1.85
16	0.95
17	1.64
18	2.54
20	2.66
21	1.21
22	2.13
23	1.29
24	1.52
25	1.14
26	2.08
27	0.56
29	0.88
31	0.37
32	1.12
平　均	1.57

図54-11　諏訪遺跡

遺構名	容量（㎥）
3号フラスコ状土坑	3.27
6号フラスコ状土坑	2.06
7号フラスコ状土坑	1.42
16号フラスコ状土坑	2.18
18号フラスコ状土坑	3.58
19号フラスコ状土坑	1.38
24号フラスコ状土坑	2.02
平　均	2.27

図54-12　墨木戸遺跡

遺構名(土坑)	容量（㎥）
J1	2.06
J2	1.51
J3	4.67
J4	4.99
J6	1.58
J8	2.80
平　均	2.93

図54-13　野川中州遺跡

遺構名	容量（㎥）
FD1	2.12
FD2	2.40
FD3	1.32
FD4	2.21
FD5	1.26
D1	0.80
D2	0.66
平　均	1.53

図54-14　山田大塚遺跡

遺構名(土坑)	容量（㎥）
56	3.17
57	3.03
71	1.35
29	2.30
37	0.67
45	0.95
55	1.68
70	1.36
22	1.78
36	0.70
40	0.25
平　均	1.56

付表2−5 （図55—1〜5貯蔵穴容量計測値）

図55-1 曽畑遺跡

遺構名(貯蔵穴)	容量（m^3）
2	0.23
5	0.13
6	0.11
10(1)	0.65
11	0.18
12	0.17
13(2)	0.44
14	0.29
15	0.03
18	0.02
19	0.05
21	0.12
24	0.16
30	0.02
37	0.05
38	0.07
39	0.02
43	0.18
44	0.23
46	0.14
49	0.35
50	0.13
54	0.01
55	0.05
58	0.08
59	0.01
60	0.05
61	0.40
平　均	0.16

図55-3 野多目拈渡遺跡

遺構名(竪穴)	容量（m^3）
2	2.5
4	7.0
6	1.4
7	1.5
9	2.3
10	6.9
11	3.7
12	3.6
14	2.8
56	1.8
平　均	3.35

図55-4 名切遺跡

遺構名(貯蔵穴)	容量（m^3）
1	0.45
2	0.49
4	0.33
5	0.54
7	0.12
8	0.28
9	0.15
10	0.10
11	0.14
12	0.63
14	0.07
17	0.18
19	0.22
20	0.21
21	0.15
22	0.19
24	0.07
25	0.24
26	0.22
27	0.12
28	0.08
29	0.49
平　均	0.25

図55-5 黒丸遺跡

遺構名(貯蔵穴)	容量（m^3）
Ⅳ 7区− 1	0.32
Ⅳ 7区− 2	0.14
Ⅳ 7区− 3	0.45
Ⅳ 7区− 4	0.33
Ⅳ 7区− 5	0.21
Ⅳ 7区− 6	0.23
Ⅳ 7区− 7	0.59
Ⅳ 7区− 8	0.57
Ⅳ 7区− 9	0.22
Ⅳ 7区−10	0.32
Ⅳ 7区−11	0.27
Ⅳ 7区−12	0.47
Ⅳ 7区−13	0.20
Ⅳ 7区−14	0.42
Ⅳ 7区−16	0.54
Ⅳ 7区−17	0.39
Ⅳ 7区−18	0.12
Ⅳ 8区− 1	0.81
Ⅳ 8区− 2	0.40
Ⅳ 8区− 3	0.83
Ⅳ 8区− 4	0.26
Ⅳ 8区− 5	0.23
Ⅳ 8区− 6	0.29
Ⅳ 8区− 7	0.37
Ⅳ 8区− 8	0.50
Ⅳ 8区− 9	0.81
Ⅳ 8区−10	0.54
Ⅳ 8区−11	0.59
Ⅳ 8区−12	0.38
Ⅳ 8区−13	0.48
Ⅳ 8区−14	0.45
Ⅳ 8区−15	0.56
Ⅳ 8区−16	0.38
Ⅳ 9区− 2	0.23
Ⅳ 9区− 3	0.40
Ⅳ 9区− 4	0.38
Ⅳ 9区− 5	0.62
Ⅳ 9区− 6	0.34
Ⅳ 9区− 7	0.08
Ⅳ10区− 1	0.08
Ⅳ10区− 2	0.42
Ⅳ10区− 3	0.27
Ⅳ10区− 4	0.15
Ⅳ10区− 5	0.38
Ⅳ10区− 6	0.26
Ⅳ10区− 7	0.59
Ⅳ10区− 8	0.27
Ⅳ10区− 9	0.27
Ⅳ10区−10	0.26
Ⅳ10区−11	0.22
Ⅳ10区−12	0.45
Ⅳ11区− 1	0.51
Ⅳ11区− 2	0.10
平　均	0.37

付表2－6　（図55－6～14貯蔵穴容量計測値）

図55-6　目久見遺跡

遺構名(JSK)	容量（㎥）
2	0.30
3	0.19
4	0.20
5	0.60
7	0.50
9	0.30
11	0.20
12	0.20
14	0.20
16	1.40
17	0.08
18	0.20
20	0.13
21	0.03
22	0.04
24	0.07
25	0.11
26	0.04
27	0.07
28	0.13
29	0.21
30	0.41
32	0.02
33	0.01
34	0.03
36	0.11
37	0.03
38	0.03
41	0.23
44	0.02
平　均	0.20

図55-7　九日田遺跡

遺構名	容量（㎥）
SK01	0.71
SK02	1.06
SK03	0.65
SK04	1.24
SK05	0.09
SK06	0.18
SK07	0.15
SK10	0.29
SK12	0.30
SK13	0.31
SK14	0.36
SK15	0.12
SK16	0.25
SK17	0.03
SK18	0.11
SK19	0.24
SK20	0.28
SK21	0.12
SK22	0.42
平　均	0.36

図55-8　津島岡大遺跡6次

遺構名	容量（㎥）
SP01	0.28
SP02	0.19
SP03	0.14
SP04	0.28
SP05	0.17
SP06	0.14
SP07	0.14
SP08	0.22
SP09	0.19
SP11	0.54
SP12	0.23
SP13	0.24
平　均	0.23

図55-9　宮の前遺跡

遺構名(P)	容量（㎥）
1	2.04
2	2.53
14	1.35
15	1.68
17A	1.17
17B	0.38
23	1.60
26	0.99
28	0.37
平　均	1.34

図55-10　佃遺跡

遺構名	容量（㎥）
南区SK452	0.37
南区SK453	0.19
南区SK455	0.20
南区SK456	0.16
南区SK457	0.25
南区SK458	0.41
南区SK460	0.16
南区SK462	0.15
南区平均	0.24
北区SK301	0.25
北区SK302	0.08
北区SK305	0.41
北区SK306	0.42
北区SK307	0.44
北区SK309	0.80
北区SK312	0.43
北区SK315	0.33
北区SK319	0.19
北区SK320	0.18
北区SK321	0.19
北区SK323	0.28
北区SK325	1.02
北区SK338	1.64
北区平均	0.48
全体平均	0.39

図55-11　布留遺跡

遺構名(貯蔵穴)	容量（㎥）
1	1.12
2	1.32
3	3.36
4	1.11
5	0.88
6	0.80
7	1.70
平　均	1.47

図55-13　栗林遺跡

遺構名(貯蔵穴)	容量（㎥）
後期初頭	
10	0.12
25	0.53
61	0.55
70	0.55
平　均	0.43
後期前葉	
13	0.17
15	0.45
16	0.31
17	0.27
18	0.57
23	0.65
24	0.50
26	0.24
29	0.13
36	0.97
37	0.30
39	0.41
40	0.33
41	0.72
43	0.63
45	0.71
46	0.87
47	0.96
49	0.50
52	1.19
53	1.15
54	0.70
58	1.02
60	1.76
62	2.00
63	1.06
65	0.49
75	0.25
76	0.60
平　均	0.68
後期中葉	
6	0.13
21	1.76
56西側	0.65
平　均	0.84

図55-12　ダイラクボウ遺跡

遺構名(貯蔵穴)	容量（㎥）
5	0.48
6	1.05
8	0.70
9	0.94
12	0.35
13	0.30
14	0.44
15	0.59
16	0.29
17	0.04
18	0.16
19	0.46
20	0.07
平　均	0.45

図55-14　北江古田遺跡

遺構名(土坑)	容量（㎥）
1	0.42
2	0.33
3	0.01
4	0.03
5	0.07
6	0.06
7	0.02
8	0.06
9	0.13
10	0.22
11	0.39
12	0.28
13	0.44
14	0.08
15	0.30
16	0.18
17	0.06
18	0.07
20	0.02
23	0.19
24	0.14
25	0.19
29	0.01
30	0.07
31	0.47
32	0.17
34	0.71
平　均	0.18

付表2－7　（図58－1～3貯蔵穴容量計測値）

図58-1　里田原遺跡

遺構名	容量（㎥）
5次ピット1	0.56
5次ピット5	0.66
9次竪穴1	1.33
10次竪穴4	0.79
10次竪穴6	0.42
26次3区貯蔵穴	0.49
26次3区2号貯蔵穴	0.26
26次3区3号貯蔵穴	0.34
26次35区貯蔵穴	0.24
平　均	0.55

図58-2　高津尾遺跡

遺構名(竪穴)	容量（㎥）
1	9.1
2	4.3
3	4.9
5	2.3
6	2.81
8	3.2
9	7.6
10	4.2
11	7.52
12	4.85
14	3.2
15	5.0
平　均	4.91

図58-3　下稗田遺跡A地区

遺構名(貯蔵穴)	容量（㎥）
1	4.4
2	10.8
3	3.3
4	5.2
5	1.4
6	4.3
7	9.6
8	5.0
9	4.3
10	11.6
11	8.0
平　均	6.17

図58-4　リトルウッドベリー遺跡

遺構名(P)	容量（㎥）
33a	1.35
40	1.04
50a	2.31
62	6.16
66	9.82
96	3.27
101	3.98
104	1.54
105	0.56
106	0.92
107	1.58
113	1.83
115	1.23
117	0.83
118	0.91
123	3.03
131	8.34
132	2.43
134	0.56
137	1.64
平　均	2.67

＊里田原遺跡5次は正林（1974）、9次は安楽・藤田（1975）、
　10次は安楽（1976）、26次は安楽（1992）による。

付表3　中部高地貯蔵穴容量計測値

付表3-1　荒神山遺跡（N＝7）

遺構名(土坑)	容量（㎥）
4	0.74
183	1.52
184	0.29
223	0.30
229	0.40
254	0.24
272	0.40
平　均	0.55

付表3-2　扇平遺跡（N＝9）

遺構名(土坑)	容量（㎥）
109	0.54
118	0.25
141	0.34
142	0.52
256	2.46
201	0.37
226	0.59
250	0.38
310	0.32
平　均	0.64

付表4　槻沢遺跡貯蔵穴容量計測値

遺構名(sk)	容量（㎥）
Ⅰ期（大木7b）	
382	2.76
371	1.18
Ⅱ期（大木8a）	
74	1.15
392	1.15
393	3.68
Ⅲ期（大木8b）	
154	4.22
Ⅳ期（大木9古）	
419	2.63
Ⅴ期（大木9新）	
270	1.96
Ⅵ期（大木10～綱取1）	
8	1.16
180	0.59
76	0.71
121	0.47
231	0.91
Ⅶ期（堀の内1）	
102	1.30
7	0.67
289	0.48
341	0.41

あとがき

　私は学部で土器研究を中心に行ってきたが、國學院大學の大学院に在学中は小林達雄先生から北米の民族誌、永峯光一・加藤晋平先生から考古学全般、吉田恵二先生から中国考古学、西本豊弘先生から環境考古学、安斎正人先生から理論考古学につき指導いただく機会に恵まれ、その間、北米を中心とする人類学の英文に接する機会が多くなり、そのお陰で従来の狭い考古学だけの知見だけに限らず、人類学という広い視野から見渡すことが多少なりとも可能になったと思われる。

　博士論文を縄文時代の貯蔵穴というテーマで取り組むことになったのは、西本豊弘先生の1997年の環境考古学の講義で縄文時代の貯蔵を取り上げたことが一つのきっかけになっている。その年の環境考古学の講義は前半では『救荒・不作の時の経済：リスクと不確実性への文化的適応』（Bad year economics: cultural responses to risk and uncertainly）を輪読し、後半は縄文時代を中心とする貯蔵について考古学データで具体的に検討することを課題としていた。上記の論文集は狩猟採集の救荒、穀物の不作（bad year）の時に狩猟採集・農耕社会ではどのような文化的適応をするかがテーマとして組まれた論文集である。その内容については既にほとんど忘れてしまったが、全体的に理論的側面については精巧さが伺えたが考古学データについては貧弱で、逆に、考古学データが豊富であるが、理論面が弱い日本考古学とは対照的であることを印象として記憶している。

　その後、縄文時代の貯蔵に関する研究を徐々に進めていたが、テスタールの論文「狩猟採集民における食料貯蔵の意義」に接した時には目から鱗が落ちた。本文でも触れているように、1980年代前後の人類学、狩猟採集民研究は北米を中心とする人類学は生態学の影響を強く受け、その理論と方法はエコシステム（生態系）という考えに依存していた。エコシステムは生体をモデルとした自己調整、平衡、安定性が根本概念であったため、人類学、狩猟採集民研究に応用された場合、環境とヒトの関係は平衡で、安定なものとみなされる傾向が強く、一部のノースウェストコースト、カリフォルニアなどを専門とする人類学者を除くと、階層化、不平等などという社会論に関する認識は低かった。

　テスタールは上述した論文で民族誌と考古学データを駆使して狩猟採集社会における不平等の起源について追求している。1980年代初頭前後の人類学の状況はチャイルド以来の農耕の出現＝新石器革命による社会的階層化の成立というような図式がまだ残っていたが、テスタールは貯蔵を重視して、狩猟採集社会でも貯蔵経済を行っているグループと、行っていないグループでは大きな相違があり、農耕社会以前の貯蔵経済を行っている狩猟採集社会では既に不平等

が存在することを指摘し、従来の見解を打破してしまった。当時、北米を中心とする人類学に慣れていた私には、西欧、特にフランスには北米とは流れが異なるマルクス主義人類学が存在し、理論的枠組みが異なると見方、問題意識まで左右されてしまうことを否応なく認識させられた。

北米の人類学もその後、『先史の狩猟採集民：文化的複雑性の出現』（Prehistoric Hunter-Gatherers: The Emergence of Cultural Complexity）を契機に生態学に基礎を置きながら、社会理論を取りいれ補強していく方向に様がわりし現在に至っている。本論は1980年代後半以降の社会的に複雑な狩猟採集民の研究を意識し、貯蔵を通して縄文時代狩猟採集民研究に応用していくことを念頭に執筆した。縄文時代の貯蔵の一端については従来の研究をさらに進め、縄文時代狩猟採集社会が貯蔵システムを蓄積していることを明らかにしてきたが、貯蔵は縄文時代社会の入口に過ぎず、貯蔵を基礎にさらに社会論にメスを入れていく必要があると考えている。本論でどれだけ諸先生の指導に答えることができたかは心もとないが、本論が今後の研究のさらなるステップになることを祈念したい。

なお本論は2001年に國學院大學に提出した博士論文を大幅に加筆したものである。博士論文作成については小林達雄・永峯光一・加藤晋平・吉田恵二・西本豊弘・安斎正人先生から、英文サマリーついてはA. Calcote先生、E.J. Naoumi先生からご指導をいただきました。以下の諸先生、諸氏、諸機関には文献閲覧、資料見学その他、大変お世話になりました。末筆ながらお礼申し上げます（敬称略）。姉崎智子　安孫子昭二　阿部昭典　阿部伸一郎　阿部常樹　石川季彦　石川日出志　岩永雅彦　大西秀之　岡本東三　小川岳人　押山雄三　小野裕子　遠部慎　加藤勝仁　加藤里美　川島富貴子　黒尾和久　小手川博一　小林克　小林謙一　佐々木雅裕　佐藤啓　杉原敏之　杉山真二　鈴木昭彦　鈴木正志　高瀬克範　高橋健太郎　高橋龍三郎　高山茂明　田村司　塚原一成　塚本師也　辻誠一郎　角田学　中野拓大　中村大　新美倫子　西川博孝　福島雅儀　前山精明　南木睦彦　柳澤清一　山本孝一　山本出　吉田匠　綿田弘実　阿佐ヶ谷先史学研究会　かながわ考古学財団　國學院大學中国文学研究室　国立歴史民俗博物館　東京大学考古学研究室　東京大学東洋文化研究所　東京都埋蔵文化財センター　長野県立歴史館　北海道大学北方文化論講座　明治大学考古学博物館　早稲田大学考古学研究室

Contents

Introduction

Chapter 1. Resent anthropological and archaeological studies about storage
1 Resent Trend of anthropological research about storage
2 The Anthropological, historical and archaeological research of storage
3 The Functions of storage pits
4 Studies about storage pits of the Jomon Period in Japanese Archaeology

Chapter 2. The Changes of storage pits in the Jomon Period
1 The Classifications of storage pits in the Jomon Period, especially Northern and Eastern Japan
2 The Incipient and Earliest Period
3 The Early Period
4 The Middle Period
5 The Late Period
6 The Final Period
7 Vegetation History and changes of storage pits in the Jomon Period

Chapter 3. The forms and capacity of storage pits in the Jomon Period
1 The Distribution of each type of storage pits based on bottom forms in Northern and Eastern Japan
2 The Capacity of storage pits

Chapter 4. Storage pits and settlements in the Jomon Period through analysis from storage space

Chapter 5. Housing and storage structure in the Jomon Period

Conclusion

Bibliography
Index

Summary
The Study of Storage Pits in the Jomon Period of Japan
Takashi Sakaguchi

In this book, the evolution of Jomon hunter-gatherers is discussed through an examination of anthropological, historical, and archaeological research.

Chapter 1 examines storage pits. They were one type of storage structure, and were mainly used for the preservation of meat in the Arctic and Subarctic ethnographies of North America. In other areas of North America, vegetables were mainly preserved in storage pits. An examination was conducted with an overview of storage and settlement patterns, storage duration, property of storage structure, storage quantity, the location of the storage structure in settlements, and labor organizations. The sedentarization of the hunter-gatherers increased their awareness of the problems involved in wintering. During winter in the northern hemisphere, food was very difficult to find, therefore it had to be stored for the winter. Residential mobility was also decreased by wintering. The solution was a storage facility for food and a dwelling structure to keep out the snow and cold. Sedentarization is connected with density of resources and their predictivity. It also promotes the territoriality, and a some of property, and is connected with social and cultural complexity.

In addition, archaeological and philological data of storage pits in China were also examined, and their functional advantages are as follows:

First, the storage pits were designed to protect food from fire and rain.
Second, being underground the pits were hard to find and stealing food was therefore difficult.

Third, they were maintained at a low temperature and this preserved the food especially grain. Although the food in storage is differs according to the local environment in different parts of the world, the function of the storage pits has many common characteristics.

Chapter 2 examines what criteria were used to judge storage pits in archaeological data, through an analysis of the storage pits where acorns were discovered in a primary state in North and East Japan, and a classification of storage pits was presented. Changes in the storage pits and their connection with the history of vegetation were also considered. The oldest storage pits of the Jomon period originated in the Incipient Period, but storage pits of the Incipient and the Earliest Period were sporadic in the Japanese Archipelago. The number of storage pits discovered at sites is limited. However, from this small number we can see that the size of the storage pits at Nakano B sites in the Hokkaido Region were large as the Early and Middle Period, and many dwelling pits were discovered at Nakano B sites. It seems that the formation of dwellings, storage and cemetery areas were established in Nakano B sites, but in other regions in the Japanese Archipelago, the capacity of storage pits was small and storage pits with a house structure were not discovered.

Although much remains unknown about the first half of the Early Period, the number of storage pits increased and enlarged in North Japan. The increased storage pits in settlement promoted the development of storage areas, and segmentation of settlements were discovered like the linear arrangement of settlements in the Entokaso Pottery area (northern Tohoku region). This perhaps shows the development of social complexity. Although development of cemetery areas is accepted in South Tohoku and Kanto region, the formation of storage areas is not remarkable.

Storage pits spread quickly throughout the Kanto region and they show localization with their forms in the first half of the Middle Period. Moreover, development of storage areas increased remarkable and settlement types also increased. Storage and cemetery areas located inside habitation areas is a characteristic of settlements in the Utiura Bay area in Hokkaido. In the Hakodate Bay area, habitation and storage areas were not well distinguished. In the Entokaso Pottery area, habitation and cemetery areas were a linear arrangement. On the other hand, habitation, storage and cemetery areas were circular arrangements in the Daigi Pottery area in the North Tohoku region. In the Northeastern Kanto region, storage and habitation areas were considerably different. In the West Kanto region, cemetery areas were arranged in the center of settlements. To the east of the Tokyo Bay region, storage areas were arranged inside the habitation area. From these we can infer the built environment, cultural landscape, symbols, ethnicity of Jomon hunter-gatherers, through increase of the segmentation, diversification and complexity of settlements.

But storage areas were not clearly understood in relation to the decrease of storage pits and its miniaturization in North and East Japan in the Late Period. While cemetery areas became large and were formed independently from settlements, it is hard to associate a decrease of storage pits with a reduction in storage, because the increase of refuse sites for acorns and pollen of Japanese chestnut (Castanea crenata SIEB.et ZUCC.), buckye (Aesculus turbinata) in archaeological sites after the Late Period, shows human intensive use of acorns. The size of the Japanese chestnut became larger, some of them twice as large as the wild ones and reached the size of the modern cultivated forms in the Late to Final Period which also shows the human intensive use of acorns. It seems that the acquisition of vegetable food, especially acorns and the interference with vegetation by humans were intensified.

Moreover, an examination of the vegetation history and distribution of each storage pits in the Jomon Period shows that the development of storage pits in North and East Japan was deeply connected with the development of temperate deciduous forests, while the development of lowland storage pits in West Japan was connected with laurel forests. Although an intensification of storage was seen in the Earliest Period in North and East Japan, storage pits progressed quickly in form and size, after the latter half of Early Period. It seems that the development of storage pits was connected with subterranean dwellings. Moreover, the development of storage pits was closely concerned with an abundance of acorns as a food resource connected to the development of temperate deciduous forest as the climate warmed.

Chapter 3 examines the form and capacity of storage pits. Through quantitative analysis of storage pits, the capacity of the storage pits were seen to be large in the latter half of Early Period and miniaturized after the Late Period in North and East Japan. The average capacity of storage pits in the Early and the Middle Period in North and East Japan was $2m^3 \sim 3m^3$. On the other hand, the average capacity of storage pits of the lowland storage pits of West Japan was less than $1m^3$. Although the lowland storage pits of West Japan were small, large-sized storage pits appeared in the Kyushu Region after the Late Period. However, there is a difference in the capacity of the bell shaped storage pits in North and East Japan and lowland storage pits in West Japan. Diana Alexander has pointed out that the capacity of storage pits were determined by the soil, human group size, kind of food and storage duration. Soil is also an important factor of the storage pits of North and East Japan. They are generally located on the thick plateau where there are deposits of loam. Therefore they can be large, deep, and wide shaped like a bell. On the other hand, the location of the storage pits in West Japan were in the lowland, such as valleys and in the river where it is difficult to dig large, deep and wide pits. Therefore the size of the storage pits were generally small in West Japan. Furthermore, the capacity of storage pits were not only controlled by geography, but were closely concerned with the human group size and storage duration which is connected with wintering.

In Chapter 4, settlement in the Jomon Period and its regionality was examined from a viewpoint of storage space. Settlement in the Jomon Period was very complicated, especially after latter half of the Early Period in North and East Japan. It shows the complexity of sedentarization and the process of socio-ecological evolution of Jomon hunter-gatherers. It seems that Jomon hunter-gatherers had not only adapted themselves to their environment and the ecosystem, but had also constructed a built environment and cultural landscape. It is noticed that there is a characteristic use of space in settlements for every region, which may show the Jomon hunter-gatherers' symbols and ethnicity in the Early and Middle Periods.

Chapter 5 examines the housing structures of West Japan. Housing structures and storage structure were discussed in comparison North and East Japan. Although there are many dwellings sites in North and East Japan in the Early and Middle Period, there are few dwellings sites especially in the Early and Middle Period in West Japan. On the contrary, it is after the Late Period that housing structures developed and the number of dwelling sites increased in West Japan. Although there were houses larger than $30m^2$ in the East and Middle Kyushu regions, the house size were mainly less than $20m^2$ in other regions in West Japan. Differences in housing structures between North and East Japan can be clearly seen. For example, the frequency of rebuilding and possession of a hearth is low, and the depth of the dwelling pits is shallow in West Japan. It may represent a difference among Jomon hunter-gatherers in designing their dwellings. If the population of inhabitants is in proportion to house size, the number of households and population of inhabitants may have been low in West Japan, and it will be presumed that socioeconomic organizations were different when compared with North and East Japan.

It seems that subterranean dwellings and storage developed in tandem in North and East Japan, because both subterranean dwellings and storage pits always existed in settlements. Subterranean dwellings and storage pits were developed together after the latter half of the Early Period. They were developed to cope with a shortage of food, and for protection from the cold and snow in winter. It seems that half a year of wintering in North and East Japan decreased the residential mobility, and thus promoted the formation of winter villages and sedentarization. Big houses and large-sized subterranean dwellings suggest seasonal and annual concentration of the population and organized labor. Resources management and storage were strengthened with the development of house structures, pottery production, intensified use of acorns, accompanying formation of winter villages and sedentarization. Of course storage pits played an important role in the intensification of storage.

However, such a sedentary strategy was less developed by the Jomon hunter-gatherers in West Japan. There are few sites where dwellings and storage pits are discovered together in the Early and Middle Period in West Japan. Although segmentation of the settlements progressed mainly in the Kinki Regions after the Late Period, where cemeteries were discovered on a large scale, there are few settlement sites with accompanying storage structures and cemeteries. Probably it was unnecessary to build strong dwelling structure to combat snow and severe coldness. It may also show the low possibility of wintering and the formation of winter villages. It seems that different dwelling structures and settlements were formed in West Japan without having to take into consideration severe wintering, when compared with North and East Japan.

In other words, the lifestyle dependent of Jomon hunter-gatherers in North and East Japan influenced the development of dwellings and storage structures. On the other hand, the lifestyle of Jomon hunter-gatherers in West Japan was not necessarily based on winter life. As Alan Testart pointed out that hunter-gatherers' storage economy having progressed in the Northern Hemisphere, it would seem that intensive storage developed in connection with wintering in North and East Japan. In addition, the complex hunter-gatherers in the Jomon Period evolved in a cold district in Japanese archipelago.

Although the warming of the Japanese archipelago progressed steadily after the Holocene Period, winters were severe and there was an increase of snow in North and East Japan. The living environment was different between North Japan and West Japan where winter was not so severe. As for vegetation, though the laurel forest spread north with climate warming, its distribution might have been limited to the Kanto Plain. Further north of the Kanto Plain there were temperate deciduous forests. As for the fauna, although there were the seasonally migrating northern animals such as large fish, seals and birds, which hunter-gatherers depended on as a main food in North Japan, they were rare in the West Japan.

Jomon hunter-gatherers formed different habitation strategies, settlements and built environment, especially after the Early Period, to cope with the climate and resources structure. These factors promoted the socio-ecological differentiation of Jomon hunter-gatherers between North, East and West Japan. The structure and method of storage may have varied and not all storage structures remain as archaeological data. Although storage during the Jomon period was not restricted to storage pits, changes of the location, form and capacity of the storage pits of North and East Japan may suggest a change of Jomon hunter-gatherers' adaptive strategy. On the other hand, the lowland storage pits and underdeveloped segmentation of their settlements in West Japan suggest that different systems among hunter-gatherers were formed in comparison with North and East Japan. This being the case, we should study the ethnicity, cultural landscape and social order of the Jomon hunter-gatherers from a viewpoint of segmented settlements.

It is clear that the Jomon society designed a storage system. James Woodburn pointed out that the character of the Immediate-return system of hunter-gatherers is equalitarianism; on the other hand Delayed-return system of hunter-gatherers tends to destroy the equalitarianism compared with Immediate-return system. If we accept Woodburn's view, the Jomon hunter-gatherer society, which incorporated a storage system, will tend to destroy equalitarianism. Susan Kent, who examined the sedentarization process of the nomadic hunter-gatherer Basaruwa, pointed out that segmentation of the activity area appeared with sedentarization, and social, cultural complexity are parallel phenomenon with segmentation of the activity area. Social, cultural complexity and formation of a cultural landscape of the Jomon settlement would be advanced with segmentation of the activity area for every region in North and East Japan after the latter half of the Early Period. Although not all the storage structures remain as archaeological data, we should do more synthetic research about the formation of a complex social system, which is different from equalitarianism.

索引

【ア行】

アートナ　22, 31
アイヌ　17
相原康二　125
赤城遺跡　82
赤坂A遺跡　82, 133
赤坂田Ⅰ遺跡　53
赤山遺跡　97
亜寒帯針葉樹林　96
亜寒帯針葉樹林帯　92, 94
秋山紀行　120
芥川遺跡　110
アク抜き　5, 16, 88, 99, 121
朝日遺跡　86, 109
朝日山遺跡　133
穴太遺跡　88, 110, 133, 138
アミダ遺跡　136, 138
荒立遺跡　82
アリカラ　38
有吉北貝塚　78
アレキサンダー　14, 30, 112, 140
粟津湖底遺跡　94, 96
粟津湖底遺跡第3貝塚　96
案内Ⅱ遺跡　82
イースタンミウォク　30
飯田二反田遺跡　136
家形の施設　5, 16
家ノ後遺跡　134
伊木力遺跡　67, 68, 95, 108
池上啓介　46
池内遺跡　62, 64, 69, 95, 101, 107, 128, 129
石井寛　82
石川1遺跡　68, 129
石坂台Ⅸ遺跡　53
石坂台Ⅷ遺跡　89
石曽根遺跡　74, 130
石ノ窪（2）遺跡　89, 133
威信経済　30
遺跡構造論　4
板留（2）遺跡　128
一時的住居　22
移動性　4, 5, 20, 24, 27, 28, 29, 31, 33, 36, 140

移動性の低下　28
井戸尻遺跡　58
稲ヶ原遺跡　82, 133
イパイ　27
入江貝塚　97
岩陰　5, 15
岩田遺跡　47, 88, 110
インガリク　23, 31
ウィリアムソンリバー遺跡　12
ウィントゥ　15, 26, 27, 31
上加世田遺跡　92, 111, 134
ウェスタンショショーニ　31
ウェスタンモノ　30, 32
上の原遺跡　132
上野原遺跡　92
上ノ山Ⅱ遺跡　62, 64, 128
右エ門次郎窪遺跡　89, 133
卯遠坂遺跡　82, 133
ウクチュムニ　16
臼尻B遺跡　68, 69, 108, 129
臼谷岡村遺跡　80, 132
打越遺跡　58, 94, 107
ウッドバーン　3, 28
卯ノ木南遺跡　56, 92, 107
宇代横平遺跡　92
エームズ　33
越冬戦略　5, 28
江原台遺跡　78
エリアカーブメーター　102, 106, 122
エリート層　30, 33, 34
扇平遺跡　66, 108, 128
淡河中村遺跡　138
王禎　37, 43, 112, 123
大石平遺跡　132
オーウェンバレーパイユート　33
大面遺跡　126
大畑台遺跡　69, 129
大畑Ⅱ遺跡　108
大日向Ⅱ遺跡　64, 101
大湯遺跡　81
岡恵介　100, 121
小川原遺跡　138

— 195 —

小路頃オノ木遺跡　135
鬼沢猿沢遺跡　81
オマハ　11, 39
男女倉遺跡　58
オロチ　28
オロッコ　17

【カ行】
解体遺跡　10
カウィチマウンテンショショーニ　33, 34
加栗山遺跡　135
風張（1）遺跡　53, 133
樫ぼの遺跡　122
鹿島遺跡　65, 108, 128
活動域研究　4
活動空間　4, 5, 140
門田遺跡　122
カフィア　15, 16, 30, 123
胄宮西遺跡　64, 65, 108, 128
花粉分析　97
叺屋敷Ⅰa遺跡　74, 130
釜谷遺跡　60
上猪岡遺跡　89
上鬼柳Ⅳ遺跡　74
上尾鮫（1）遺跡　62
上尾鮫（2）遺跡　81, 109, 132
上欠遺跡　132
上納豆内遺跡　130
神鍋山遺跡　67, 68, 108, 129
上八木田Ⅰ遺跡　64, 128
鴨内A遺跡　130
川汲B遺跡　58, 94, 107, 126
川白田遺跡　66, 128
川辺遺跡　136
川和向原遺跡　82, 133
蟹沢館遺跡　128
桔梗2遺跡　68, 129
技術的条件　3
季節的居住　11, 25
北江古田遺跡　53, 56, 86, 111, 125
北テペワン　15
北前遺跡　107
北向遺跡　76, 108, 109, 130

狐岱遺跡　129
木戸先遺跡　128
キャシェ　10, 11, 12, 14, 16, 27, 30, 31
キャンプサイト　24, 25, 27, 28, 139
仰韶文化　43
共同管理型貯蔵穴　47
漁労キャンプ　22, 23, 25
ギリヤーク　17
キリュート　25
桐生直彦　125
金立開拓遺跡　138
草刈遺跡　78
楠・荒田町遺跡　110
久世原館・番匠地遺跡　53, 56
葛川遺跡　123
窪平遺跡　64, 128
熊ヶ平遺跡　101
熊沢遺跡　62
グラナリー　5, 15, 16, 30, 31, 32, 43
クラマス　12, 14, 24, 32
栗谷遺跡　87, 110
クリの北上　96
栗林遺跡　86, 97, 111, 133
黒橋貝塚　80, 81, 96, 109, 132
黒丸遺跡　92, 111
桑名邸遺跡　74, 130
クンリフェ　39
鶏肋編　35, 38, 40, 112, 123
華蔵台南遺跡　82, 133
窖　35, 38
交換システム　30, 33
恒久的住居　22, 31
恒久的ムラ　33, 36
荒神山遺跡　66, 108
幸畑（7）遺跡　81, 132
郷楽遺跡　76, 130
九日田遺跡　87, 110
ココパ　15
御所野遺跡　130
御所野台地の遺跡群　96
五丁歩遺跡　76, 131
個別管理型貯蔵穴　47
小牧野遺跡　133

索 引

小梁川遺跡　53
小山修三　121
コルチャン　23
子和清水貝塚　78
権現塚北遺跡　138
コンコウ　26

【サ行】
サーモンキャンプ　23
西海渕遺跡　76, 131
採集権　33
サウスウェストアラスカエスキモー　31
栄浜1遺跡　68, 108, 129
佐賀貝塚　138
坂田北遺跡　86, 109
坂ノ上E・F遺跡　69, 129
坂の下遺跡　87, 110
桜井清彦　125
佐々木藤雄　47, 125
殺戮遺跡　10
里田原遺跡　122
サハプチン　12, 31
鞘戸原II遺跡　128
更良岡山遺跡　80, 81, 96, 109
サリナン　31
猿ヶ平I遺跡　82
三斗蒔遺跡　130, 131
三内丸山遺跡　95, 128
三の原遺跡　58
三の丸遺跡　82
サンポイル　17
塩ヶ森I遺跡　64, 128
地方遺跡　134
四方谷岩伏　86, 87
重留遺跡　138
資源管理　33, 140
資源の所有権　33, 36
資源の調整　95
磯山遺跡　43, 123
磯山文化　43
地蔵沢遺跡　53, 56
莇内遺跡　133
字津木台遺跡　58

品川台遺跡　77, 102, 106, 109
篠原遺跡　138
柴原B遺跡　131
志波屋六本松遺跡　136
清水上遺跡　76, 77, 131
清水山遺跡　66
下堤遺跡　39, 69, 129
下稗田遺跡　122
下前津遺跡　91
下村B遺跡　130
下谷ヶ地平C遺跡　53, 89, 111
社会・文化的複雑化　4, 140
社会経済的不平等　3
社会的複雑化　4, 30, 33
シャビケシー　15
住居移動パターン　20
住居の安定性　26
住居の移動性　24
周年居住　25, 26
シュスワップ　12, 31, 32
狩猟採集民研究　3
巡回式移動型定住　22
城之腰遺跡　53
消費を遅らせるシステム　3, 26
浄法寺遺跡　77, 131
照葉樹林　92, 94, 96, 99
照葉樹林帯　86, 99
正楽寺遺跡　138
植生への干渉　94, 97
徐光啓　35
白沢森遺跡　130
白長根館I遺跡　81
人為的環境　95, 134
陣川町遺跡　68, 129
針広混交林　92, 96
新道4遺跡　81
森林伐採　95
スー族　11
杉沢台遺跡　62, 64, 69, 128, 129
杉ノ堂遺跡　89
菅生小学校裏山遺跡　111
鈴木牧之　120
煤孫遺跡　74, 130

ストアハウス　　16, 22, 31
ストアルーム　　5, 15
墨木戸遺跡　　109
スモーク　　15, 20, 25
スモークハウス　　20, 23
諏訪遺跡　　80, 109
諏訪西遺跡　　66
西安半坡遺跡　　102, 123
斉家文化　　43
生業のリスク　　5, 24, 27
生態的条件　　3, 5
青蓮崗文化　　43
関林D遺跡　　94
セトルメントパターン　　20, 22, 23, 24, 25, 27, 28, 29, 36
三河宮の下遺跡　　136
荘緯　　35, 43, 112, 123
添野遺跡　　77, 131
曽畑貝塚　　67, 68, 108, 129

【タ行】
台　　5, 15, 20
台・棚　　5, 15
大蝦口文化　　43
大渓文化　　43
台耕上遺跡　　131
太閤山Ⅰ遺跡　　95
ダイソン-ハドソンとスミス　　33
台地型貯蔵穴　　92, 97, 101
大武遺跡　　86
太平台遺跡　　77
ダイラクボウ遺跡　　86, 87, 111
高い人口密度　　3
多家族住居　　23, 24, 28, 34, 139
高津尾遺跡　　122
高根木戸遺跡　　78, 125
高屋館跡　　133
高床倉庫　　12, 17, 23, 31
武居林遺跡　　66, 128
武ノ内遺跡　　130
ダコタ　　12, 29
田代寛　　46
多田山東遺跡　　128

竪穴住居　　24
立石遺跡　　133
館野遺跡　　60, 126
館ノ内遺跡　　91
棚　　5, 10, 14, 15, 20, 23, 31
タナイナ　　23
狸崎B遺跡　　89, 134
多摩ニュータウンNo.194遺跡　　53
溜井遺跡　　53
田面木平遺跡　　81, 109, 132
タレウミィウト　　10, 32
暖温帯落葉広葉樹林　　94, 96
丹後谷地遺跡　　132
段ノ原B遺跡　　64
チーフ　　33, 36
チカモリ遺跡　　86
チムシアン　　25
中原遺跡　　66, 128
チュチャンシー　　16
チュバチュラバル　　15
チョイニムニ　　31
直接その場で消費するシステム　　3
貯蔵期間　　14, 29, 30, 38, 112
貯蔵穴容量　　87, 102, 106, 107, 109, 111, 116, 123, 135
貯蔵量　　28, 30, 36, 87, 112, 116, 120, 121, 123
チルコーティン　　12, 29, 31
チルラ　　32
ツィアプエブロ　　15
塚田遺跡　　66
槻沢遺跡　　46, 77, 109, 131
佃遺跡　　88, 110, 133, 138
辻誠一郎　　95, 96
津島岡大遺跡　　87, 88, 91, 92, 110, 111
津吉遺跡　　122
鶴ヶ鼻遺跡　　58, 107
ツンドラ　　92
定住　　4
定住化　　4, 20, 24, 28, 95, 134, 140
定住化戦略　　140
低地型貯蔵穴　　66, 67, 80, 86, 89, 92, 95, 97, 99, 101, 109, 110, 111, 112
ティパイ　　27

索　引

ティピ　23
テスタール　3, 5, 20, 30
寺界道遺跡　111
デラグナ　25
テリトリー　24, 33, 36
天戸森遺跡　129
寶　40
洞窟　5, 15
堂後遺跡　76
道尻手遺跡　131
トゥショーニ　31
トーマス　33
土器生産　140
トトメキ遺跡　91
鳶ヶ長根Ⅲ遺跡　89, 111, 134
富ノ沢（2）遺跡　69, 96, 108, 129
ドライバーとマッシー　5
鳥浜貝塚　66, 129
トリンギット　25
トロワ　25, 27, 30, 32
トンプソン　12, 15, 16, 17, 20, 29, 30

【ナ行】

ナーナイ　28
中川延良　121
中川直亮　46
中島遺跡　89, 110
永瀬福男　39, 125
中平遺跡　76, 108, 130
中堂遺跡　136
中野B遺跡　58, 94, 107, 112
中野久木谷頭遺跡　78
中ノ沢A遺跡　53
中原遺跡　66, 128
中道遺跡　53, 131
中村石丸遺跡　136, 138
中村遺跡　86, 138
長森遺跡　89
名切遺跡　80, 81, 89, 96, 109, 132
梨ノ木遺跡　77, 131
梨ノ木塚遺跡　53
なすな原遺跡　82
夏家　11, 22, 25, 27, 28

夏村　22, 49
奈良県平城京左京三条五坊三坪下層遺跡　88, 110
縄手遺跡　138
南齊書　123
仁井町遺跡　130
ニヴフ　28, 50
西岡台貝塚　67, 108, 129
西田遺跡　74, 108, 125, 130
二次的植生　95
西ノ前遺跡　76, 131
二次林　87, 95
ニセナン　16, 30
ヌシャガク　31
ヌナミィウト　5, 15, 20, 32, 51
布場D遺跡　53
根木内遺跡　78
根古谷台遺跡　132
農書　37, 38, 40, 112, 123
農政全書　37, 38, 40
ノーザン・ゴシュートショショーニ　29
ノーザンフットヒルヨクーツ　30
ノーザンマイドゥ　30, 124
ノーザンヤナ　32
ノースウェストコースト　15, 25, 27, 30, 33, 36
野川中洲北遺跡　82, 109, 125
野多目拈渡遺跡　87, 110, 112
野中遺跡　74, 130
野場（5）遺跡　53
野畑遺跡　69, 129
ノンガトル　32

【ハ行】

バークハウス　26
バース　39
パイユート　33, 36
裴李崗文化　43
馬家窰文化　43
飯山満東遺跡　128
バサルワ　4, 140
羽白D遺跡　64
畑内遺跡　60, 101, 107, 126
パトウィン　32
鳩岡崎遺跡　74, 129

鼻毛石中山遺跡　　77
馬場野遺跡　　89
馬場野Ⅰ遺跡　　74, 130
馬場野Ⅱ遺跡　　74
浜詰遺跡　　136
ハマナス野遺跡　　60, 107, 126
浜町A遺跡　　129
林謙作　　47
原遺跡　　58, 94, 107
腹鞍の沢遺跡　　82, 109
原出口遺跡　　82, 133
バレット　　16
半地下式の住居　　23
半定住　　20, 22, 28
日陰田遺跡　　80
東黒土田遺跡　　1, 56, 92, 107
東台遺跡　　78
斐太後風土記　　116, 121
ヒダッツア　　10, 11, 30, 31, 40, 52, 112
日向遺跡　　76, 130
ピマ　　15
冷温帯落葉広葉樹林　　94, 96
百間川沢田遺跡　　88
平等主義　　3, 140
平尾台原遺跡　　82
平城貝塚　　138
広瀬遺跡　　135
枇杷谷遺跡　　92, 111
ビンフォード　　4, 5, 51
複合居住　　139
複合居住家屋　　139, 140
吹浦遺跡　　65, 108, 128
藤株遺跡　　134
フットヒルヨクーツ　　29, 32
仏並遺跡　　138
不動院裏遺跡　　77, 131
不動堂遺跡　　108
船ヶ谷遺跡　　91, 111
舟津原遺跡　　91, 111
ブナ林　　96
冬家　　11, 22, 24, 27, 28, 29, 31, 49, 139
冬村　　12, 22, 23, 24, 25, 26, 27, 29, 31, 49
プライスとブラウン　　4

ブラッドベリー　　38
プラトー　　12, 14, 15, 16, 17, 20, 24, 27, 29, 32, 33, 36, 138
プランクハウス　　15, 17, 20, 25, 36
振子式移動型定住　　22
布留遺跡　　80, 81, 91, 111, 138
プレインインディアン　　11, 12, 49
文化的景観　　134
平城京左京三条五坊三坪下層遺跡　　88, 110
ベーリングシーエスキモー　　22, 27, 31
ベラクーラ　　25
弁天池低湿地遺跡　　86, 99
ボウガキ遺跡　　138
防湿処理　　43, 53
法正尻遺跡　　74, 108, 130
房ヶ谷戸遺跡　　77
ホームベース　　23, 24
北洋沿岸狩猟採集民　　22
蛍沢遺跡　　58, 69, 101, 107, 109
法将寺遺跡　　64, 128
ポトラッチ　　33
ポモ　　15, 16, 30, 32, 33
堀越正行　　47
堀之内遺跡　　82
本庄町遺跡　　87, 110
本能原遺跡　　130

【マ行】
マイドゥ　　26, 30, 124
前谷遺跡　　135
マカー　　25
松ヶ平A遺跡　　58
松木台Ⅱ遺跡　　89
松山利夫　　99
マルクス主義人類学　　3, 48
丸野第2遺跡　　136
丸山台遺跡　　82
ミートキャンプ　　23
ミウォーク　　15, 32
水木沢遺跡　　61, 62, 101, 103, 124
水野清一　　40, 89
水場遺構　　89
南方前池遺跡　　47, 52, 83, 90, 91, 111

南木睦彦　　94
南羽鳥遺跡　　128
見晴台遺跡　　90, 91
三原田遺跡　　71, 77, 132
三原田城遺跡　　61, 66
三引遺跡　　71, 80, 83
宮の前遺跡　　90, 91, 111, 112
宮前遺跡　　61, 71, 78, 104, 127
行幸田山遺跡　　77, 132
妙音寺遺跡　　71, 74, 108, 130
明堂長根遺跡　　89
三輪仲町遺跡　　71, 77, 131
ミント　　31
虫内遺跡　　134
武藤康弘　　139
名切遺跡　　80, 81, 83, 89, 96, 109, 132
前原遺跡　　89, 110
目久美遺跡　　80, 81, 96, 109, 132
モドック　　14, 24, 27, 32, 49, 50
元野遺跡　　58, 60, 100
元和遺跡　　69, 71, 97, 127, 129
モナチェ　　31
森山遺跡　　136
森脇遺跡　　83, 86, 90, 109

【ヤ行】

館下Ⅰ遺跡　　69, 127, 129
八木A遺跡　　126
安田古宮遺跡　　108
安田喜憲　　92
山居遺跡　　131
山崎遺跡　　136, 137, 138
山田大塚遺跡　　82, 109
山苗代A遺跡　　77, 109, 131
山ノ内Ⅱ遺跡　　71, 74, 130
ユカギール　　28, 49
湯沢遺跡　　74, 130
輸送技術　　12, 20, 31
湯出野遺跡　　134
湯納遺跡　　61, 67, 95, 108
湯ノ沢B遺跡　　69, 129
湯ノ沢Ⅰ遺跡　　89, 134
湯舟沢遺跡　　83, 133

ヨクーツ　　16, 29, 30, 31, 32, 33
横尾貝塚　　137, 138
横隈山遺跡　　122
吉峰遺跡　　61, 66, 98
余剰経済　　30

【ラ行】

楽郊紀聞　　121, 122
リースリバーショショーニ　　33, 36
リトルウッドベリー遺跡　　39, 116, 123
竜山文化　　43
龍頭遺跡　　83, 87, 88, 102, 106, 110, 112, 124
柳上遺跡　　71, 74, 75, 127, 130
良渚文化　　43
リルウェット　　12, 15, 16, 17, 20, 31, 32
ルイセーニョ　　30, 123
冷温帯落葉広葉樹林　　93, 94, 96
冷温帯林　　92
冷凍保存　　10, 20
レイノルズ　　38
労働力の強化　　4
ロビンソン　　40

【ワ行】

ワクド石遺跡　　136, 137
ワショウ　　27, 30
渡辺仁　　1, 3, 5, 20, 37, 50, 136, 138, 139
ワポ　　26, 31

解　題　　　　　　　　　　　　　　　　　　　　　　　　　　　　小　林　達　雄

　モノを貯えるという行為は人類史において極めて重要な意義がある。本論はこの問題に果敢に取り組み、人類学、歴史学、考古学的視座からアプローチを試みている。とくに1980年代以降の考古学的調査の成果をもとに縄文時代貯蔵穴に焦点をあて、その変遷、植生史と貯蔵穴、貯蔵空間からみた集落構成の地域性、貯蔵穴の容量、住居構造と貯蔵構造の検討を通して縄文時代狩猟採集民を論じている。
　まず北米の民族誌により貯蔵施設の全体を検討し、貯蔵穴がその中の重要な施設であり、極圏・亜極圏では肉類の保存、その他の地域では主に植物食糧の保存に用いられることを明らかにした。また貯蔵とセトルメントパターン、貯蔵期間、貯蔵量、貯蔵物の所有、集落と貯蔵施設の位置、貯蔵と労働形態という観点から検討を加えている。狩猟採集民の定住化には越冬が深くかかわり、食料資源が獲得できない冬に備えて貯蔵し、冬は移動性を最小限にとどめる戦略をとる。食糧の欠乏や供給不足については貯蔵、寒冷・雪には住居で対処し、住居構造と貯蔵構造が越冬戦略の軸となる。定住化は食料資源の密度の濃さ、予測の可能性のある資源と結びつき、テリトリー・占有の発達を促し、このことが社会的複雑化に連鎖していることを重視する。
　一方、中国大陸のこうけつ窖穴を検討し、特にその利点として①火災・雨に強い。②その存在を地上からは判断し難い地下で見つかりにくいので盗難を避けることができる。③温度の高低差がなく一定の低温を保ち、腐敗を防ぎ保存に好都合であるという機能がある。貯蔵穴は世界各地に分布するが、その貯蔵対象物は地域により異なり、上記の機能は広く共通する。
　縄文時代については北・東日本において堅果類がプライマリーな状態で出土している貯蔵穴の集成をした上で、どのように貯蔵穴を判断すべきか検討し、その基準を示し、分類することから出発する。また、縄文時代の貯蔵穴のみの変遷にとどまらず、植生史との関係を見極めようとする方法は評価される。縄文時代の貯蔵穴の上限は草創期・早期までさかのぼることが明らかになっているが、北海道中野B遺跡のフラスコ・袋状土坑の大きさは前・中期のものと遜色ないほどで注目される。しかも住居群、袋状土坑群、墓域の区画に萌芽が見られる点も注意される。この時期の他の地域ではフラスコ・袋状土坑の容量は小形で、住居跡と一緒に検出された例はない。前期前半における系譜は不明な点が多いが、前期後半にはフラスコ・袋状土坑が渡島半島から北東北で急速に発達する。フラスコ・袋状土坑の発達は貯蔵区域の形成を促し、そ

れとともに円筒土器様式圏において線状配列型にみられるように、地域ごとに集落空間の分節化が顕著となり、社会的複雑化の進行様式を反映するものと推定する点は新しく独自性がある。しかしながら、同時期の南東北、関東地方では墓域形成の発達は認められながらも、貯蔵空間の発達は依然として低調である。

　中期の前半にはフラスコ・袋状土坑がそれぞれ独自の地域性をみせながら関東地方まで急速に普及する。つまり貯蔵空間が広くなり、北海道内浦湾沿岸では居住域の内側に貯蔵域・墓域を配置するタイプ、函館湾沿岸では居住域と貯蔵域の混在型、東北地方北部では円筒土器様式下層期から引き継がれる墓域・居住域の列状配置、それに対し大木圏では墓域、居住域の環状配置が発達し対照的である。さらに北東関東の貯蔵・居住域分離型、西関東の集落内への墓域中央配置、東京湾沿岸のフラスコ・袋状土坑群を住居群の内側に配置するという空間構成をとり地域毎の集落構造が多様化、複雑化を示す。そこに縄文時代狩猟採集民の地域集団毎の人為的環境、文化的景観、象徴、エスニシティー個性化の一端を垣間見ることができる。

　後期以降はフラスコ・袋状土坑の著しい減少を示し、それに伴い貯蔵空間の規格性が不明瞭になる。その一方で、墓地・墓域が集落からは独立して形成されると共に、大形化の傾向をとる。しかしながら、後・晩期にかけて「特殊泥炭層」遺跡が増加すること、クリの果実の大形化、クリ、トチ属花粉の増加現象などにみられるように、植生への干渉、植物質食料の獲得は強化されており、貯蔵穴の減少が貯蔵の減少と単純に直結しているとは考えにくく、新たな貯蔵方法、技術の開発が今後の課題として残されているとせねばならない。

　ところで、植生史と貯蔵穴の時期別分布の検討により、改めてフラスコ・袋状土坑が落葉広葉樹林帯と、低地型貯蔵穴が照葉樹林帯と密接な関係にあることがわかった。北・東日本では早期後半に食料貯蔵強化の萌芽が見られ、フラスコ・袋状土坑は前期後半の北日本で急速に発達するが、これらは竪穴住居の発達と連動していると推測される。フラスコ・袋状土坑の発達は該期の温暖化による落葉広葉樹林帯の発達に伴う食糧資源としてのブナ科堅果類が豊富であったことと密接にかかわることが予想される。

　3章は貯蔵穴の形態と容量の検討である。貯蔵穴容量の定量的分析によって、北・東日本では前期後半に貯蔵穴容量が大形化、後期以降、小形化していく事実を具体的に提示した点は重要である。それに対し、西日本の低地型貯蔵穴は概して小形であるが、九州では後期に大形化の傾向を明らかにしている。さらに、北・東日本を中心とするフラスコ・袋状土坑と西日本を中心に分布する低地型貯蔵穴の容量の差異が大きいことを指摘する。

　4章では縄文時代集落構成の地域性について検討を加える。貯蔵空間からみた北・東日本縄文時代の集落構成は時期的、地域的に複雑な様相を示し、特に前・中期以降の集落内空間利用の分節化は縄文時代狩猟採集民の社会生態進化プロセス、定住化に伴う複雑化を示すものと考

解　題

えられ、これは縄文時代狩猟採集民が環境、生態系に単に適応してきたのではなく、人為的環境、文化的景観を構築してきたとする。また前・中期には空間利用が地域ごとにまとまりを見せる点は縄文時代狩猟採集民の境界、エスニシテイーとかかわる可能性に注意を促す。

　5章では西日本縄文時代住居構造の特徴、北・東日本との比較から住居構造と貯蔵構造について論じる。北・東日本で前・中期に発達する竪穴住居検出遺跡は該期の西日本では限られ、対照的である。逆に、西日本で住居構造が発達するのは後期以降である。しかしながら、後期の住居構造も九州周防灘沿岸、東九州、中九州の住居には30㎡以上のものが存在し、主柱穴構造も発達しているが、その他の地域では20㎡以下の小形住居が主体である。総じて、建替の頻度が低く、掘方も浅く、炉の保有率が低い点など北・東日本との住居構造の相違は明らかで、縄文時代狩猟採集民の居住戦略の相違を示唆しているとする。住居面積と居住人口が比例するとすれば、西日本では後期の九州周防灘沿岸、東九州、中九州を除くと、世帯数、居住人口が少なかった可能性があり、社会経済的組織の相違の可能性を指摘する。

　北・東日本の住居構造と貯蔵の強化が連動していることは、前期後半以降の集落遺跡には必ずといってよいほど両者が存在し、フラスコ・袋状土坑の発達は冬の寒冷性、積雪への対処（越冬対策）として竪穴住居と貯蔵が連動して発達したとする仮説は明解である。中緯度の北・東日本における越冬は1年の内の半年近くに及び、その間、住居の移動性は抑制され、冬村の形成、定住化が進んだと推定する。冬村の形成に伴う人口の季節的、年間的集中は竪穴住居の大形化、大形住居の複合居住が示唆しており、これらに伴い労働形態も組織化された可能性を指摘する。冬村の形成、定住化に伴い、竪穴住居の強化、土器生産、堅果類の利用強化にみられるように、資源管理と貯蔵が強化される。貯蔵穴が貯蔵の安定性強化に果たした役割を具体的に指摘する点は評価されよう。

　しかしながら、このような定住化戦略は西日本縄文時代狩猟採集民では未発達であったと推測する。北・東日本で前・中期に発達する竪穴住居、貯蔵穴検出遺跡は該期の西日本では少数に限られ、北・東日本とは対照的である。後・晩期の西日本では近畿地方を中心に墓地が大規模化するとともに、集落から分離独立化することから、空間の分節化が進んでいた可能性を示し、あるいは住居跡に貯蔵穴や墓域・墓地を伴う遺跡が少ない事実に着目して、それが西日本の集落には越冬性、冬村の形成条件を必要としていなかったことにかかわると仮定するのは注目される。つまり西日本では北・東日本に匹敵するほどの越冬体制を必要とせず、そのため北・東日本とは異なる居住戦略、集落構造を形成していたと考えられるからだと結論する。また、北・東日本ほどの雪や厳寒対策は不要であるため、後期を除くと住居構造は強固とはいえない。言い換えれば、北・東日本縄文時代狩猟採集民の生活形態が冬の住居・貯蔵構造というシェルターを発達させ、冬を基調としているのに対し、西日本縄文時代狩猟採集民のそれには

— 205 —

冬対策が希薄である。テスタールは狩猟採集民の貯蔵経済が北半球で発達したことを指摘しているが、越冬と貯蔵の関係深さと、寒冷地における狩猟採集民進化プロセスの一端を示唆しているとする。

　後氷期以降、日本列島の温暖化は着実に進んだが、北日本、東日本では依然として積雪の増加をみるなど冬の寒さは厳しく、一方、厳冬、積雪とは縁の薄かった西日本との生活環境の差異は大きかった。植生は温暖化とともに照葉樹林が北上するが、その分布は関東平野までのようで、それ以北では落葉広葉樹林帯が広がっていた。動物相は北日本では狩猟採集民が主要な食糧とする大形の魚類、鰭脚類、鳥類などの季節的に渡来する動物群の生息域であったが、西日本ではこのような北方的な動物群は稀薄であったのだ。

　縄文時代狩猟採集民は特に前期以降、気候条件、資源構造に対応し、異なる居住戦略、集落構造、人為的環境を形成したため、狩猟採集民の社会生態学的分化、地域性が顕著になり、北・東日本と西日本ではそれぞれに異なる進化プロセスを辿ったと考えられ、その中で貯蔵はその重要な一端をになっていたとする。民族誌の検討を通して、貯蔵施設・方法は様々であり、すべての貯蔵施設が考古学データとして残るとは限らないことにも十分配慮している。同様に縄文時代の貯蔵行為は貯蔵穴に限らず多様な形態が想定されるが、少なくとも北・東日本の貯蔵穴の立地、形態、容量の変遷は縄文時代狩猟採集民の適応戦略の変化に関わって重要な意味を有するものである。その意味において一方の西日本の低地型貯蔵穴、分節化が未発達な集落空間は北・東日本とは異なるシステムの狩猟採集民が形成されていたことを示唆し、生態系の差異とともに、物質文化、社会構造も異なり、社会生態学的に同一の狩猟採集民とみなすことはできず、社会生態系の相違による狩猟採集民の相互の個性、独自性、変異を十分考慮していく必要があるとする。従って、当然ながら集落空間の分節化にみられるごとく、縄文時代狩猟採集民のエスニシティー、文化的景観、社会的秩序についても一層の究明が必要とされる。

　また縄文時代狩猟採集社会が貯蔵システムに密接に関係することを明らかにしたが、貯蔵システムも総体としては縄文時代社会の一要素であり、貯蔵を基礎にさらに社会論にメスを入れていく必要があるとしてその展望を期待させてくれる。こうした観点からすると、ウッドバーンが直接その場で消費するシステムと消費を遅らせるシステムを対比させて、直接その場で消費するシステムの特徴が平等主義であるのに対し、消費を遅らせるシステムでは平等主義が崩壊しやすいことを指摘していた問題が改めて重視される。つまりウッドバーンの見解に基づけば貯蔵システムを蓄積していた縄文時代狩猟採集社会は平等主義が崩壊しやすい社会ということになる。なお、遊動的バサルワの定住化のプロセスを検討したケントは定住化に伴い活動空間の分節化の傾向を強め、社会・文化的複雑化と活動空間の分節化が平行現象であることを指摘している。この視点からみれば、縄文時代集落は前期後半以降、遺跡内活動空間の分節化と

解　題

地域ごとに集落の空間、景観の形成が進む北・東日本では社会・文化的複雑化も進行していたであろうことが十分に予想される。消費を遅らせるシステムすべてが考古学データに反映されるとは限らないことは勿論だが、北・東日本縄文時代の貯蔵穴の変遷、地域性は著しく、これらとの関係性を通して平等主義とは異なる社会システムの発生、形成のメカニズムについてさらに総合的に解明していく必要がある。それによって縄文社会の実像がより一層明らかにされるであろう。

【未完成考古学叢書】刊行について

　考古学は歴史スル学問である。

　ヒトは生まれて育ち死を迎えるまでのさまざまな場面において、必要性が意識された機能をそれぞれに相応しい素材、例えば石や土や木や骨や角や牙や貝などに重ねてカタチをイメージして、それなりの技法で具体的なものを実現してきたのである。そうしたモノを用意しながら、自然資源を活用するための戦略を編み出して、独自のスペースデザインを展開してきた。

　しかし、モノおよびあるいはカタチは寡黙にして多くを語ろうとしない。その壁を打破して核心に接近することが考古学の研究である。

　けれども完全な成功に到達することは困難であるが故に、ややもすれば研究成果の公表を手控えがちとなり、これを慎重さ、謙譲の美名で正当化してきたのであった。

　もともと完全や完成は、永遠に続く未完成の仮の姿なのである。まさに、未完成の不断の集積こそ肝要と心得なければならない。

　本叢書刊行の趣意は、ここにある。

監修者　小林　達雄
（國學院大學文学部教授）

著者略歴

坂口　隆（さかぐち　たかし）

明治大学文学部史学地理学科卒業。國學院大學大学院博士課程後期修了。2001年、博士（歴史学）。現在、國學院大學日本文化研究所共同研究員。主要論文　1996年「刻目突帯文土器の成立」『先史考古学研究』第6号、1997年「五貫森式土器の再検討」『信濃』第49巻第4・5号、1998年「縄文時代の貯蔵穴（1）―後・晩期―」『動物考古学』第10号、1999年「西日本縄文時代狩猟採集民モデルのための試論」『動物考古学』第12号、2002年「西日本縄文時代狩猟採集民の住居構造」『物質文化』74号

小林達雄監修　未完成考古学叢書⑤　　　　平成15（2003）年　6月1日初版

縄　文　時　代　貯　蔵　穴　の　研　究

監修者／小林達雄
著者／坂口　隆
発行者／横山光衛
発行／株式会社アム・プロモーション
〒108-0074　東京都港区高輪2-1-11-230
TEL03-5449-7033　FAX03-5449-2023
E-mail　um@cia.co.jp
本文・カバーデザイン／逸見里香（シーアイエー）
編集協力／有限会社パクスワーク
印刷・製本／シーアイエー株式会社

定価はカバーに表示してあります。
本書の内容の一部あるいは全部を無断で複写（コピー）することは、著作権法上認められている場合をのぞき、禁じられています。
落丁・乱丁の場合は、おとりかえします。小社までご連絡をお願いします。

ISBN 4-944163-26-6
Printed in Japan 2003
Ⓒ TAKASHI SAKAGUCHI

小林達雄監修【未完成考古学叢書】

① 縄文時代の地域生活史　　　　　　　　山本　典幸著

五領ヶ台式土器様式の編年と系統、土器様式の類似性とコミュニケーションシステム、縄文土器の空間変異のあり方など、従来にない視点、緻密な論理の展開である。現代考古学研究の到達すべき一つの水準を示す。

本体2,500円　B5判　268p　ISBN4-944163-15-0

② 琉球縄文文化の基礎的研究　　　　　　伊藤　慎二著

琉球縄文文化、沖縄編年の諸問題など待望された琉球縄文研究の新境地。沖縄の縄文時代の歴史が、その後の琉球文化の言語学、民族学上の主体性確立へとつながるのかをも示唆する。

本体2,500円　B5判　190p　ISBN4-944163-18-5

③ 縄文時代の生業と集落　　　　　　　　小川　岳人著

社会学、文化人類学、民俗学、民俗考古学などの成果から、縄文時代の生業・社会の解明に有効な方法論や具体的接近法を探る。縄文文化にかかわる主題が先史文化の汎人類的な問題として国際的な場でも充分議論に堪え得る縄文研究の新天地。

本体2,500円　B5判　176p　ISBN4-944163-19-3

④ 石槍の研究　　　　　　　　　　　　　白石　浩之著
〜旧石器時代から縄文時代初頭期にかけて〜

旧石器時代から縄文時代草創期の石槍について、日本列島内から出土した多くの石槍の事例を現時点での可能な限りの網羅的集成を行い、これに基づいて、石槍の出現時期の特定、編年、そして石槍の流通ネットワーク、加えて石槍を保有する社会の解明にまで踏み込んだ興味ある仮説を提示する。今後の石槍研究に新しい方向性を示す。

本体4,500円　B5判　440p　ISBN4-944163-21-5